迷えるウクライナ

宗教をめぐるロシアとのもう一つの戦い

高橋沙奈美
Sanami Takahashi

迷えるウクライナ　宗教をめぐるロシアとのもう一つの戦い▼目次

終章　割れた洗礼盤――240

はじめに

本書は、ロシアとウクライナの両民族が千年にわたって共有する東方正教について、その歴史と現代社会とのかかわりを中心に焦点を当てた本である。東方正教は、キリスト教を国教としたローマ帝国の東側で独自の発達を遂げたキリスト教の一宗派で、現在も中東欧やコーカサス、バルカンなどの伝統的な宗教である。ロシア、ウクライナ、ベラルーシの東スラヴ三民族は、一〇世紀末に東方正教を受容して以来、現在に至るまでその信仰を共有してきた。

本文に入る前に、個人的なことから始めたい。大学で二〇世紀の社会史を専攻していた私は、ロシア語のあまりの出来の悪さのために大学院入試に失敗し、二〇〇三年五月、ロシアに半年間の留学に出た。私は卒業論文のテーマに、小説家アレクサンドル・ソルジェニーツィンを取り上げていた。ソルジェニーツィンは一九六〇年代のソ連文壇に登場した作家で、体制批判を公言することを恐れない「異論派」であった。ロシアでは、彼が『収容所群島』[1]の始まりとして描いたソロヴェツキー島に行ってみたいと考えた。ロシア語では「ソロフキ」とも呼ばれ、ヨーロッパ・ロシア北部、白海と呼ばれる極北の海に浮かぶ群島である。この島には一五世紀に創建されたロシア正教会の大修道院があった。

なんとかロシア語にも慣れてきた一〇月、私は島への渡航を計画した。旅は難航を極めた。ケミという小さな港町から船に乗って島へ行くのだが、ここは北極圏からわずか六〇キロの地域である。一〇月はもはや冬。観光客はすっかり姿を消し、北風に荒れ狂う白海が落ち着いた隙に、地元民のための連絡船がわずかながらに運航しているだけだった。無知と無計画の塊のような客に港の人は驚いていたが、わざわざ遠い日本から来たのだから、と巡礼用の宿泊施設を開け（一般用のホテルはシーズンオフですでに閉まっていた）、いつになるかは分からんが海が凪いだら出るから、と私を受け入れてくれた。非常に幸運なことに、半日ほど待ったところで「船を出す」という。乗り込んだ小型船はおんぼろで、小さな聖像画（イコン）が壁に打ち付けられていた。これが航海の守護聖人聖ニコライ（サンタクロースのモデルとされる人物）だとはこの時の私には知る由もない。椅子が前方を向いて並んだよくあるタイプの客船ではなく、壁に打ち付けられたベンチ代わりの板が、人が腰かけることのできるスペースであった。出港するとしばらくして、船は洗濯槽の中の浮袋のように大揺れに揺れた。天井からつり下がった古いブリキのヤカンががらんがらんとにぎやかな音をさせていたが、やがて派手な音を立てて床に転がり落ちてきた。私は言葉もなく、船に固定された板に爪を立ててしがみつき、心の中で父と母にありがとうとさよならを告げていたが、同乗していた女性客は「今日はよく揺れるね」と豪快に笑っていた。

夏の穏やかな海であれば二時間ほどの航海だが、この時は島に着くまで四時間ほどかかった。

島に近づくと、修道院の威容が見えてくる。一九一七年の十月革命[2]後、ボリシェヴィキ政権は修道院を廃止し、一九二一年、ソ連最初の強制収容所を設けたのである。行けば何とかなると気軽に考えていた私は、すっかり疲れ果て、「泊まるところを探しているのですが」と港の人に声をかけた。「あなたはクリスチャン?」という質問に、「いいえ」と答えたのだが、あれよという間に、私は修道士に引き渡され、祈禱が行われている聖堂の中に入れられた。ロシア正教の聖堂での祈禱は非常に長時間にわたり(毎日曜の祈禱に四、五時間かけることも珍しくない)、その間、信者も聖職者も立ちっぱなしである。二時間の祈禱を終えた私を、修道士は女性に引き渡し、「日本から洗礼を受けに来た女の子だから、面倒を見てやってくれ」と伝えた。「ちょっと待って。正教には興味があるけど、洗礼を受けるつもりはないんです」。驚いてそう伝えると、修道士も女性も明らかにがっかりしたが、もう遅いからと修道院に泊めてくれた。

これが私と正教の出会いであった。西側や日本では、「極北のアウシュヴィッツ[3]」として知られるソロフキは、ロシアの人々にとって「聖地」だった。観光シーズンでもない修道院に、極東の小さな国からジャーナリストでもなさそうな人間が一人で来たとしたら、それは洗礼を受けるためと思い込むのは彼らにとって当然だった。収容所の過去はそれほどまでに忘れ去られていた。

ソ連時代に収容所になったり、博物館になったり、納屋や倉庫、果ては廃墟になっていた聖堂は枚挙にいとまがない。しかし、ソ連が解体すると、これらは「聖地」としてはるか昔から存在し続けていたかのように復興した。私はロシア各地の有名な修道院や大聖堂が、ソ連時代にどのように利用され、正教の文化遺産がどのように記憶されてきたのかをテーマに博士論文を書いた。ロシアでは二〇年近くの歳月にわたって、北部（アルハンゲリスク州、カレリア共和国）、北西部（レニングラード州、プスコフ州）、北東部（モスクワ州、ウラジーミル州）、ウラル地方（スヴェルドロフスク州、ペルミ州）を調査してきた。私にとっての正教の歴史とは、何よりソヴィエト・ロシアの正教会の歴史であった。

　私とウクライナの出会いは、それからずっと後の二〇一七年のことだ。興味を持ったきっかけは、マイダン革命（「マイダン」は広場を意味する）で市民の側に立って活躍した正教会聖職者たちの姿であった。二〇一三年冬から翌年春にかけて、キーウの独立広場では、当時のポロシェンコ大統領の腐敗した政治に対する怒りと、真実、正義、自由、人権の尊重といった「ヨーロッパ的価値観」を重視せよという訴えが混ざり合い、大きなうねりとなって、広場を埋め尽くした。

　マイダン革命に参加したという二〇代後半の青年は、私を案内しながら「昔は独立広場なんて、嫌いだったんだよ。ソ連っぽくてね」と話し始めた。独立広場にはにわか仕立ての演台があって、聖職者たちが宗派にかかわらず、新しい価値観を訴えた。超宗派的な「聖堂」代わりのテントが張られ、正教会やカトリックの司祭も、プロテスタントの牧師も、イスラームのム[4]ッラーも一緒になって、訪れる人の話を聞いたり、宗教的な儀礼を施したりして、デモ参加者を精神的に支えようとした。ここは古タイヤでバリケードを築いた場所、この石畳の石をはがして、デモ隊に向かってくる政府の機動隊に投げつけた、ほら、あのホテルからスナイパーがデモ隊を撃ってきたんだよ…。一〇〇名を超える犠牲者を出しながらも、市民が国家権力に勝利したこの一連の出来事は「尊厳の革命（Revolution of Dignity）」と呼ばれるようになった。「今、この広場は僕にとってとても大切な、特別な場所になった。あの革命で全てが変わったんだ。僕自身も、ウクライナも」。青年にとって、マイダン革命はウクライナが真実や公正を重んじ、ヨーロッパ的価値を共有する国家として新しく生まれ変わるために踏み出した着実な「はじめの一歩」であった。

そのあと、二〇一四年五月にオデーサで起こった労働組合ビルの火災事件をはじめとして、マイダン革命は、革命勢力として参加した過激な右派による、「親ロシア派」と見なされた住民に対する暴力へと発展した。「親ロシア派」は中央政府からの分離独立を宣言し、これに対して中央政府は「アンチ・テロリスト・オペレーション」を発動し、ドンバスと呼ばれるウクライナ東部地域での凄惨な戦争が始まった。そしてそれは二〇二二年二月のロシア軍によるウクライナ全面侵攻につながることになるのである。

時間を二〇一七年四月に戻そう。生後八ヶ月だった娘を連れて入ったキーウでは、教会は社会を変えることができる、という強い信念を持った人々に多く出会った。それはロシアでは感じたことのないものであった。キーウでの経験は、正教会へと私を強く惹きつけるターニング・ポイントとなった。ロシアでは、正教会そのものというよりむしろその周辺に興味を引かれたが、ウクライナでは、正教会という組織やそこに生きる人々に魅せられたのである。

その後現在に至るまで、ウクライナで調査ができたのはたったの三回である。二〇一九年二月には、キーウ、ヴィーニッツァ、フメリニツキー、テルノーピリ、ルーツクと、ウクライナ中部・西部中心に回った。同年一〇月には、二人の子供を連れて、ドネツィク、ドニプロペトロウシク、ザポリッジャ、ヘルソン、オデーサと東南部を回った。それぞれ移動距離は三〇〇〇キロを超える。私の拙いウクライナ語を補い、両方の調査に快く付き添ってくれたセルゲイ・タラネツ氏には、記して感謝したい。長距離移動に飽き、時に泣き叫ぶ二人の子供と一緒に調査に付き合ってくれたシッターで友人のナターシャにも。彼女はフメリニツキー州の故郷の家に私たちを招待してくれた。私たちはニンジンを収穫し、アヒルやウサギにエサをやり、ニンジンもウサギのスープもおいしくいただいた。子供たちにとっては、忘れがたいウクライナ農村での経験になった。そして、調査地の一つであったヘルソン市内の十字架挙栄教会[5]で、二階の聖歌隊席から正教の祝日を祝う人々を見ていて、私もあちら側に入ってみたい、と思ったのだった。その後、当時滞在していたドイツ・ブレーメン市に戻って、正教会で洗礼を受けることになる。私にとって、ロシアは正教と出会った場所で、ウクライナは正教の内部世界に入りたいと思わされた場所である。

これまで、私なりにウクライナの正教会の歴史と現在について学んできた。ウクライナ側の視点に立って学ぶ正教会の歴史は、ロシアで学んできたものとはまったく異なり、私が学んできたロシア正教会の歴史が、極めて一面的でしかないことに気付かされた。歴史とは勝者の側から書かれたものがほとんどである。そのことは、頭では理解していても、これほどまでに見事に食い違う歴史像を目の当たりにして、私は当惑した。現在の両国の反目の一端が、ここにも現れているように思われたからである。本書では、両国の正教会にまつわる歴史観の違いを浮き彫りにするため、ロシアとウクライナ側で支配的な歴史叙述を交互に組み込むよう可能な限り心がけた。

本書の構成は、以下のとおりである。第一章では、東方正教について、国家と教会関係についての考え方と、独立教会制という二つの特徴を中心に紹介する。東方正教の世界では、国家と教会の分離を理想とする西洋とは異なる概念が発展した。また東方正教は、「地方教会」と呼ばれる領域別の教会組織を特徴とする。これはローマ教皇のような中心を持つカトリックの教会制度とも、プロテスタントのように異なる教義や典礼を持つ宗派ごとの教会制度とも異なる。基本的には世俗の国家に対応する領域ごとに教会の制度がつくられ、それらの教会は互いに独立し、対等の立場を保ちつつ、教義を共有する緩やかな結びつきを持っている。独立教会制は、中世においては世俗の支配者と密接に結びつき、近代以降はナショナル・アイデンティティや国民国家と密接に結びついた。これが現在のロシアとウクライナにおける正教会の対立の原因ともなっている。

第二章では、一〇世紀から一七世紀までのロシアとウクライナの正教会の歴史について概観したい。現在の東スラヴ民族（ロシア、ウクライナ、ベラルーシ）は、九世紀半ばから一三世紀にかけてキーウを中心に存在した、ルーシと呼ばれる部族連合国家を共通の祖と考えてきた。プーチン大統領が二〇二一年七月に発表した有名な論文の中で、ロシア、ウクライナ、ベラルーシが歴史的に一つの民族であると主張したのも、このキーウ・ルーシの存在を論拠としている。[6] 九八八年、ルーシ大公ヴォロディーミル一世は、進んだ文明を持ったビザンツ（東ローマ）帝国から東方正教を公式に受容することを決めた（ルーシ受洗）。ところがキーウの街は、一三世紀にヨーロッパ方面に攻め入ったバトゥ率いるモンゴル軍によって壊滅され、キーウ・ルーシの時代は終わった。その後、モンゴルに服従した北東ルーシ（現在のヨーロッパ・ロシア）と、西に現れた大国ポーランド・リトアニアの支配下に入ったルテニア（現在のウクライナとベラルーシ）は、それぞれに異なる歴史を歩むことになった。ルーシにとっての正教会の中心地は「キーウ府主教座」と呼ばれたが、キーウ・ルーシの滅亡後、ルーシ民族の国家が分断されたことに伴って、複数の「キーウ府主教座」が現れることになる。ここでは、「キーウ府主教座」の歴史的正統性を継承しているのはどこなのか、という歴史認識の問題をウィキペディアの記述をもとに検証する。

第三章では、ソ連時代のウクライナにおける正教会と教会独立運動を中心に取り上げる。ソ連は近代合理主義に相反するものとして宗教を公的な場に持ち込むことを禁じたが、ソ連時代を通して常に暴力的で強制的な宗教弾圧が行われた訳ではない。特に、「大祖国戦争」と呼ばれた独ソ戦のさなか、スターリンはロシア正教会に対して宥和的にふるまい、国内外の政治を有効に運ぶための道具として利用することを決めた。正教会の方もこれに乗じ、積極的に党＝国家に協力する体制を整え、「翼賛的」とも呼ぶべき政教関係が構築されていった。ただし、ウクライナではロシアとは別の独自の教会組織を持ちたい教会独立運動が、ロシア革命後に顕在化した。ウクライナにはいくつもの正教会が乱立する事態となり、ソ連当局や大祖国戦争期にウクライナを占領したドイツ総督府は、自らの協力者となりうる教会を支援した。こうして、ある時には過酷な弾圧下に置かれた教会が、別の時には権力の協力者としてふるまい、他の教会を攻撃する、という事態が展開した。戦後、ロシア正教会がソ連の統治の道具となったことで、ウクライナに生起したいくつもの教会はロシア正教会の下に「統一」されたのである。

　第四章から終章では、現在の両国の正教会を取り巻く問題を扱う。第四章はプーチンのロシアを扱う。現在のロシアでは、社会生活のありとあらゆる側面に宗教の影響が現れる「教権化(clericarization)」という事態が観察される。こうしたなか、とりわけ絶大な存在感を放っているのが、ロシア正教会だ。ロシア正教会は、ソ連時代から引き継いだ「翼賛的政教関係」を維持しつつ、自らの影響力の拡大を図った。しかし現在、時に教会の指導者たる高位聖職者たちのコントロールを超えて、正教会の影響力は暴走しつつあるように見えるのである。

　第五章では、ソ連解体後の独立国家ウクライナにおける、正教会の独立問題について検討する。ソ連解体後、ウクライナにおける教会独立運動は再燃し、再びいくつもの正教会がウクライナに併存する状況となった。そのなかには、ロシア正教会の影響下に留まる正教会もあり、それこそが最大の影響力を持っていた。しかし、二〇一四年の東部ドンバスでの紛争以降、ロシアの影響力を強制的に排除しようとするウクライナ中央政府は、正教会独立問題に直接的な介入を始めたのである。ウクライナ政府は、東方正教会の中で最も権威あるコンスタンティノープル総主教（「世界総主教」とも呼ばれる）に掛け合って、ウクライナ正教会の独立を達成した。しかし、これによってウクライナの正教会が統一されることはなかった。ウクライナの正教会独立のプロセスが、教会の法に従ったものではないと判断したロシア正教会は、コンスタンティノープル総主教座に対して断絶を宣言したのである。そして、ロシア正教会とつながりを持つウクライナの正教徒たちも、政府の積極的なテコ入れにもかかわらず、新しい独立教会の正統性を認めることを拒んだ。

しかし、こうした状況を一変させたのが、二〇二二年二月二四日に始まったロシア軍によるウクライナ全面侵攻であった。ロシア正教会がこの戦争を支持したことで、それまでロシア正教会との関係を保ちつつ、平和裏に独立を達成することを望んでいた多数派の正教会は、裏切られた形となった。それればかりではない。彼らはウクライナ政府からロシアに通じる内なる敵とみなされ、厳しい弾圧を被っているのである。両国の正教会がこれまでつないできた関係は、戦争によって裏切られ、修復不可能なまでに破壊されてしまったのである。

本書は、それぞれの章が極めて大きなテーマを扱っているうえ、著者の専門の範囲を大幅に超えている。丁寧さを心がけたつもりではあるが、事実誤認が含まれている可能性は否定できない。それでも、個別の問題についての歴史学的・宗教学的な実証研究よりも、概説的な本書を書きたいと思ったのは、現在のロシアとウクライナの関係について、正教会という立脚点から眺めることが必要だと思ったからだ。

東方正教が日本や欧米諸国ではマイナーであること、またウクライナにおける正教会の分裂状況が複雑を極めることなどが理由となって、一般の人々に届く情報には、間違ったものや偏ったものが、残念ながら非常に多い。本書を通じて、読者の皆さんに現代のロシアとウクライナの正教会について、少しでも理解を深めていただけることができれば幸いである。

ロシアとウクライナは同じ信仰を今でも共有している。長い歴史の中で培われてきた両国の正教信仰は、戦争を賛美するだけのものでも、ナショナリズムを燃え上がらせるだけのものでも決してない。両国の正教徒が、一つの聖堂で一緒に祈る日は、私が生きている間にはもう戻らないかもしれない。戦争が両国の正教徒にもたらした傷跡はあまりに深い。それでも私は、ロシアとウクライナで、それぞれの正教徒と一緒に祈りながら、彼らの見たもの、経験したものをこれからも書き続けるしかないと思っている。

本書の執筆に当たって、いくつか注意した点を最初に記しておく。地名については、慣例を考慮しつつ、それぞれ現在の主権国家の主要言語に従って原語の音に近いものを日本語表記した（例えばマスクヴァーではなくモスクワ、キエフではなくキーウなど）。人名については、必要に応じて生没年を示した。また、一般司祭については名・姓の順に、主教以上の高位聖職者については修道名、称号、括弧内に世俗の姓を記した（例えばモスクワ総主教キリル（グンジャーエフ））。高位聖職者は修道士でもあり、それぞれ修道名で呼ばれることが一般的であるが、同じ修道名の高位聖職者が複数いて混同しやすいため、それを区別するために、世俗の姓や称号を記した。

1　アレクサンドル・ソルジェニーツィン『収容所群島――一九一八－一九五六文学的考察』全六巻、新潮文庫、木村浩訳　一九七五－七八（原著一九七四－七七）年。ソ連では政治犯、刑事犯問わず、反革命分子と見なされた様々な人々が、僻地に設けられた強制収容所に収容された。ソルジェニーツィン自身も独ソ戦期に逮捕され、一九四五－五三年まで収監されていた。『収容所群島』はソ連の収容所システムとそこにおける生活についての記録文学である。本書の原稿は秘密裡に国外に持ち出されパリで出版されたが、そのためにソルジェニーツィンはソ連市民権をはく奪され、国外追放となった。また、原稿のタイピストを務めていたエリザヴェータ・ヴォロニャンスカヤは当局の尋問を受けた後、自殺した。
2　一九一七年に起こった「ロシア革命」は、二月革命と十月革命という異なる二つの事件の総称として用いられることが多い。二月革命では、皇帝ニコライ二世が退位してロシア帝国が崩壊し、主に自由主義者から成る「臨時政府」がロシアの権力を掌握した。十月革命ではウラジーミル・レーニン率いるボリシェヴィキが武装蜂起によって臨時政府を転覆し、ソヴィエト政権を成立させた。ボリシェヴィキは「ロシア社会主義ソヴィエト共和国」を樹立し、ウクライナ、ベラルーシ、ザカフカース（現在のアルメニア、ジョージア、アゼルバイジャンに相当する）の三つのソヴィエト共和国を加えて「ソヴィエト社会主義連邦共和国」を一九二二年に成立させた。
3 例えば、以下。内田義雄『聖地ソロフキの悲劇――ラーゲリの知られざる歴史をたどる』日本放送出版協会、二〇〇一年。
4 「イスラム教」、「イスラム」などとも表記されるが、アラビア語により忠実な発音だと「イスラーム」になること、またこれが単なる信仰や実践の体系に留まるものではなく、生活全般を規定する生き方の指針としての性格を持っていることを考慮して、「イスラーム教」とは表記しない。
5 十字架挙栄祭は、正教において祝われる十二大祭の一つで、ビザンツ帝国皇帝コンスタンティヌスの母エレナが、イェルサレムで三二六年にキリストが架けられた十字架を発見したことを記念する。二〇一九年九月二七日の十字架挙栄祭の日に、私がヘルソンで訪問したのは、この祝日にちなんで「十字架挙栄教会」と名付けられた聖堂であった。
6 Статья Владимира Путина «Об историческом единстве русских и украинцев» // Президент России, 12. 07. 2021. (http://kremlin.ru/events/president/news/66181). ウラジーミル・プーチン「ロシア人とウクライナ人の歴史的一体性について」。いくつかの全文翻訳がインターネット上で公表されている。

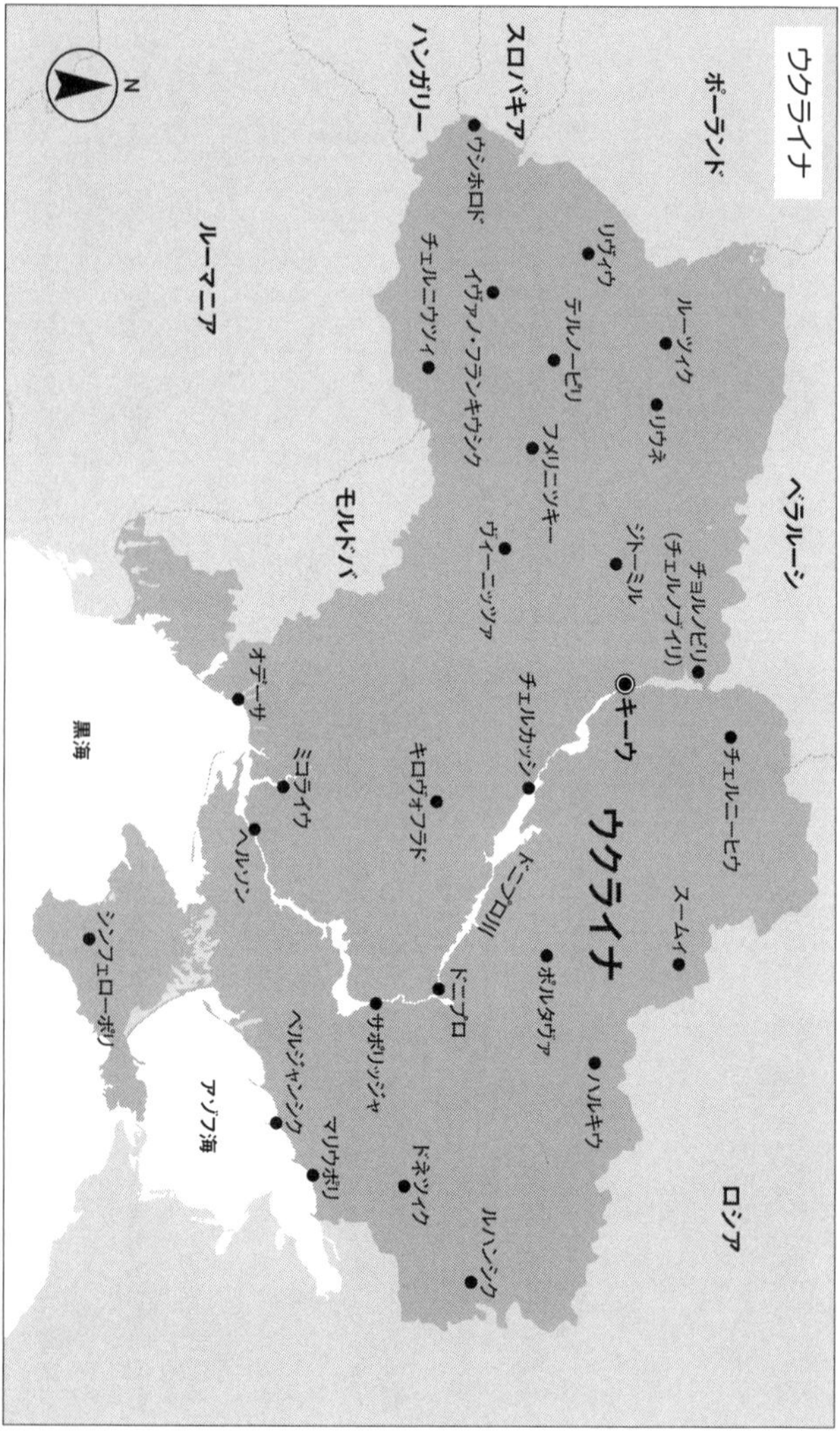
ウクライナ
N
ポーランド
ベラルーシ
ロシア
スロバキア
ハンガリー
ルーマニア
モルドバ
黒海
アゾフ海
ウクライナ
キーウ
ウジホロド
リヴィウ
イヴァノ・フランキウシク
チェルニウツィ
テルノーピリ
ルーツィク
リウネ
フメリニツキー
ヴィーンニッツァ
ジトーミル
チョルノビリ
(チェルノブイリ)
チェルカッシ
キロヴォフラド
オデーサ
ミコライウ
ヘルソン
シンフェローポリ
ドニプロ川
ドニプロ
サポリッジャ
ポルタヴァ
チェルニーヒウ
スームィ
ハルキウ
ドネツィク
ルハンシク
マリウポリ
ベルジャンシク

第一章　東スラヴにおける東方正教会の歴史と特徴

キリスト教の世界において東方教会（Orthodox Church）と呼ばれるものには、東方正教（Eastern Orthodox）の他に、東方諸教会（Oriental Orthodox）がある。[1] 本書は東方諸教会については扱わないが、両教会の違いを簡単に説明しておく。東方諸教会は、ローマ時代に行われた「全地公会」と呼ばれる教会会議（後述）で、「異端」として退けられた教義を信奉する教会である。「異端」を判断する際にとりわけ大きな論点となった問題の一つがキリスト論で、四五一年のカルケドン公会議では、キリストという一つの位格の中に、神性と人性の二性が「混ざり合うことなく、変化することなく、分割されることなく合一する」ことが確認された。これを認めたのがカルケドン派で、一一世紀にカトリックと東方正教に分裂する（資料①参照）。

東方正教会は、一〇五四年に起こったカトリック教会との相互破門（「大シスマ」）によって成立したとされるが、実際のところ両教会の隔りは、東西ローマ帝国の分裂以降、長い時間をかけて広がっていった。古代キリスト教では、ローマ、コンスタンティノープル、アレクサン

資料① キリスト教の教派分岐略図

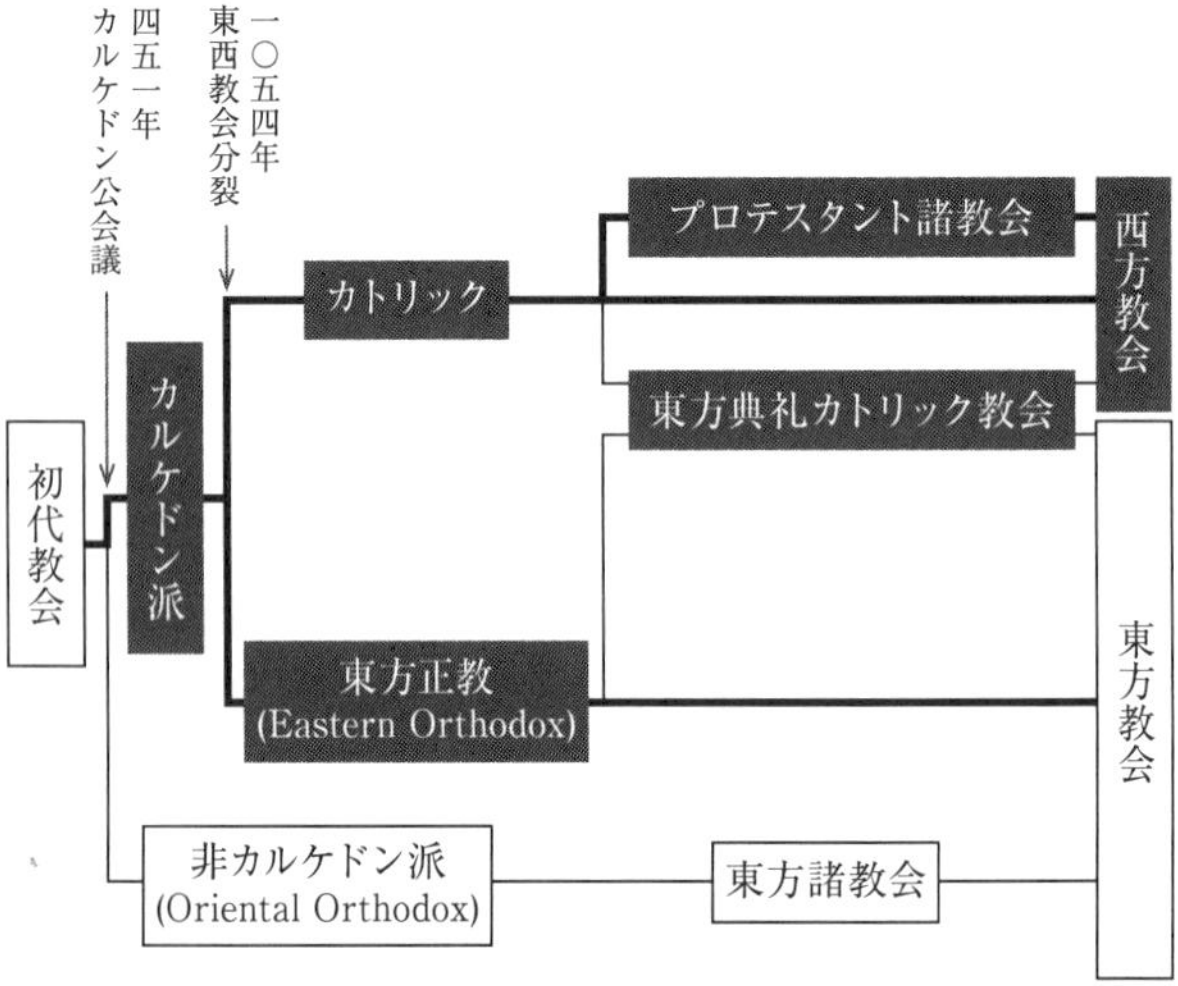

ドリア、アンティオキア、イェルサレムの五つの都市に置かれた司教が領域的に信徒を管轄する制度、ペンタルキア（五大総主教制）が定められた。西ローマ帝国の領域を管轄したのが最高権威を持つローマ司教座で、コンスタンティノープル以下、四つの司教座が東ローマ、すなわちビザンツ帝国の領域を管轄した。東西教会の違いは教義（フィリオクエ[2]、マリア論など信仰の本質にかかわると考えられる部分）、典礼（祈りの言語と儀礼など）、教会慣例（教会組織や聖職者の身分など）、様々な形に現れている。
日常的な感覚としては、まず聖堂の様式が大きく異なることに気付かされる。ちなみに組織としての「教会」との混同を避けるために、儀礼のために用いられ

資料② 教会組織モデル図

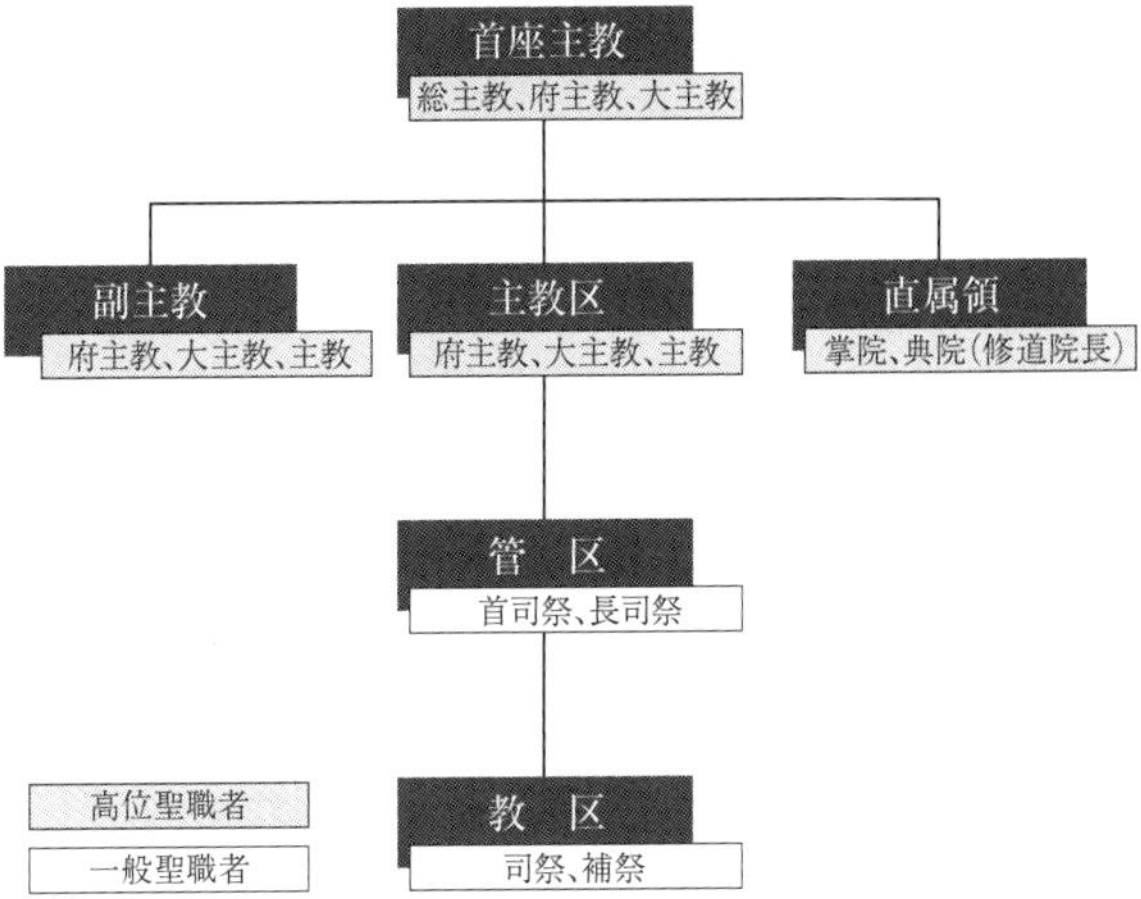

る建物は「聖堂」と呼ばれる。東方正教の聖堂内部は、鮮やかなフレスコ画が壁一面を覆っていることも多く、色彩豊かな印象を与える。また、天井まで届く壮麗なイコノスタスと呼ばれるイコン（聖像画）で覆われた壁も目を引くだろう。東方正教では彫刻やステンドグラスよりもイコンが重視され、崇敬の対象となっている。聖職者は長い髭を蓄えており、独身であることが求められるのは、主教以上の高位聖職者（総主教、府主教、大主教、主教など）のみである。それ以外の一般聖職者（司祭、輔祭《ほさい》など）は妻帯者である（資料②参照）。
　正教会では聖堂で行われる儀礼や祈禱のことを「典礼」と呼ぶ。[3] 典礼音楽は無伴奏の聖歌合唱である。ロシア系の正教

会では、典礼は長時間にわたり、その間、信者は立ちっぱなしで、額を床に付ける叩頭《こうとう》の礼を取る。日曜ごとの典礼は聖体礼儀と呼ばれ、ハリストス（東方正教におけるキリストの呼び名）の肉と血を領聖する聖体機密（英語ではcommunion）が行われる。聖体機密に用いられる尊体たるパンは、イーストを使って膨らませたものを用い、容器の中で尊血たるワインに浸す。これを聖匙《せいひ》と呼ばれるスプーンで順に信者の口に入れる（領聖）。二〇一九年冬に新型コロナウィルスが猛威を振るった際には、たくさんの信者が同じ聖匙に口をつける領聖の方法をめぐって、ちょっとした議論となった。

正教会は「自分たちの教会は神についての真実の信仰を守護し、伝え教える教会であり、また神を正しい礼拝で賛美する教会であり、この世にあるただ一つのキリストの教会に他ならない」と自らについて考えており、[4]「正しい信仰」と「正しい賛美」という二重の意味が込められた「正教（orthodox）」という名称がそのことを示している。ここでは、本論に特にかかわる問題として、東方正教が理想としてきた国家と教会の関係である「シンフォニア」と独立教会制の二点に絞って検討しておきたい。

一．「シンフォニア」の夢――政教関係の理想と現実

東方正教の教権（教会権力）と俗権（国家権力）の関係を特徴付けるものとしてしばしば指

摘されるのが「皇帝教皇主義（caesaropapism）」である。ローマ教皇と王権が覇を競い合った西欧に比して、ビザンツ帝国では皇帝が教会の保護者を自認し、教会内部の問題や総主教（教会の最高権威者）の人事にまで介入することが珍しくなかった。実質的に俗権が教権に優越し、それを管理していたのであるから、これを「皇帝教皇主義」とすることに問題はないと考える立場が、西欧中心のアカデミズムでは優勢であった。しかし、そもそも両者を二項対立的に捉えようとする前提が西欧的だという批判もある。[5]
ビザンツ帝国では六世紀にユスティニアヌス帝が教権と俗権は同じ源泉に由来すると明文化したことを根拠として、両者が調和的に「地上の王国」を統べることを政治哲学の理想としてきた。[6]ユスティニアヌスが編纂を命じた法典（新勅法六の前文）には次のようにある。[7]

司祭制と帝国は、神が人間への愛のゆえに、高みから授けられた二つの偉大な贈り物である。前者は神的なものに仕え、後者は人間的なものを指揮し管理する。どちらも同じ起源から生まれ、人間の生活を飾るものである。

現代のビザンツ神学者ジョン・メイエンドルフ（一九二六‐九二）は、東方正教における究極の目的が人間の「神化」であることに、神権政治思想の根拠を見出している。すなわち、神が肉をまとい人間となったこと（籍身《せきしん》）は、人間が神になるためであり、洗礼とは「現在の生活の中でも人間を神の国の市民とすること」を前提としている、というのだ。[8]
このような世界観にあって、現実ではそうではなかったにせよ、[9]帝国は神の国の反映であり、教会は帝国と一つと考えられた。メイエンドルフは、モスクワ大公ヴァシーリー一世に対し総主教アントニオス四世が一四世紀末に送った次のような書簡を紹介している。

教会を持って帝国を持たないということは、キリスト者には不可能である。なぜなら、教会と帝国とは、偉大な一致と共同体を形成するからである。両者を相互に分離することは不可能である。[10]

このような理想は「シンフォニア」（英語では「ビザンチン・ハーモニー」と訳される）と称され、東方正教を受容したロシアにも引き継がれた。しかし、ロシアにおける政教関係は、ビザンツの理想とは異なる形で発展していくこととなった。
ロシアで初めて「皇帝（インペラートル）」を名乗ったピョートル一世（在位一六八二‐一七二五）は、一七二一年に総主教制に代えて聖宗務院制を敷いた。それまでの教会では、総主教を最高権威とする高位聖職者のヒエラルキー構造によって独自の運営が行われていた。ピョートルは、国王を教会の長とする英国教会制や、ローマ教皇の権威を否定するドイツの宗教改革にインスピレーションを得て、教会を国家が管理、運営、利用することを理想としたのであった。そこで総主教座に代えて、皇帝によって任命される「オーベル・プロクロール」という俗人の官僚を議長とする教会の最高行政機関「聖宗務院」を設置したのである。[11]その役割や権限は時代によって変化したが、高位聖職者の選出や任命、神学や教会にかかわる問題について書かれた出版物の検閲などを主要な任務としていた。聖宗務院制によって、正教会は国家の管轄下に置かれ、「国家の婢《はしため》」、すなわち政治権力の末端を担う一機関に堕したと揶揄された。しかしながら、帝国に従順である限り、高位聖職者は特権階級として主教区内で専横的な振舞いが可能であったという研究もあり、[12]安易な一面化は避けるべきであろう。「国家の婢」という形容は、正教会が帝政に対して独立した権力を持ちえず、自律的な組織ではなかった、という状況を示している。聖宗務院制は、約二〇〇年の長きにわたって維持された。

一九一七年、二月革命によって帝政が崩壊し、同年八月には長らく待たれていたロシア正教会の地方公会が開催された（第三章参照）。この地方公会は一九一八年九月まで続いたが、革命の気分をよく反映したもので、正教会にリベラルな改革がもたらされることが期待されていた。一〇月には、総主教制の復活が宣言された。総主教制は、国家の管理から自由になった正教会が、新しい道を歩むうえで不可欠のものと考えられていたが、同時にこの時の地方公会が決定しえたほとんど唯一のものであった。

総主教制の復活が決まった直後、十月革命によって臨時政府が倒され、ボリシェヴィキが権力を掌握すると、正教会をはじめとする諸宗教団体は徹底的に弾圧された。特に君主主義者や白軍（外国の支援を受けた反革命軍）とのつながりが疑われたロシア正教会に対する弾圧は苛烈を極めた。高位聖職者は軒並み逮捕されて、弾圧がピークを迎えた一九三七年までに全員が流刑か処刑を経験した。釈放されることもあったが、その場合には逮捕が繰り返され、高位聖職者は常に生命の危機に脅かされていた。一九一四年の正教会が帝国内に一三〇名の高位聖職者を擁していたのに対し、一九三九年のソ連で処刑も逮捕もされずに残っていたのはわずか四名であった。[13]修道院は一つ残らず閉鎖され、ソ連を訪れた外国人に対して、ソ連国内の宗教弾圧を否定するために残された見世物的な教区教会が細々と活動しているばかりであった。正教会は組織としての存続が危ぶまれる状況にまで追い込まれたのである。[14]
しかし、総力戦となった独ソ戦（一九四一‐四五年）が始まると、スターリンは愛国心高揚と英米などの連合国との協力のために教会を利用することを決定した。[15]戦後の正教会は党＝国家に忠実な組織へとつくり替えられ、「宗教問題評議会」という行政機構の管理下に置かれた。宗教問題評議会は州などの地方行政ごとに置かれ、その監視体制は地方都市や農村部にまでおよぶものであった。同時に、高位聖職者たちは「平和のための使者」として外国の宗教団体との対話という名目で国外に派遣されるようになり、その際にはソ連の国益のために働くこと、つまり国家保安委員会のエージェントとしての任務を帯びることもあった。
以上に見たように、一八世紀以降のロシアにおいて、国家と教会は（二〇世紀前半の大弾圧時代を除いて）ほぼ常に「一体」となるような体制がつくられていたわけだが、それは調和的な関係というよりも、むしろ国家による抑圧的な宗教政策の結果であった。これは真の「シンフォニア」とは程遠い、というのが現在の正教会の考え方である。
ソ連解体後の二〇〇〇年、ロシア正教会は一六か条からなる『ロシア正教会の社会構想の基礎』と呼ばれる文書を採択した。これは正教会と世俗社会とのかかわりについての原則を定めた指針である。その第三条は国家との関係について規定している。そのなかで、シンフォニアの理想とは、国家権力と教会権力が「肉体と魂のような」関係にあり、両者の「つながりと調和の中に国家の幸福がある」ことと謳われている。シンフォニアの「本質は相互協力、相互支援、相互責任であり、一方が他方の専門的な権限を侵犯することは」ない（三条四項）。それゆえに、もし国家が「罪深く魂を破壊するような行為を強要するならば、教会は国家に従うことを拒否しなければならない」（三条五項）[16]
正教会は、ロシアにおける質的な〈国教（state church）〉だと指摘されることもあるが、正教会自体はそのような地位を望んでいない。それまでの歴史的経験から、正教会はあくまで国家から独立した意思決定機関を持つ組織として存続することを望んでいる。そのうえで、社会の様々な局面で自らの影響力を増大させることによって、「シンフォニア」を維持しようとしているのである。
一方、政府の側も、数多くの少数民族を抱える多民族・多宗教国家として、ロシア正教会を〈国教〉とすることはおそらく考えていない。ロシア連邦は、正教会を含む、国内の伝統宗教

資料③ ロシアの宗教団体の三層構造

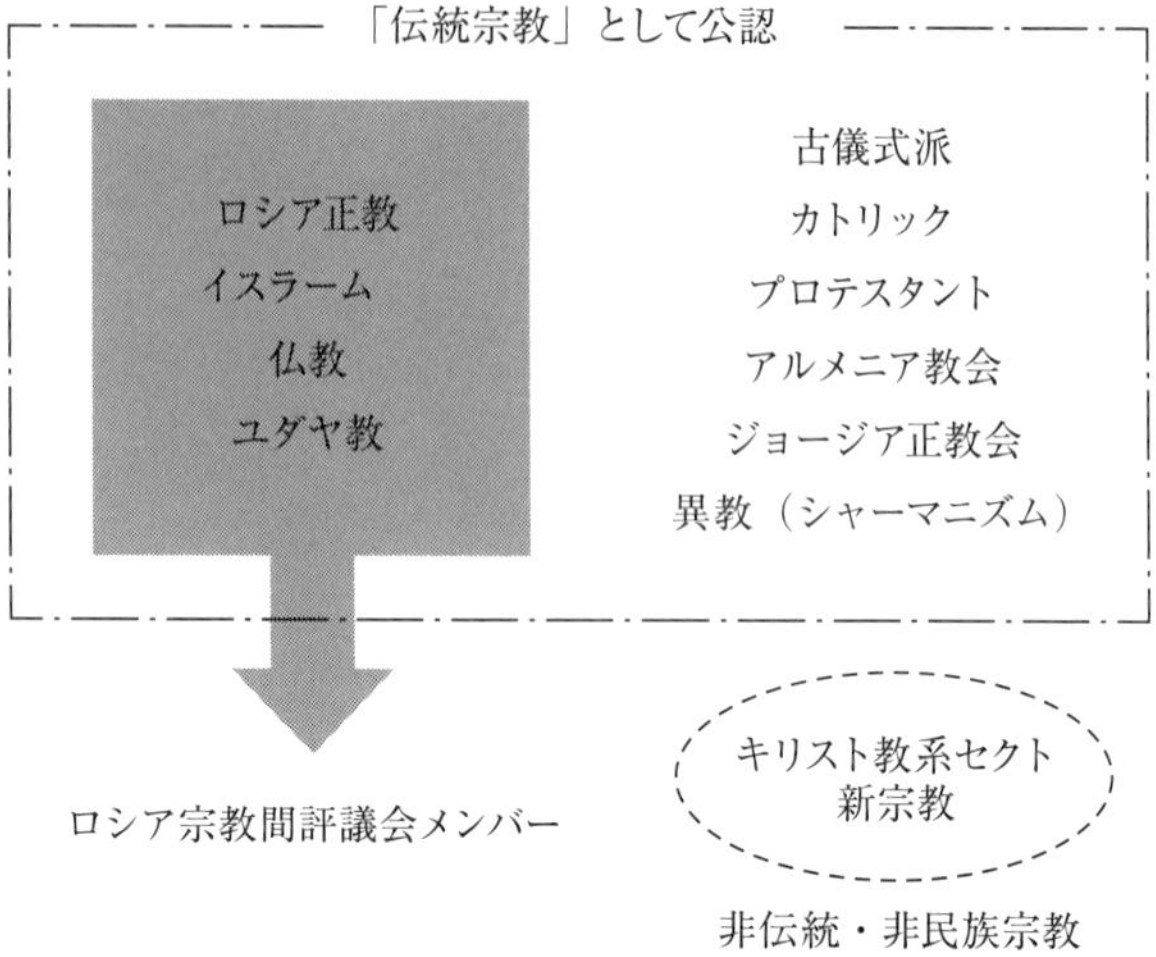

全般に一定の配慮をしていることを付言しておく必要があるだろう。現在のロシアで効力を持つ宗教法「良心の自由と宗教団体に関する」連邦法（一九九七年）は、その前文で次のように定めている。

ロシア連邦議会は、（…）ロシア連邦が世俗国家であることに基づき、ロシア史における、ロシアの精神性と文化の生成と発展における正教会の特別な役割を認識し、キリスト教、イスラーム、仏教、ユダヤ教ならびにロシア諸民族の歴史遺産の必須の部分を構成する諸宗教を尊重し、良心の自由と信仰の自由にかかわる諸問題における相互理解、寛容、尊敬の促進の重要性を認識し、本連邦法を承認する。[17]

これはロシアにおける宗教団体の三層構造を示している（資料③参照）。すなわち、ロシアにおいて特別な役割を担ってきた正教会を頂点として、「キリスト教、イスラーム、仏教、ユダヤ教」ならびに少数民族のアイデンティティに深くかかわる伝統宗教が尊重されることが明言されている。逆にここで言及されない宗教、すなわち外国由来であったり、歴史の浅い宗教団体は、ロシア国内での活動に著しい制限を設けられている。第一に、外国の宗教団体はロシア国内での宗教活動を行うことが禁じられている（第一三条）。第二に、国家登録を受けることができるのは、一五年以上一定の地域で活動していることが証明できる宗教団体に限られていた。二〇一五年になって、この制約は廃止されたもの[18]の、宗教団体としての国家登録の可否や登録取り消しは国側の恣意的判断にかかっていることに変わりはない（第一二条、一四条）。この顕著な例として、二〇一七年にロシア連邦最高裁判所がキリスト教系宗教団体であるエホバの証人を「過激派」と見なし、ロシア国内におけるその活動を全面的に禁止したことが挙げられる。

一方で、〈伝統宗教〉と認められた正教、イスラーム、仏教、ユダヤ教は、一九九八年に「ロシア宗教間評議会（Inter-Religious Council of Russia）」を創設して（117頁資料⑧参照）、宗教間対話、より具体的には、互いの利害調整を行っている。宗教を理由とした民族対立を避けるべく、これら伝統宗教の代表者が協力関係を取り結ぶことは、多民族国家ロシアの存続にとって極めて重要である。協力関係の維持のためには、宗教団体間のパワーバランスが不可欠である。宣教上の相互尊重や社会・経済的な側面での配慮がなされ、伝統宗教と公的機関の指導者を交えて利益配分が調整される。

ただし、最大多数派であり政治や経済の場面でも強い影響力を持つロシア正教会が抜きんでて大きな存在であることは否定しがたい。前述したように、近年、多方面にわたる公的・社会的活動へのロシア正教会の影響力の深化が指摘され、ロシア社会の「教権化（clericalization）」と呼ばれる現象が生じている。[19]「教権化」とはいわゆる「世俗化」に逆行する概念である。近代化が進展するにつれて、社会の多様な機能が分化し、社会に統一的な意味を与えていた宗教の役割が大きく後退し、変容していったことを「世俗化」と位置付けるならば、社会の様々な分野における宗教の影響力が増大し、社会全体の意味付けに宗教が再び大きく参与しつつあるのが現代ロシアの状況であることが理解できるだろう。教権化の問題については第四章で再度触れる。

プーチン政権下におけるロシアの政教関係については、正教という〈宗教〉が正教会という〈組織〉を超えて社会全体に理念的な影響を与えていることは間違いない。しかし国家と教会の現実の相互関係を、「シンフォニア」という正教会にとっての理想的概念で一元的に語ることは不可能である。正教会の政治的影響力を理解するためには、国家というマクロなレベルのみならず、地方政治や学校教育などのメゾレベル、個人の宗教的帰属意識などのミクロレベルでの多面的な観察が不可欠である。[20]ロシア正教会とは非常に多様で複雑な巨大組織であり、政治に対しても多声的な存在であることを忘れてはならない。

二．独立教会制——領域原則と民族原則のせめぎあい

東方正教の教会組織の最大の特徴が、「独立教会制」である。ローマ・カトリックが教皇を頂点とする中央集権的で垂直的な教会組織を持っているのに対し、東方正教の世界は領域ごとに「地方教会」と呼ばれる教会組織がそれぞれに独立した教会運営を行っている。地方教会は独立した組織であるが、教義については東方正教の信仰を共有している。そのため、例えば「ルター派教会はプロテスタントの一宗派である」というのと同様の意味で、「ロシア正教会は東方正教会の一宗派である」というのは間違いになる。

地方教会はその教会組織の持つ独立性の度合いに応じて「独立教会」と「自治教会」に分けられる。独立教会はそれ以上の上位者をもたない「首座主教」に率いられ、他の独立教会と完全な相互領聖（フル・コミュニオン）の関係にある（資料④参照）。コミュニオンの関係とは、字義どおり互いの聖体機密の有効性を認めることである。そのためにはなによりまず、互いの使徒継承性、すなわちキリストの直弟子である使徒に由来する教会であるという正統性が認められなくてはならない。東方正教のアイデンティティが、「正しい信仰」と「正しい賛美」にある以上、その教義や儀礼がキリストその人の教えを伝統的に引き継いでいることが地方教会

の一員として認められるために、このうえなく重要なのである。
独立教会の首座主教は権能において互いに等しいが、コンスタンティノープル総主教は「同輩中の首位」という特別な権威を認められ、「世界総主教」と称される。二〇二三年現在、世界中には以下の一五の独立教会が存在する。

古代司教座に由来する四総主教座

①コンスタンティノープル総主教座＝世界総主教（トルコ、イスタンブール）
②アレクサンドリア総主教座（エジプト）
③アンティオキア総主教座（シリア）
④イェルサレム総主教座（イスラエル）

コミュニオン関係が認められた独立教会

⑤ロシア正教会
⑥セルビア正教会
⑦ルーマニア正教会
⑧ブルガリア正教会
⑨ジョージア正教会

資料④ 東方正教の地方教会関係略図

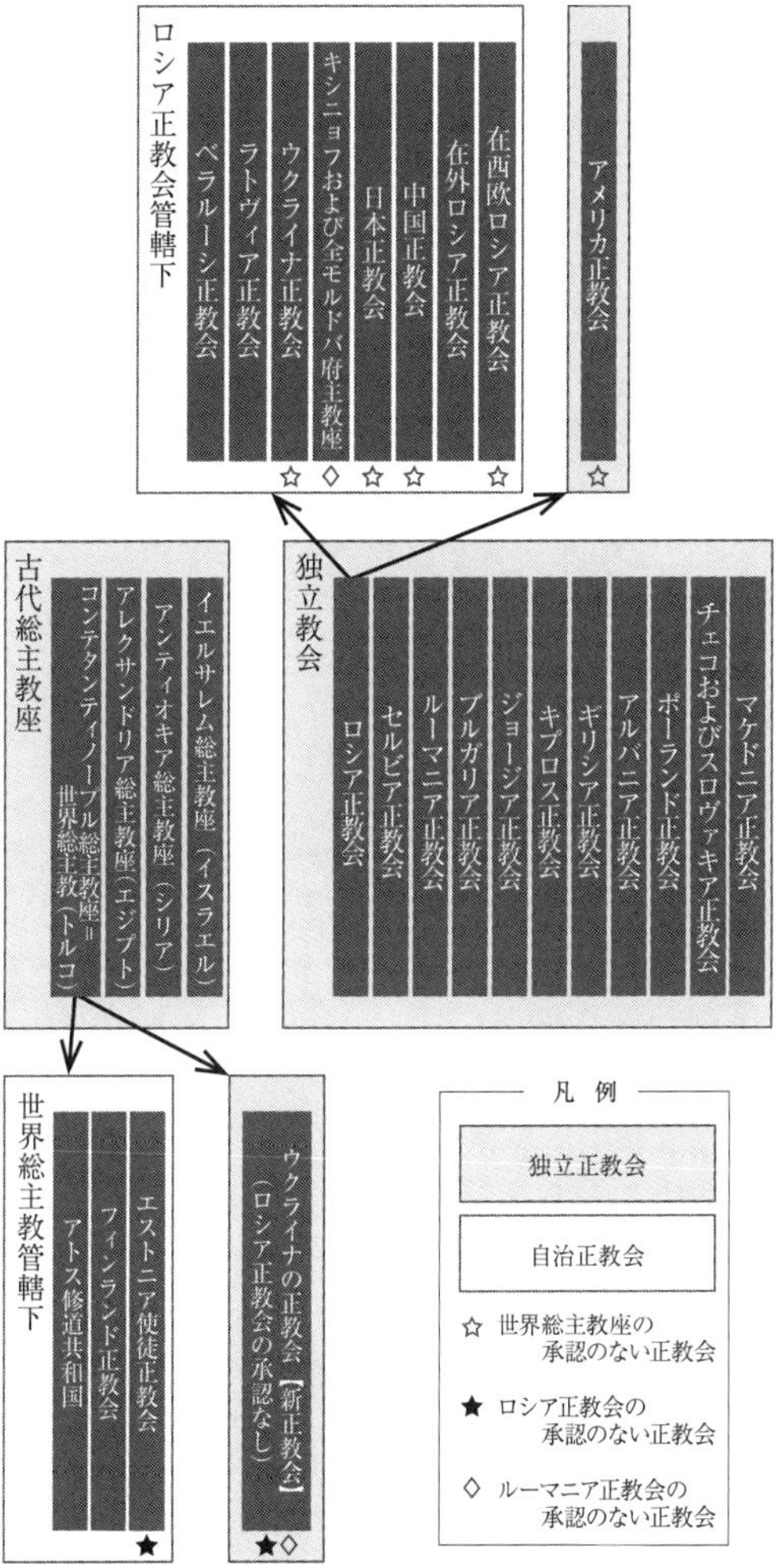

⑩キプロス正教会
⑪ギリシア正教会
⑫アルバニア正教会
⑬ポーランド正教会
⑭チェコおよびスロヴァキア正教会
⑮マケドニア正教会

コミュニオン関係が完全に認められていない地方教会

⑯アメリカの正教会（世界総主教の承認なし）
⑰ウクライナの正教会（ロシア正教会の承認なし）

まずローマ帝国時代のカルケドン公会議（四五一年）で決定された、五つの古代司教座、すなわちローマ、コンスタンティノープル、アレクサンドリア、アンティオキア、イェルサレムという「ペンタルキア」がある。このうち、ローマを除く四つが東方正教の古代総主教座となったことはすでに述べた。いずれも、現在では非正教徒が多数派を占める地域にあり、その管轄領域は特定の聖堂や修道院の敷地内といったように限定的であったり、世界各地に移住したディアスポラ[21]（移住者）の教会のように拡散していたりする。総主教座というのは「総主教」

の称号を持つ首座主教が執務する場という意味である。

それに、一六世紀に五番目の独立教会の地位を認められたロシア正教会が続く。ビザンツ帝国が一四五三年に滅亡した後、ロシアは正教の君主を戴く唯一の帝国となった。現在に至るまで、ロシア帝国およびソ連邦の領域の多くがロシア正教会の管轄下に置かれており、全世界の正教徒の約半数がロシア正教会に属している。

さらに続いて、セルビア、ルーマニア、ブルガリアなど、数世紀にわたって正教を伝統的に信仰してきた地域の正教会が位置付けられる。[22] これらの地方教会の多くは、それぞれの近代世俗国家の領域におおよそ対応した管轄を持っているほか、国外のディアスポラ教区を管轄する場合もある。ジョージアまでの地方教会の首座主教には「総主教」を名乗る権限が認められているが、キプロス以下の地方教会においては、その首座主教の称号は「大主教」あるいは「府主教」となる。古代総主教座と同じく、これらの地方教会の首座主教の執務の場を「大主教座」、「府主教座」などと称する。「ロシア正教会モスクワ総主教座」という場合、モスクワ総主教の権威に従うロシア正教会、を意味する。

これらの独立教会から一定の自治権を認められた領域は「自治教会」となる。教会の独立・自治を認める権能の所在については、教会法で定義されているとは言い難い。慣例としては「母教会」、すなわちその領域をもともと管轄していたり、その地に初めて東方正教の教えを宣教した教会にその権能があると考えられてきた。例えば、日本では一九世紀末にロシア正教会の宣教によって正教会が誕生し、一九七〇年に自治教会の地位を認められた。自治教会は自らの教会運営を独自の判断で行う権能を持っており（具体的な内容は個々の教会により異なる）、独立教会との関係は単純な「支配‐従属」の構図では捉えきれない。

以上一五の教会に加えて、すべての教会とフル・コミュニオンの関係を保っているわけではないが、独立教会を名乗る教会が二つある。それがアメリカ正教会（Orthodox Church in America）とウクライナの正教会（Orthodox Church of Ukraine）だ。

アメリカ大陸には歴史ある正教会が存在しなかった。アメリカの正教会は、一八世紀末、当時ロシア領であったアラスカで正教伝道が行われたことを起源とする。「母教会」たるロシア正教会はアメリカ正教会の独立を承認する立場にあるとして、一九七〇年、これを承認した。しかし、北米大陸には中東やバルカン半島などからの正教徒移民も多く、同じ正教徒であっても民族的・言語的には多様なアイデンティティを持った人々がディアスポラ教会を形成している。後述するが、コンスタンティノープル総主教座は、ディアスポラの居住領域は世界総主教の管轄下にあると考えており、アメリカ正教会の独立を認めていない。現在、アメリカには複数の正教会が並存している。

そして、二つ目のウクライナ問題は、東方正教の世界に大きな分裂をもたらしている。詳しくは第五章で検討するが、ウクライナの独立正教会は二〇一九年にコンスタンティノープル総主教座によって承認された新しい教会である。二〇一八年にウクライナ政府の要請を受けたコンスタンティノープル総主教座は、ウクライナにおける正教会の独立を承認する準備を始めた。これに対し、三〇〇年以上にわたってウクライナの領域を管轄してきたロシア正教会は、コンスタンティノープル総主教座の行為が「教会法」に反するものであると批判し、関係断絶を宣言した（第五章参照）。ウクライナをめぐって、正教世界で最も権威ある総主教座と、最も多くの信者を抱える総主教座が分裂してしまったのである。

東方正教の独立教会制は近代国民国家の台頭と移民の増加によって、大きく揺らぐことになった。それぞれの地方教会は、国家にも似た垂直構造の運営組織を持っている（21頁資料②参照）。教会運営にかかわる問題を論ずる最高会議の場が、先に述べた「地方公会」である。地方教会では、典礼語や、典礼の作法、教会暦（グレゴリウス暦／ユリウス暦）、聖人、司祭や信者の服装などについて、それぞれの地域の歴史や文化、民族性に応じて定めることができる。このことは、地域の実情に合わせてキリスト教の発展を促すという点において非常に優れているが、同時に容易に民族感情や世俗国家の利害と結びつきやすい。そのため、明確に区分された領域と民族や国民の概念が結びついて形づくられた近代国家の台頭は、より緩やかで曖昧な領域概念によって形づくられていた地方教会の「教会法上の管轄領域（canonical territory）」と真正面から対立したのである。以下、歴史を大まかに追って見ていこう。

教会が管轄領域に基づいた教区運営を行うという考え方は、教会の指導者たる主教たちが属地的に管轄を配分されてきたローマ帝国の時代にまでさかのぼることができる。四世紀にキリスト教がローマ帝国の国教となると、教会の代表者たちによる全地公会が開催された。全地公会は四世紀から八世紀にかけて行われ、基本的教義の統一を図ると同時に、教会の制度や法についての整備も行われた[23]。

教会組織については、三二五年の第一ニカイア公会議で、府主教座が世俗行政の中心地と結びつけられ、教会の単位がローマ帝国の行政区分に従って、〈領域的〉に整備されるようになった[24]。こうして四世紀末には司祭が管轄する「教区」、主教、府主教がそれぞれ管轄する「主教区」、「府主教区」という単位が整備された[25]。同時に「教会法（canon）」と呼ばれる大小様々な規定も全地公会の中で定められた。四世紀前半に集成された「聖使徒規則」が、聖職者とその管轄領域の関係について定めている[26]。

しかし、地方教会とそれが持つ「教会法上の管轄領域」という概念は、近代的な主権国家とナショナリズムの概念の誕生によって、その意味を大きく変化させた。ロシア正教会の聖職者であり神学者でもあるウクライナ出身のキリル・ホボルンは、主権国家とその領土の相互不可侵というウェストファリア体制[27]のモデルが、東方正教の独立教会制に影響を与えたことを指摘している。すなわち、地方教会もまた管轄領域内の問題を独自に決定するための中央集権的機構を持ち、かつその管轄領域は相互不可侵のものであることを原則とする。これに従えば、教会の自治・独立を決定する権能は「母教会」にのみ認められることになる。また、ある地方教会は別の地方教会の管轄領域において、宣教活動を行ったり、そこに聖堂を建てたりすることは原則的にできないことになる。

さらに、第一次世界大戦後、ギリシア、セルビア、ルーマニアなど、伝統的に正教徒が多い地域で、民族自決の原則に則って国民国家が誕生すると、事態は一層複雑化した。ローマ時代以来、地方教会の管轄領域は、政治的な統治区分に従って〈領域的〉に定められることを前提としていた。ところが、ナショナリズムが興隆し、できる限り民族居住域に沿って国民国家の領域が定められるべきだという原則が現れると、その地に新たに生まれる地方教会の管轄領域も、〈民族原則〉に則って定められるべきであるという新しい考え方が生じたのである。

この〈民族原則〉は、新たに誕生した国民国家の領域内ばかりでなく、伝統的に正教徒が居住していない地域である西欧やアメリカ大陸で顕著に見られる。いわゆるディアスポラ教会は〈民族原則〉によるものである。例えば東京には、日本正教会の聖堂の他に、各国大使館などに付随して、ロシア正教会、ルーマニア正教会、ウクライナの独立正教会などの聖堂・礼拝堂が存在している。〈領域原則〉に従うならば、東京は日本正教会の排他的な管轄領域なので、東京に居住する正教徒は民族に関係なく、日本正教会の聖堂に通うべきである。しかし、言語や生活習慣の違いなどからディアスポラのコミュニティは〈民族原則〉に従って、自分たちの教会を持つことを望む。こうして、ディアスポラ教区が登場するのである。

こうした独立教会制の揺らぎを、誰よりも上手く利用しようとしているのが、コンスタンティノープル世界総主教座である。ビザンツ帝国の帝都としてのコンスタンティノープルは、一五世紀にオスマン・トルコによって陥落した。政治的な後ろ盾を失った世界総主教の権威は実態を伴わないものとなり、ロシア正教会が実質的に正教世界の「第一人者」として振る舞うようになった。しかし、帝国の解体と新しい国民国家の誕生ののち、旧帝国領で地方教会の創設が望まれるようになると、世界総主教は地方教会の自治・独立を承認する権能は自らに帰すると主張して、その権威をアピールしたのである。独立教会の誕生は国民国家の誕生よりも、かなり後（短くとも数十年単位）になることが通例で、大抵の場合、「母教会」は〈領域原則〉に従って独立の承認を与えたがらない。そこへ世界総主教座が現れて、独立承認の権能を持っているとなれば、〈民族原則〉に従って独立教会を持ちたい側、つまり独立を望む「娘教会」はこれに飛びついた。

その一方で世界総主教は、それぞれの地方教会は〈領域原則〉に従って管轄領域を持っているので、領域外に移住したディアスポラについては地方教会の管轄を外れると主張した。すなわち、アメリカ大陸や西欧諸国で形成されたディアスポラ教会の管轄権は、世界総主教に属すると主張したのである。

こうした世界総主教のやり方に反発したのがロシア正教会である。ロシア正教会は帝国時代から引き継いだ広大な管轄領域を持っており、そこに居住する正教徒は全て、ロシア正教会の管轄下にあると主張している。しかし、ロシア帝国の崩壊に伴って、旧帝国領で独立国家が誕生すると、地方教会創設を求める運動が各地で起こった。そして、フィンランド、エストニア、ポーランドでは世界総主教が自治権や独立権を承認して地方教会が創設された。

世界総主教座の介入に対する危機感は、ロシア正教会のみならず、他の多くの地方教会も感じている。分離独立を志向する集団を抱えている地方教会は少なくなく、世界総主教が独立派を支援するような事態は避けたい。また、東方正教の世界においては、各独立教会は権能において等しかったのではなかったか。世界総主教のみが脱領域的に地方教会の独立・自主権を承認する権能があるとするやり方は、東方正教の伝統を切り崩し、カトリック化するものであるという批判の声も聞かれる。

一九九一年にソ連という「帝国」は解体したが、今もなお旧ソ連のほぼ全域を管轄下におくロシア正教会にとって、〈領域原則〉に従った教会管轄の区分を維持することは、極めてアクチュアルな問題であり続けている。これまで何度か言及した「教会法上の管轄領域」という言葉は、実はソ連解体後のロシア正教会が概念化したものである。この言葉の公式の初出は、二〇〇〇年に採択された「ロシア正教会規約」第一条第三項である。[28] それによればロシア正教会の管轄領域は、独自の正教会を持つジョージアとアルメニアを除く旧ソ連全域、モンゴル、中国、日本（最後の三か国はロシアが正教伝道を始めたため）、そしてロシア人・ロシア語話者のディアスポラ教区である（実はここにおいても、旧帝国の支配領域においては〈領域原則〉、ディアスポラ居住域については〈民族原則〉というように、ロシア正教会にとって都合の良いようにそれぞれの原則が適用されているので、ロシア正教会はコンスタンティノープルのやり方を非難できるわけではない）。

「教会法上の管轄領域」について初めて具体的な内容を示したのは、二〇〇九年から二〇二二年までロシア正教会渉外局長（教会の外務大臣に当たる）を務めていたイラリオン府主教（アルフェーエフ）であろう。二〇〇五年に発表した論文の中で、彼は「教会法上の領域」が新しい用語であることを認めたが、同時にその概念自体はキリストの直弟子たる使徒が活躍した時代にまでさかのぼって存在していることを強調した。その際、第一に、それぞれの独立教会は管轄領域を持ち、相互不可侵の原則を守ること、第二に、世俗の国境と教会の管轄領は必ずしも対応するわけではなく、国境の変化は教会管轄領の分割を必然とはしないことの原則を述べている[29]。

これに従えば、ソ連が解体して国境線が引き直されても、ロシア正教会の管轄領域の変化は必然ではない。また、ロシア正教会の管轄領域内の教会独立問題は、ロシア正教会が決定権を握っているのであって、コンスタンティノープル総主教座をはじめとして、他の独立教会が介入できるものではない。こうした考え方が、「国家安全保障」の問題と結びつき、「精神的安全保障（spiritual security）」が語られたり[30]、「地政学」との関係から「神政学（theopolitics）」の存在が指摘されているのである[31]。これらの問題については、第四章で詳しく取り上げる。

ウクライナの正教会独立問題は、まさにこのロシア正教会が理想とする「教会法上の管轄領域」に疑義を突き付け、〈民族原則〉に従った教会独立承認を理想とする近代的な独立教会制にかかわるものである。しかしウクライナは、ロシア正教会にとって歴史的な故地であり、いくつもの聖地を有し、数多くの聖人を輩出してきた土地である。キーウはスラヴ民族が東方正教を公式に受容した地であり、クリミアは使徒アンデレが宣教に訪れたという伝説が残る。現在、ロシア正教会が「ラウラ」と呼ぶ五つの由緒ある大修道院の内、三つ（ペチェルシク、ポチャーイフ、スヴャトヒルシク）はウクライナ領内にある。さらに、ロシア正教会が管轄する教区教会の、約三分の一はウクライナにある。[32] ウクライナの存在は、ロシア正教会にとって地政学上の問題でもあり、同時に自らの歴史的アイデンティティや、東方正教世界における圧倒的多数派としての立ち位置にも影響しうる重要な問題なのである。ウクライナは今、独立教会制をめぐる〈民族原則〉と〈領域原則〉が最も先鋭的な形でせめぎあう現場でもある。

1　東方諸教会については、以下を参照。三代川寛子編著『東方キリスト教諸教会——研究案内と基礎データ』明石書店、二〇一七年。
2　「子からも」を意味するラテン語。ローマ・カトリックでは聖霊が父と子の両方から発出するとして、「子からも」の語を信条に加えた。東方教会はこれを異端として批判した。
3　東方教会の典礼や教会慣例などについて、初心者に分かりやすいものとして以下を参照。水野宏『新装版　初めて知る東方正教会』KeyNoters、二〇二〇年。より詳細に知りたい向きには、高橋保行『ギリシャ正教』講談社学術文庫、二〇一六年、久松英二『ギリシア正教　東方の智』講談社メチエ、二〇一二年など。
4 ティモシー・ウェア（松島雄一訳）『正教会入門――東方キリスト教の歴史・信仰・礼拝』新教出版社、二〇一七年、一九頁。
5 例えば、森安達也『東方キリスト教の世界』山川出版社、一九九八年、六〇‐六一頁。
6 John Meyendorff, "Justinian: The Empire, and the Church," *Dumbarton Oaks Papers* 22 (1968), pp. 45-60.
7 以下の英訳より、筆者訳。David J.D. Miller, *The Novels of Justinian: A complete Annotated English Translation* (Cambridge University Press, 2019) p. 97.
8 ジョン・メイエンドルフ（鈴木浩訳）『ビザンティン神学　歴史的傾向と教理的主題』新教出版社、二〇〇九年、三三〇‐三三六頁。
9 ユスティニアヌス帝の勅令は、帝国が教会の問題に介入するための法的・制度的方法であったという指摘もある。Daniel Jianu, "Symphonia and the Historical Relationship between State and Church," in Tobias Köllner ed. *Orthodox Religion and Politics in Contemporary Eastern Europe* (London and New York: Routledge, 2020), p. 24.
10 メイエンドルフ『ビザンティン神学』三三三頁。
11 この経緯について日本語で読みやすいものとして以下を参照。白石治朗「近代ロシアの国家と教会」『十九世紀ロシア農村司祭の生活』中央大学出版部、一九九九年、一五三‐一六一頁。
12 ただし、教会が独自の判断を行う余地は様々にあったという実証的研究もあり、教会を「国家の婢」と位置付けるのは、教会が独自の意思決定機関を持つべきと考える立場からの批判といえよう。Gregory L. Freeze, "Handmaiden of the state? The Church in Imperial Russia reconsidered," *The Journal of Ecclesiastical History* 1: 36 (1985), pp. 82-102.
13 *Шкаровский* М. Русская православная церковь при Сталине и Хрущеве. Москва, 2000. С. 67,98.

14　前掲のシカロフスキーによれば、一九一四年にロシア帝国内にあった七万八〇〇〇の教区教会のうち、一九三九年に新たにソ連に併合された領土を除く地域で、一九四一年夏までにソ連領内に残っていた教区教会は三五〇ほどであったと推計している。また、二〇世紀にロシア正教会が経験した教区数の増減について、次を参照。Thomas Bremer, *Cross and Kremlin: A Brief History of the Orthodox Church in Russia*, translated by E. Gritsch (Cambridge: Wm B. Eerdmans Publishing Co, 2013), p. 88.
15　熱心なクリスチャンの多いアメリカにおいて、ソ連における宗教弾圧は世論に大きな影響を与えるものであった。詳しくは次を参照。高橋沙奈美『ソヴィエト・ロシアの聖なる景観』北海道大学出版会、二〇一八年、三三‐三六頁、Steven Merrit Miner, *Stalin's Holy War: Religion, Nationalism, And Alliance Politics, 1941-1945* (The University of North Carolina Press, 2003).
16　Основы социальной концепции Русской Православной Церкви //Официальный сайт Московского Патриархата. http://www.patriarchia.ru/db/text/419128.html（二〇二二年九月七日最終閲覧）。
17　Федеральный закон от 26. 09. 1997 г. No.125-Ф3, О свободе совести и о религиозных объединениях// Президент России. http://www.kremlin.ru/acts/bank/11523（二〇二二年九月七日最終閲覧）。
18　Федеральный закон от 13. 07. 2015 г. No.261-Ф3 "О внесении изменений в Федеральный закон "О свободе совести и о религиозных объединениях."// Официальный интернет-портал информации. http://publication.pravo.gov.ru/Document/View/0001201507130068（二〇二三年三月七日最終閲覧）。
19　この概念について、最初に具体的に論じたものとして以下を参照。Ф. Г. *Овсиенко*. Политизация конфессии и клерикализация политики: тенденции развития и риски в Российском обществе// Религиоведение. No.2 (2002), С. 189-196.

20 例えば、次を参照。Tobias Köllner , Introduction, in Tobias Köllner. *Orthodox Religion and Politics in Contemporary Eastern Europe* (London and New York: Routledge, 2019), pp. 3-16.
21 ディアスポラはギリシア語に由来する言葉で、離散を意味する。元来、イスラエルの地を追われ、離散状態で暮らすことを余儀なくされたユダヤ人や彼らのコミュニティを指すことが多かったが、正教会では単に正教徒の移民やそのコミュニティを指して用いる。
22 最近承認された独立正教会は、マケドニア正教会で、二〇二二年五月以降に母教会であったセルビア正教会をはじめとして、コンスタンティノープル総主教座、ロシア正教会などに承認された。
23 公会議とは、教会指導者である高位聖職者らが集い、教義や典礼、教会組織のあり方や慣例を定める教会法について審議決定する会議で、常設ではなく、審議事項がある時に招集される。全世界のキリスト教会の代表者が集まる「全地公会」と、地域ごとに招集される「地方公会」がある。東方正教によって「全地公会」と認められているのは以下七つである。第一ニカイア公会議(三二五年)、第一コンスタンティノープル公会議(三八一年)、エフェソス公会議(四三一年)、カルケドン公会議(四五一年)、第二コンスタンティノープル公会議(五五三年)、第三コンスタンティノープル公会議(六八〇 - 六八一年)、第二ニカイア公会議(七八七年)。これらは大シスマ以前に行われたため、カトリック教会も有効性を認める公会議である。
24 *Архимандрит Кирилл (Говорун)*, Каноническая территория: векторы развития церковно-канонической территории// Труди Київської духовної академії. No.20. 2014. С. 351-352.
25 *Епископ Венский и Австрийский (Алфеев)*. Принцип «Канонической территории» в Православной традиции// Церковь и время. No.2(31). 2005. С. 46-47.
26 Darrel Jackson, "Canonical territory and national security: Patriarch, President, and Proselytism in the Russian

Federation," *Baptistic Theologies*, 2:2 (2010), pp. 63-64.
27 一六四八年に締結された三十年戦争の講和条約によって形成されたヨーロッパの勢力均衡体制。
28 Jackson, "Canonical territory and national security," p. 61, Устав Русской Православной Церкви, Глава 1. Общие положения// Официальный сайт Московского Патриархата. http://www.patriarchia.ru/db/text/133115.html （二〇二二年九月二八日閲覧）。
29 *Епископ Венский и Австрийский (Алфеев).* Принцип «Канонической территории» в Православной традиции. С. 54-55.
30 Daniel Payne, "Spiritual Security, the Russkiy Mir, and the Russian Orthodox Church," in Hug ed., *Traditional Religion and Political Power: Examining the Role of the Church in Georgia, Armenia, Ukraine and Moldova* (London; The Foreign Policy Center, 2015), pp. 65-70.
31 Kormina, J., Naumescu, V. "A New 'Great Schism'?: Theopolitics of Communion and Canonical Territory in the Orthodox Church," *Anthropology* 36: 1(2020), pp. 7-11.
32 ロシア正教会の公式サイトによれば、二〇一九年のロシア正教会の教区数は三万八六四九件である。Внутренняя жизнь и внешняя деятельность Русской Православной Церкви с 2009 года по 2019 год//Официальный сайт Московского Патриархата. http://www.patriarchia.ru/db/text/5359105.html （二〇二二年九月三〇日最終閲覧）。一方、ロシア正教会の管轄下にあるウクライナ正教会に属する宗教団体（教区のみならず、神学校や兄弟団も含む）は、同じ二〇一九年時点で一万二四三七件であった。Релігійні організації в Україні (станом на 1 січня 2019 р.)// RISU: Релігійно-інформаційна служба України, https://risu.ua/religiyni-organizaciji-v-ukrajini-stanom-na-1-sichnya-2019-r_n97463 （二〇二二年九月三〇日最終閲覧）。

第二章　「未来よりも不確かな過去」――ロシアとウクライナの正教会の歴史

スターリンによる大粛清の時代、ロシアで生まれた一口噺《ひとくちばなし》（アネクドート）に次のようなものがある。「未来よりも不確かなものがたった一つある。それは過去だ」。大粛清では、多くの人々が身に覚えのない理由で検挙され、「人民の敵」として処刑された。昨日まで「英雄」と称賛されてきた人が、実は「人民の敵」であったとしてその過去の評価が覆ってしまうことをいう。

ロシアとウクライナの正教会の歴史についても、昨今、急速な見直しが叫ばれている。ロシアとウクライナが、正教信仰を「共有」してきた兄弟民族である、という語り《ナラティブ》は、戦争開始後、ウクライナの多くの人々にとって受け入れがたいものになっている。一方、ウクライナの研究者らを中心に、ウクライナには独自の正教の歴史がある、という主張はかなり長い間なされてきた。かつては少数の専門家によって叫ばれていたこのような主張が、今やかなり多くの人々の支持を得るまでに急速に広まっている。

遠い過去の歴史は、ウクライナとロシアをつなぐ絆なのか、ウクライナをロシアに縛り付ける枷なのか。そもそもウクライナとロシアについて、それぞれ別個の正教会の歴史を語ることはどこまで可能なのだろうか。本章では歴史をさかのぼって、ウクライナとロシアがいかに東方正教の信仰を共有するに至ったか、そしてその後の歴史的独自性について、ルーシ受洗から一七世紀のロシアによるウクライナ併合までの時代を検討したい。なお、筆者は中世史の専門家ではないため、この時代の一次史料に通じているわけではない。本章で確認しておきたいのは、過去にどのような出来事があり、それが現在どのように記憶・解釈されているのかということだ。この問いに答えるため、まず歴史の流れを概観したのち、ロシア語版とウクライナ語版のウィキペディアの記述を比較検討してみたい。具体的には、それぞれの言語で「キーウ府主教座」がどのように紹介されているのかを見ていこう。ウィキペディアは匿名の多数の人々によって執筆・編集が可能であり、その記述は可変的である。歴史的事実を知るための事典としては、ウィキペディアは欠点を抱えているが、人々の「歴史認識」の一端を知るためには優れた資料となりうるはずである。

一．ルーシ受洗という「神話」

東方正教の中心地、コンスタンティノープル世界総主教座がスラヴ地域の宣教活動に乗り出したのは、九世紀半ばのことであった（資料⑤参照）。キュリロスとメトディオスの兄弟がモラヴィア（現在のチェコ東部）で宣教を始めた際、彼らが最初に取り組んだのはスラヴ語のアルファベット「グラゴル文字」の考案と古代教会スラヴ語の制定であった。ローマ司教座の教会（のちのカトリック教会）では典礼語をラテン語に限定していたため、スラヴ語を典礼語として用いる彼らの宣教は特異なものであった。モラヴィアでの宣教は、ラテン語典礼と文化に押されて実を結ばなかったが、その後、ブルガリア、マケドニアやセルビアなどスラヴ系諸民族の間にスラヴ語典礼のキリスト教が普及していった。[1]何より特筆すべきことは、この時に作られた古代教会スラヴ語が、彼らの間で広く共有されたことである。[2]現代でも東方正教が多数派を占める民族の間では、グラゴル文字を改良した「キリル文字」（キリルはキュリロスのスラヴ語読み）が使われている。

　ルーシと呼ばれていた東スラヴ民族（ロシア、ウクライナ、ベラルーシ民族）に、コンスタンティノープルからキリスト教が伝えられたのは、一〇世紀のことである。この頃、ドニプロ川水系を中心に、ヨーロッパ北東部を流れる河川の流域に住み着いた共通の言語を話す部族連合が存在した。これをルーシという。その中心都市であったキーウは「ルーシ諸都市の母」と呼ばれた。九八八年、キーウ大公ヴォロディーミル一世（在位九七八‐一〇一五年）は、ビザンツ帝国から高度な文化や高い素養を備えた人材をルーシに受け入れることができると考え、東方正教を受容することを決定した。さらに、ヴォロディーミルは皇妹アンナを妻に迎え、ビザンツ帝国と姻戚関係を結ぶことに成功した。キーウには今に残る聖ソフィア大聖堂やペチェルシク大修道院が建設され、ルーシにおける正教伝道の中心となる府主教座が置かれた。ルーシの民衆の間に、正教の信仰はゆっくりと、しかし着実に浸透していった。

キーウ受洗の様子は『原初年代記』あるいは『過ぎし年月の物語』と呼ばれる非常に有名な書物に描かれている。ヴォロディーミルが「酒が飲めないのはつまらん」と言ってイスラームを退け、典礼の荘厳さにひかれて東方正教を受け入れた、という逸話は、史実としての信憑性こそ疑われるものの、ルーシ人の気質をよく表したものとして今も人口に膾炙《かいしゃ》されている。現在に至るまで、東スラヴ民族はこのキーウ・ルーシを自らの祖と考えてきた。この時代のルーシの歴史を伝える唯一の書物として、年代記は多くの人々に読み継がれてきた。ルーシはその後、いくつもの公国に分かれ、諸侯たちは「キーウ大公」の地位を狙って内紛を繰り広げた。そこから異なる政治体制、言語、風俗、民族が生じていったと考えられている。

ただし、ルーシとはいったいどのような存在だったのか、東スラヴ民族が個別の民族的アイデンティティを確立したのはいつかといった問題をめぐっては、立場によって大きな見解の相違がある。[3]いうまでもなく、これは純粋な歴史問題というよりは、「記憶の政治」ともいうべき問題である。キーウ・ルーシをめぐる「記憶の政治」が展開する背景には、二〇世紀以降に顕著になった、ロシアによる帝国的普遍主義とウクライナのナショナリズムの対立があることは言うまでもない。

さらに、キーウ・ルーシが一三世紀に解体してしまったというそもそもの歴史的事実が、

資料⑤ キーウ受洗から17世紀までの年表

	キーウおよびモスクワでの出来事	東方正教全体にかかわる出来事
9世紀半ば		キリルとメトディウスによるモラヴィア宣教
988年	キーウ大公ヴォロディーミル、ビザンツ帝国から東方正教を受容	
1051年	キーウ・ペチェルシク大修道院の創設	
1054年		東西教会の相互破門(大シスマ)
1204年		第4回十字軍によるコンスタンティノープル占領
1240年	バトゥ率いるモンゴル軍により、キーウ陥落	
1299年	キーウ府主教座、北東ルーシの都市ウラジーミルへ遷座	
1325年	キーウ府主教座、モスクワへ遷座	
1438-39年		フェララ・フィレンツェ公会による東西教会の合同
1448年	ロシア正教会、独自にモスクワ府主教イオナを選出(ロシア正教会の事実上の独立)	
1453年		コンスタンティノープル陥落、ビザンツ帝国滅亡
1454年		メフメト二世、教会合同反対派のゲンナディオスを総主教につける(教会合同の事実上の解消)
1458年	コンスタンティノープル総主教、ルテニアにキーウ府主教座を再建	
1484年		フェララ・フィレンツェ合同の正式な取り消し
1520年代	「モスクワ第三ローマ説」の登場	
1589年	モスクワ総主教座の承認、ロシア正教会の独立	
1596年	ブレスト合同により、東方典礼カトリック教会がルテニアに成立(キーウ府主教座)	
	サハイダーヌィチ、正教のキーウ府主教座を再建	
1632年	キーウ府主教ペトロ・モヒラによる高等教育機関(後のキーウ・モヒラ・アカデミー)の創設	
1654年	ペレヤスラフ条約により、コサックがロシアと同盟を締結 ロシア・ポーランド戦争開始	
1667年	ロシア・ポーランド戦争に勝利したロシア、アンドルーソヴォ条約により左岸ウクライナを獲得	
1686年	コンスタンティノープル総主教座により、キーウ府主教の任命権がモスクワ総主教座に認められる	

「記憶の政治」をより複雑なものにしている。一三世紀、バトゥ率いるモンゴル軍は現在のロシア地域にあたる北東ルーシ諸侯の勢力圏を自らの支配下に置き（「タタールのくびき」）、一二四〇年にはキーウを陥落させた。現在のウクライナ中央・西部に当たる地域を勢力圏としていたハールィチ・ヴォルイニ公国では、カトリックからの支援を頼りに、モンゴルへの抵抗を試みた。一方で、カトリックの影響力が正教信徒の間に拡大することを恐れたキーウ府主教は、北東ルーシの都市、ウラジーミルへ退避した（一二九九年）。この府主教座はウラジーミルへ遷った後も、「キーウおよび全ルーシ府主教座」を名乗り続けた。

一方、南西ルーシでは一三世紀以降、ハールィチ・ヴォルイニ公国とリトアニア大公国が勢力争いを展開し、自らの支配領域に改めてキーウという名称を含む府主教座を設置した。そのため、一四世紀から一五世紀半ばまで「キーウ府主教座」が、二つあるいは三つ並立する状況が続いた。しかし、南西ルーシにおける「キーウ府主教座」は短命に終わったり、その所在地が変更したりして非常に複雑な歴史をたどった[4]（右年表では省略）。

ウラジーミルへ逃れた府主教座も「キーウおよび全ルーシの府主教」の称号を維持し続けた。バトゥが創始したキプチャク・ハン国に取り入ったモスクワ公国が勢力を拡大すると、府主教座はモスクワに遷座《せんざ》する（一三二五年）。北東ルーシの統一した権力を手にしたモスクワが、同時に宗教的な中心地となるのは自然な流れであった。

北東ルーシは一五世紀末にタタールのくびきを脱し、その後帝国としての成長を遂げることになる。ロシアでは、キーウ・ルーシの伝統はモスクワが継承したという直線的な歴史理解が「常識」となった。キーウに代わってルーシの中心地となったモスクワを中心としてロシア正教会が誕生したという考え方である。「ロシア正教会（Russkaia Pravoslavnaia Tserkovʹ）」の「ロシア」は、「ルースカヤ（Russkaia）」、すなわち「ルーシ（Rusʹ）」から派生した形容詞であって、「ロシア（Rossiia）」の形容詞形である「ラシースカヤ（Rossiiskaia）」ではない。「ロシア人」や「ロシア語」も同様であり、歴史的なルーシは今もロシアを中心に一つであると考えられている。

一方、ウクライナでは、モスクワ中心史観に対抗するウクライナ独自史観が、一九世紀末以降徐々に考えられるようになっていった。歴史家ミハイロ・フルシェフスキー（一八六六‐一九三四年）によって、一八九五年から一九三三年にかけて書かれた『ウクライナ・ルーシの歴史』がそのような歴史観の形成に寄与した。キーウの伝統を継承したのはハールィチ・ヴォルィニ公国であり、その後ポーランド・リトアニアに支配されたルテニア（現在のウクライナとベラルーシに相当する）地域である。逆にいえば、北東ルーシではキーウの伝統はロシア的なものに変容してしまっており、ウクライナが引き継いだ伝統とは別物ということになる。以下、ウクライナを中心とした歴史観をもう少し詳細に検討してみよう。

二．ロシア正教会の誕生と「第三のローマ」としてのモスクワ

東西キリスト教会は、何世紀もの間に積もり積もった典礼や教会制度の違い、そして何より教義についての違いが理由となって、一〇五四年に相互破門を通告した。しかし、この「大シスマ」をもって東西教会の交流が途絶えたわけではない[5]。

ビザンツ帝国は、一一世紀以降、オスマントルコの攻撃に苦しんでいた。イスラームの軍勢を前に、ビザンツ帝国は、ローマ教皇の勢力下にある西方からの援軍を要請することに決めた。十字軍である。しかし、西方から派遣された十字軍は、東方のキリスト教徒を必ずしも守ってくれたわけではなかった。それどころか、一二〇四年、十字軍はコンスタンティノープルに壊滅的な破壊をもたらしたうえ、ラテン帝国を建国し、東西教会の関係に決定的な禍根を残した。現代の正教神学者カリストス（ウェア）府主教（一九三四‐二〇二二年）は「東方キリスト教世界はこの身の毛もよだつような略奪行為の三日間を決して忘れたことはない」と記している[6]。

それでもビザンツの帝都コンスタンティノープルの存亡がいよいよ怪しくなると、東西教会はフェララ・フィレンツェ会議（一四三八‐三九年）を開催し、教会合同を決定した。これは両教会の「合同」という体裁を取ったが、事実上、軍事的支援を求める東方正教がカトリックに屈したことを意味した。

このフェララ・フィレンツェ合同は東方正教にはおおむね不評であった。とりわけ猛反発したのがモスクワである。当時、在モスクワのキーウ府主教に任じられていたのは、ビザンツか

ら派遣されたギリシア人イシドール（在位一四三六頃‐五八年）であった。合同推進派のイシドールはフェララ・フィレンツェ会議で活躍し、カトリックの枢機卿に任じられて一四四一年にモスクワへ戻ってきた。これに怒ったモスクワの教会会議は彼を逮捕し、追放してしまった。教会合同を拒絶するモスクワは、一四四八年になって、コンスタンティノープル総主教の承認なしに、ロシア人高位聖職者のイオナを府主教として立てることに決めた。これが、現在のロシア正教会の事実上の独立となったのである。イオナ以降、その後継者は「キーウ」を付けず、「全ルーシ府主教」を名乗ることになった。

一方のコンスタンティノープルは、カトリック側から援軍が得られないまま、一四五三年、オスマントルコの前に陥落した。モスクワは、ビザンツ帝国の滅亡は、「異端」に走って教会合同を画策したコンスタンティノープルに対する神罰であると考えた。ただし、コンスタンティノープルを陥落したスルタン、メフメト二世（一四三二‐八一年）は、早くも翌年には合同反対派の指導者を総主教座に着座させ、カトリックとの合同を事実上解消させて、コンスタンティノープル総主教座の存続を許している。[7]コンスタンティノープル総主教座が、カトリックとの合同を正式に取り消したのは一四八四年のことである。

一四七二年、モスクワ大公イワン三世（在位一四六二‐一五〇五年）は最後のビザンツ皇帝の姪ゾエと結婚し、モスクワは政治的にも、宗教的にもビザンツ帝国の後継者であるという自負を深めていった。[8]このようなモスクワの姿勢は一五二〇年代に入ると、「モスクワ第三ローマ説」として知られる思想に結実する。すなわち、第一のローマはカトリックの誤った典礼や教義に陥り、「新しいローマ」、「第二のローマ」と呼ばれたコンスタンティノープルもまたカトリックと合同して滅亡した。そして第三のローマ、すなわちモスクワが現れたのである。「二つのローマは倒れたが、第三のローマは立っており、第四のローマは存在しない」。このような反カトリック思想の上に、ロシア正教会は誕生した。一五八九年になって、コンスタンティノープル総主教座はモスクワ総主教座の創設とその第五番目の序列を認め、ロシア正教会の独立を承認した。こうしてロシア正教会は名実ともに独立した正教会としての歴史を歩むことになるのである。

三．「帝国」の誕生と「全ルーシ」の求心力としての正教

時代はロシア正教会の独立承認より少し前、ロシアの聖職者たちが独自にイオナを府主教に選出し、事実上の独立を達成した一五世紀半ばにさかのぼる。キーウ府主教座が空白となったことを受けて、一四五八年、コンスタンティノープル総主教座はリトアニア大公国支配下のルテニア地方にキーウ府主教座（ただし府主教自身はキーウではなく、ヴィリニュス、ナヴァフルダクやスモレンスクなど別の都市に居住）を再建した。リトアニア大公国では、隣のカトリック国であるポーランド王国の影響を受けて、支配層は軒並みカトリック化していたが、農民

を中心とした被支配層は正教信仰を保っていた。ちなみにこの府主教座は一四八四年（コンスタンティノープル総主教座がフェララ・フィレンツェ合同を正式に取り消した年）までの間、合同教会であった。
一五八九年にロシア正教会の独立がコンスタンティノープルによって承認されると、ルテニア地方の正教徒を支配下に置いていたポーランド・リトアニアは、ロシアが正教徒保護を口実に介入する可能性を恐れた。一方、ルテニアの正教の高位聖職者たちは、カトリックの国王に接近することによって、自らの権力強化を図った。正教徒のカトリック化を狙う王権と、自らの地位向上を狙う正教会の指導者たちの思惑が合致した結果、一五九六年、ブレスト（現在のベラルーシ西部の都市）においてキーウ府主教座とカトリックの教会合同が宣言されたのである（ブレスト合同）。これによって、形のうえでは東方正教の典礼を守りつつ、教義の上ではカトリックに従い、ローマ法王の権威を認めるという合同教会、東方典礼カトリック（のちのUkrainian Greek Catholic Church, UGCC）が誕生した。[10]
しかし、ルテニアの正教徒の大半はブレスト合同を異端として忌避した。高位聖職者が政治的な意図で合同に同意したとしても、一般司祭や平信徒はこれを受け入れず、正教信仰を守るために戦ったのである。とりわけ正教の守護者を自認したのは、コサックと呼ばれる軍事共同体であった。一六二〇年、コサックのヘトマン（首領）ペトロ・サハイダーチヌィ（一五八二頃‐一六二二年）は、キーウの正教徒からなる「兄弟団」と協力し、この地を訪れていたイェルサレム総主教の承認を受けて、東方正教のキーウ府主教座を再建させることに成功した。

一六世紀のヨーロッパは宗教改革に沸いていた。マルティン・ルター（一四八三 - 一五四六年）が始めた教会批判はプロテスタント諸派の形成につながった。カトリックはトリエント公会議（一五四五 - 六三年）を開催して、教義を再確認してプロテスタントとの違いを明確にすると同時に、司祭教育の推進をはじめとする教会機構の改革に取り組んだ。このヨーロッパの宗教改革/対抗宗教改革の影響を直接に受けたのは、ルテニアの高位聖職者らであった。一六三二年にキーウ府主教に着座したペトロ・モヒラ（一五九六 - 一六四七年）は、ポーランド国王から正教信仰の自由や神学校、印刷所設置の許可を得た。そしてイエズス会の影響を受け、正教神学やラテン語教育、神学教育の体系化に努め、のちに「キーウ・モヒラ・アカデミー」として知られることになる学校を作った。このようにして、キーウは当時の東方正教世界において最も先進的な神学研究の体制を整えていく。ここから、ピョートル一世（在位一六八二 - 一七二五年）による総主教制の廃止と聖宗務院の設置、正教会の西欧化を推進する教会指導者たちが輩出されることになるのだが、それについては後述する。またこの時代には、「ウクライナ・バロック」として知られる独自の建築様式を備えた聖堂がいくつも建てられた。

一六五四年、ポーランド・リトアニアからの独立を目指すコサックたちは、同じ正教国家であったロシアと同盟を結ぶことを選んだ（ペレヤスラフ協定）。一六六七年、戦争に勝利したロシアは、キーウを含むドニプロ川左岸地域を併合した。これに伴って、一六八六年に、コンスタンティノープル総主教座は、モスクワ総主教座にキーウ府主教を任命する権利を認めたが、この出来事が、二〇一八年になってウクライナの教会独立がコンスタンティノープルに打診された際に大きな問題となるのである（第五章206頁参照）。

しかし、当時のモスクワ総主教座にとって、この決定はキーウ府主教座を自らの管轄下に置くことを意味した。ロシア正教会は、歴史的な故地を回復し、名実ともに「全ルーシの総主教」としての実態を「取り戻す」ことに成功したと考えたのである。ロシア正教会はついに、自らが洗礼を受けたドニプロ川を、最初の府主教座が置かれたソフィア大聖堂を、多くの聖人を生み出してきたペチェルシク大修道院を自らの管轄下に「取り戻し」た。また、左岸地域の併合はモスクワ大公国がロシア帝国へと成長する契機の一つとなった[11]。ルーシを束ねる求心力として、帝国としてのロシアとロシア正教会は不可分の関係にあり、そのようなものとして現在のウクライナの地に「舞い戻って」来たのであった。

四．キーウ府主教座をめぐる歴史解釈の対立

キーウ府主教座をめぐる一七世紀までの歴史は、ロシアとウクライナで近年、その解釈が大きく異なり始めている。それは歴史家による専門的な議論を超えて、誰でも編集可能で、かつ参照頻度の高いウィキペディアの記述にも顕著に表れている。キーウ府主教座についてのウク

資料⑥「キーウ府主教座」についてのウィキペディアの記述
(2023年2月現在)

	ロシア語版	ウクライナ語版
1	1458年までのキーウ府主教座	キーウ府主教座(988-1240年)
2	キーウ府主教座(1458-1596年)	キーウ府主教座(1458-1596年)
3	キーウ府主教座(1620-1688年)	キーウ府主教座(1620-1685年)
4		キーウ府主教座(1686-1770年)

ライナ語版の記述は、私が観察する限りでも、二〇二二年から二三年の間に著しく変化し、ロシア語版のものとはページの立て方からして異なっている。ロシア語版とウクライナ語版、それぞれの「キーウ府主教座」に関する記述について検討してみよう(資料⑥参照)。

ロシア語版の「キーウ府主教座」のページは、三つに分割されている。[12]第一の「キーウ府主教座」は、いうまでもなく九八八年のルーシ受洗によって創設されたもので、一三世紀に北東ルーシへ遷座したものを指している。その後、フェララ・フィレンツェ公会議で教会合同が決定されると、これを拒絶したロシアの高位聖職者たちは合同推進派だったイシドールを追放した。

その後一四五八年に、コンスタンティノープル総主教座は、ルテニアの地に新しいキーウ府主教座を再建することを決めた。これが第二の「キーウ府主教座」である。この第二の「キーウ府主教座」は、ロシア語版によれば、一五九六年のブレスト合同によって、東方正教と袂を分かったために消滅する。つまり、合同教会となったキーウ府主教は、もはや東方正教の項目では叙述されえないものと解釈される。

この後、一六二〇年に、第三の「キーウ府主教座」が東方正教を守ろうとするコサックたちの努力によって再建され、一七世紀末にロシア正教会に統合される。これによって、ロシア正教会は名実ともに「全ルーシ」を束ねる教会となった、というのがロシア側の認識であり、同時にこれまで広く「常識」と考えられてきた歴史認識であった。

しかし、二〇二三年二月時点のウクライナ語版では、一〇世紀から現代にいたるまでのキーウ府主教座の歴史は、四つに分割されて叙述されている[13]。ロシア語版と対照しながら、その違いを簡単に見ていこう（資料⑥参照）。

最初の項目は、ルーシ受洗から、モンゴル軍によるキーウ陥落の一二四〇年で一区切りとなっている[14]。ここでは、キーウ府主教座とコンスタンティノープル総主教座との関係が重視されている。キーウ府主教座がコンスタンティノープル総主教座の管轄下に置かれていたことを歴史的に立証することは、二〇一九年にコンスタンティノープル総主教座がウクライナに教会独立の詔勅を与えたこと（217頁参照）の正統性の根拠となっているからだ。また、一二九九年に北東ルーシに遷移した「キーウ府主教座」は、「不自然」であるとして記述の対象から省かれている。

キーウ陥落から二〇〇年以上の時を隔て、「キーウ府主教座（一四五八‐一五九六年）」のページが二番目に続く。これは、ロシア語版の第二番目のページと時期区分が合致しており、先に見たのと同じように、一四四八年に教会合同に反対したロシア正教会が事実上の独立を果たしたことを契機とする。ウクライナ語版は、これをもってモスクワが世界総主教の統べる正教世界から「分裂」したとみなす。一五八九年にモスクワ総主教座が世界総主教によって正式に承認されるまでの一四一年間、ロシア正教会が非承認教会であったことは歴史の事実であり、ウクライナ語版はこの事実を重く見る。というのもモスクワの「離反」によって、コンスタンティノープル総主教座は「キーウ、ハルィチナおよび全ルーシ府主教座」を再建したからだ（一四五八年）。キーウ府主教に選出された高位聖職者たちもまた、荒廃したキーウには居住しなかったが、ここでは「不自然」という言及は繰り返されない。

また彼らの中には、一五世紀末までカトリックとの教会合同の支持者たちがいた。それというのも、この府主教座がリトアニア大公国の支配下にあったために、教会合同によって弾圧を免れようとしたのである。同時に、コンスタンティノープル総主教座との関係が維持されていたことも紹介されるが、コンスタンティノープルではすでに教会合同を放棄（事実上の放棄は一四五四年、正式な放棄は一四八四年）していたため、キーウ府主教座の立ち位置は微妙なものとなった。ただし、ビザンツ帝国が滅亡しコンスタンティノープルも衰退していたこの時代、ウクライナの正教会は自律的な発展を遂げることができたことにも焦点が当てられる。一六世紀以降、福音書の古ウクライナ語への翻訳、兄弟団と呼ばれた平等な信者組織が行った活発な活動が紹介される。ちなみに、一六世紀半ばに翻訳された福音書『ペレソプニッツァ福音書』は、現代のウクライナ大統領就任式での宣誓に用いられている。

三番目のページは、ようやくキーウの地に府主教座が再建された一六二〇年から、これがロシアに吸収されるまでの一六八五年を扱っている。第三期のキーウ府主教座は、ブレスト合同（一五九六年）によって第二期のキーウ府主教座が東方典礼カトリック教会となった後、合同に反対する兄弟団、修道士らの支持を背景に再建された。ブレスト合同の後、現在のウクライナ地域では教会をめぐる激しい武力闘争があった。一六三二年になってようやく、ポーランド・リトアニアによって、正教会はカトリックや東方典礼カトリックと同等の権利を認められた。この時府主教に着座したペトロ・モヒラによって、キーウの古い聖堂や修道院が修復・再建され、神学校が設立されて、キーウの街は復興し、発展した。モヒラはカトリックや東方典礼カトリックとの対話も試み、その中でウクライナに総主教座を設ける計画も生まれたことが紹介されている。しかし、対話は実現することなくモヒラは死去し、モスクワに騙されるような形で、キーウを含むドニプロ川左岸地域はロシアの支配下に組み込まれてしまう。キーウ府主教座は繁栄から衰退に転じ、独自に発展した印刷や教育機関のネットワーク、教会慣例は失われたとされる。一六八五年、不正な「選挙」によって新しいキーウ府主教ゲデオンが選出されると、彼はモスクワへ赴き、そこで宣誓を行い、「キーウ・ハルィチナおよびマロロシアの府主教」の称号を認められた。ゲデオンには「全ルーシ」ではなく「マロロシア」という現在のウクライナの一部地域の管轄しか認められなかったのである。一六八六年、コンスタンティノープル総主教は、モスクワ総主教にキーウ府主教を承認する権利を与えたが、同時にキーウ府主教座は依然としてコンスタンティノープル総主教座を母教会として認めるという条件を付けたことが強調される。二〇一八年になって、コンスタンティノープル総主教座は、一六八六年の詔勅がロシア正教会によって遵守されなかったと批判し、この時モスクワに与えた認可の取り消しを発表した。一七世紀末、「ウクライナ」という国家はもちろん、現在のウクライナ領全体をまとめて捉えるような概念もいまだ存在しないのだが、「ウクライナの正教会」がモスクワの支配下に置かれたことは、悲劇として詳細に描かれている。

第四期の「キーウ府主教座」についてのページは、ウクライナの「ロシア化」についての記述に割かれている。ゲデオン府主教の着座から、一七七〇年にキーウ府主教座の正式な称号が「キーウとハルィチナ府主教」に変更されるまでを区切りとしているが、その後のロシア化政策にも話はおよんでいる。一六八六年に、モスクワ総主教座はキーウ・ペチェルシク大修道院を総主教庁直属とし、ウクライナの精神的中心地を簒奪した。また、ロシア帝国の反ウクライナ政策を嫌って、ペレームィシリ（現ポーランド東南部）、リヴィウやルーツクといった西部の主教区は東方典礼カトリックへ移行した。ピョートル一世の治世に聖宗務院制が敷かれると、教会でも検閲が始まり、モスクワ教会の意に沿わない文書や、ウクライナ語の書籍の印刷は禁じられた。ウクライナ・バロック様式の聖堂建設も禁じられた。ウクライナの正教会は、モスクワに従う聖職者によって指導され、ロシア的な典礼や暦を導入し、ロシアの聖人を崇敬し、ウクライナの伝統を失って、ロシア化していく。以上のような叙述が連ねられている。

ウクライナ語版の「キーウ府主教座」の項目は、府主教の称号や教義ではなく、領域とウクライナ・ナショナリズムの問題を重視して書かれているという点に大きな特徴がある。それゆえに、キーウを中心とした現在のウクライナの領域が、歴史的なコンテクスト（文脈）を飛び越えてひとまとまりのものとして存在しているかのように描かれている。さらに、カトリックおよび東方典礼カトリックは、ウクライナにとって「少なくともロシアよりはまし」、あるいは「ウクライナ的なものを尊重する」存在であり、モスクワは常にウクライナをだまし、抑圧し、蹂躙する存在であることが前提とされていることも、現状を反映した歴史認識といえよう。

五．兄弟民族という「神話」を作ったのは誰だったか

ところが実は、一七世紀末から一八世紀前半にかけてのロシア正教会の大変革をもたらしたのは、ペトロ・モヒラに学び、西欧的な薫陶を受けた聖職者にほかならなかった。ピョートル一世は現ウクライナなどの西部地域出身者を好んで登用した。[15] 総主教制廃止に一役買ったのは、ステファン・ヤボルスキ（一六五八‐一七二二年）というハルィチナ生まれの神学者であった。また、聖宗務院設置に関するブレーンはフェオファン・プロコポヴィチ（一六八一‐一七三六年）というキーウ出身の主教で、新たな教会規則『宗務規定』を起草し、教会を国家の管理下に置いた。一八世紀前半に高位聖職者に任命されたもののうちの約七割（一二七名中の七〇名）がウクライナあるいはベラルーシ出身者であった。[16] 帝国西部出身の聖職者たちは、言語や

政治的教会を越境した、東スラヴ民族の東方正教信仰共同体である「ルーシ」のイメージを作り上げるのに重要な役割を果たした。東方正教の信仰は、ウクライナ語を話す人々をより大きな信仰共同体に組み入れたのであり、その共同体を具体化したロシア帝国の正教会の性質や構造の多くは、帝国西部出身の聖職者たちが自ら作り上げたのである。

帝国の時代、ウクライナの領域やそこに暮らす人々は、「ルーシ（Rus'）の人」を意味する「ロシア（Russkii）民族」と呼ばれ、またそのようなアイデンティティを持っていた。「ロシア民族」は、「大ロシア」、「小ロシア（マロロシア、ウクライナに相当）」、「白ロシア（ベラルーシ）」に区分されたが、それとて、現在のナショナル・アイデンティティと比べうるものでは到底なかった。[17]帝国の成長とともにウクライナでは、「大ロシア」とは異なる独自の言語、風土、生活、歴史的経験を自覚し、帝国的アイデンティティと背中合わせに、ナショナルなアイデンティティを涵養していったといえる。そうしたなか、東方正教の信仰は、ユダヤ人やイスラームのタタール人、そして何よりカトリックのポーランド人などの「異民族」から「ロシア民族」を区分する重要なファクターであった。そのような歴史認識のなかで、ルーシ受洗の物語は兄弟民族の「誕生」神話となり、ブレストの合同はカトリックの押し付けによる正教の「変容」と考えられた。ペレヤスラフ協定は、カトリックに対抗する正教徒兄弟民族の「再統合」として語られた。ちなみに、一九五四年のロシア・ソヴィエト共和国からウクライナ・ソヴィエト共和国へのクリミア半島の移管は、ペレヤスラフ協定三〇〇年を記念して行われたものである。このように「兄弟民族」の神話は、ロシア人のみならず、ウクライナ人やベラルーシ人の手によっても作られ、共有されてきた。

だからと言って、「兄弟民族」の歴史が多数派によって作られた神話に過ぎないことを糾弾し、ロシアのないウクライナの歴史を描こうとする、ウクライナ・ナショナリズムの試みを偏った一面的なものとして退けることもできない。「キーウ府主教座」に関するウクライナ側の歴史認識は、戦争というプリズムを通して描かれたものであるとはいえ、大国中心主義的な歴史認識に対するアンチテーゼとして、極めて重要な問題を提起するものであることも、また間違いないのである。

1　久松英二『ギリシア正教　東方の智』講談社メチエ、二〇一二年、五四‐七六頁。
2　木村彰一『古代教会スラヴ語入門』白水社、二〇〇三年、一五‐二八頁。
3　例えば次を参照。Serhii Plokhy, The Origins of the Slavic Nations: Premodern Identities in Russia, Ukraine, and Belarus (Cambridge University Press, 2010), Faith Hills, *Children of Rus': Right-Bank Ukraine and the Invention of a Russian Nation* (Cornell University Press, 2013).
4　三浦清美『ロシアの源流――中心なき森と草原から第三のローマへ』講談社メチエ、二〇〇三年、一二七‐一四〇頁。福嶋千穂『ブレスト教会合同』群像社、二〇一五年、三八‐四三頁。
5　大シスマの後も、ルーシとラテン教会は穏健な関係を保ったことが知られている。モスクワがカトリックに対する敵対的感情を抱くようになるのは、ポーランドやドイツ騎士団との戦争を通じてのことである。J・フェンネル『ロシア中世教会史』宮野裕訳、教文館、二〇一七年、一三三‐一五〇頁。
6 ティモシー・ウェア『正教会入門――東方キリスト教の歴史・信仰・礼拝』松島雄一訳、新教出版社、二〇一七年、七八頁。
7 ジョナサン・ハリス『ビザンツ帝国の最期』井上浩一訳、白水社、二〇一〇年、二六五頁。
8 三浦清美『ロシアの源流』、二二四‐二二五頁。
9 三浦清美『ロシアの源流』、二四八頁。
10 東方典礼カトリック教会はウクライナのものが最大であるが、他にも同様にカトリックの教義を受け入れた東方正教会が中東やバルカンに複数存在する。教会の合同を「ウニア」といい、ルテニアの東方典礼カトリック教会は「ユニエート」と呼ばれた。「ユニエート」の呼称は、ソ連時代までのロシアにおける研究書で一般的に用いられていたし、現在も用いられることがある。しかし、ウクライナ・ギリシア・カトリック教会は「ユニエート」を蔑称と見なし、その使用を避けるので、本書もそれに従う。
11 中井和夫『ウクライナ・ナショナリズム――独立のディレンマ』東京大学出版会、一九九八年、一七六頁。
12 この三つのほかに、ギリシア・カトリック教会の「キーウ、ハルィチナ、および全ルーシ府主教座」と二〇一八年以降の新正教会の項目がある。本章の扱う対象とは異なるため、割愛した（二〇二三年二月九日最終閲覧）。
13 二〇二二年一〇月の時点で、ウクライナ語版のウィキペディア「キーウ府主教座」は一〇世紀から現代に至るまで、途切れることがない一つの項目として叙述されていた。二〇二三年二月現在は、本文で紹介したものに加えて、ギリシア・カトリック教会の項目がある。数ヶ月単位で著しい変化が起こるほど、キーウ府主教座をめぐる歴史認識は現在のウクライナにおいて変化しているのである。

14 この項目ではキリストの直弟子であった一二使徒の一人聖アンデレがウクライナで宣教を行ったという伝承を始め、九八八年のキリスト教公式受容以前に、ウクライナの地にキリスト教が浸透していたという様々な伝承が紹介されている。これらの中には後代になって作られたことが明らかな伝承も多く、歴史的事実としての実証が困難なものも少なくない。
15 ピョートル治世下の教会における「モスクワ派」と「キーウ派」の対立についての概説として、以下を参照。廣岡正久『キリスト教の歴史3　東方正教会・東方諸教会』山川出版社。二〇一三年、一八三‐一八八頁。
16 Catherine Wanner and Viktor Yelensky, "Religion and the Cultural Geography of Ukraine" in Schmid U, Myshlovska O. eds., *Regionalism without Regions*, (Central European Press, 2019), pp. 252-253.
17 例えば、右岸ウクライナにおける「ロシア人＝東スラヴ民族」同胞意識について、以下を参照。松里公孝「一九世紀から二〇世紀初頭にかけての右岸ウクライナにおけるポーランド・ファクター」『スラヴ研究』第四五号、一九九八年、一〇一‐一三八頁。

第三章　神の死、祖国の死——ソ連体制下のウクライナの正教会

本章では、時代を二〇世紀まで下って、ソ連時代のウクライナにおける正教会の動きについて概観する。ウクライナの地で、現代に直接つながるような教会独立運動が起こったのは、ソ連社会主義、そしてナチス・ドイツによる占領という特殊な時代であった。その歴史を把握しておくことは、現代の状況を理解するためには不可欠である。第二次世界大戦後に北米で花開いたウクライナ・ディアスポラの歴史（第一章註21参照）は極めて重要なものであるが、ウクライナとロシアの歴史を対比することを主眼とする本書では扱わない。ソ連時代には、ロシア正教会の聖職者も国外へ亡命して「在外ロシア正教会」を結成した。本書では両者の区別を明確にするため、ウクライナ国外の正教会を「ディアスポラ教会」、在外ロシア正教会を「亡命教会」と表記する。

二〇世紀はウクライナを含めたロシア正教会全体にとって、前代未聞の激動の時代であった。それまで正教を国教として管理すると同時に庇護してきたロシア帝国は、一九一七年に起こった二月革命によってあっけなく崩れ去り、フィンランド、ポーランド、バルト三国は独立国家

となった。さらに一九二二年に結成された「ソヴィエト社会主義共和国連邦（ソ連）」は、複数の共和国から成る連邦国家であり、この時に連邦加盟国となったウクライナ、ベラルーシ、ザカフカース（現在のアルメニア、ジョージア、アゼルバイジャンに相当する）は、それぞれ独立した共和国としての体裁を整えた。ナショナリズムの高揚と国家としての独立に後押しされて、ポーランド、ジョージア、そしてウクライナでは世俗の国家領域に対応する独立した正教会組織を望む機運が高まった。

国境線や政治体制の激変に加えて、ロシア正教会が直面した大問題が宗教弾圧である。ソ連は近代国家として、憲法では信教の自由を明記していた。しかし、共産党は党員に宗教的信条を持つことを禁じるなど、イデオロギーとして反宗教を打ち出し、大掛かりな宗教弾圧を展開した。

一九一七年、十月革命によってボリシェヴィキが権力を掌握すると、これに反対する様々な勢力が反革命軍（白軍）を結成し、外国の支援を受けてボリシェヴィキの赤軍と武力闘争を展開した。内戦である。一九二二年までに白軍残党は国外へ亡命し、内戦は終了したが、ロシア正教会は旧体制（君主制、貴族・地主階級の支配する社会）と結びつけられ、いわば内戦の後続戦を挑まれることとなった。激動の時代を率いることになったモスクワ総主教チーホン（ベラヴィン、在位一九一七－二五年）は、当初、無神論を掲げるボリシェヴィキに対し徹底抗戦の構えを見せた。ソ連国内の聖堂、神学校、修道院が次々に閉鎖され、私的な祈禱以外の宗教活動（宗教教育、慈善活動など）は一切禁じられた。一九三〇年代には、潜在的なスパイ集団、反革命分子、近代化の阻害要因として、聖職者階級の逮捕・処刑が徹底的に行われた。結果、ロシア正教会は壊滅的な打撃を受け、組織としてほぼ解体したと言って過言ではない。

こうした宗教政策の方針が変化する契機となったのが独ソ戦（一九四一‐四五年）である。戦時中にスターリンは、実質的な公的機関としてロシア正教会を再建した。高位聖職者たちは、ソ連の国益に従って教会外交や内部統制を行う忠実な「官吏」に生まれ変わった。この時に、現代まで続く正教会と国家の関係が形づくられてきたことは、教会史研究によって明らかにされている。現在のモスクワ総主教キリルが、ソ連時代に国家保安機関のエージェント名を持っていたと指摘されることがあるが、これはキリル総主教に限ったことではない。ロシア正教会の代表者として、ソ連国外に出る機会のある高位聖職者は皆、保安機関と協力関係にあった。ソ連当局との協力ができない聖職者に、教会の指導的立場に就く機会は与えられなかった。無神論を標榜する支配体制と協力するなど、宗教者としてあるまじき態度であると批判することはたやすい。彼らが突き付けられていたのは、体制と協力して巨大な教会を平和裡に維持する道を選ぶのか、それとも体制に反対して周囲の人間までをも危険にさらし、地下で宗教組織を細々と運営する、あるいは国内での活動基盤をまったく失う道を選ぶのか、という究極の選択であった。

ウクライナにおける二〇世紀の教会史はさらに錯綜している。宗教弾圧のみならず、教会内部の分裂や対立にも正教会は直面した。ソ連当局やウクライナ・ナショナリスト勢力、ナチス・ドイツの占領軍、そのほか周辺諸国など、様々なアクターが自分たちの利益になるよう教会を利用したし、教会の側もまた自分たちの利益のために権力の支持を獲得しようと画策した。本章では、ソ連における正教会弾圧の歴史については詳細に立ち入らない。これについては非常に多くの先行研究があり、日本語でも紹介されている。[1] 本章ではむしろ、日本語文献ではほとんど知ることのできない、ウクライナにおける教会独立の問題を中心に紹介する。

一．「神の死」——ソ連における宗教弾圧とウクライナの混乱

第一次世界大戦のさなか、三〇〇年の歴史を誇るロマノフ朝はあっけなく崩壊した。一九一七年三月二日、最後の皇帝ニコライ二世（一八六六‐一九一八年）が退位を決め、革命と内戦の時代が始まったのである。この時代、ロシア正教会も改革の機運に包まれていた。金銭のやり取りにばかり心を砕く高位聖職者が私腹を肥やす一方で、ヒエラルキーの最下層にある司祭階級は赤貧に苦しみ、かつ聖職者としての尊厳をも奪われた暮らしを余儀なくされた。[2] 結果、教会の権威は地に落ち、抜本的な改革を求める声が教会の内部からも高まっていたのである。

一九一七年八月、ロシア正教会は帝政下では許可されなかった地方公会をモスクワに招集し、教会改革に着手した。地方公会とは東方正教の地方教会が招集する教会会議を指す。キリスト

教世界全体の教会会議を全地公会と呼ぶが、これは八世紀以降開催されていない（第一章参照）。すなわち、ロシア正教会にとって地方公会は、教会全体にかかわる問題を議論することのできる最高会議である。公会には五六四名が参加し、その内訳は高位聖職者七二名、聖職者一九二名、俗人信徒二九九名である。[3] 公会は、十月革命による中断をはさみながらも、一九一八年九月まで継続した。これまで行われてきた伝統的な公会が、高位聖職者ら権力者を中心とするものであったのに対し、この公会は一般聖職者や信徒が多数派を占めるという革命の時代を反映した歴史的なものとなった。一〇月、公会は総主教制の復活を決め、投票で選ばれた三名の候補者の中から、くじによって新しい総主教チーホンを選出した。チーホン総主教選出の直後、十月革命によってボリシェヴィキ政権が誕生した。

ロマノフ朝が崩壊すると、ウクライナではロシアからの自治・独立を志向する様々な勢力が集まって「中央ラーダ」が結成された。中央ラーダ議長に選出されたのは、民族主義の立場からウクライナ史を編纂していたミハイロ・フルシェフスキーであった。十月革命後、中央ラーダはボリシェヴィキと戦闘状態に入り、一九一八年一月、中央ラーダはウクライナ国家の独立を宣言した。

ウクライナの教会独立を求める動きは、政治的な独立運動に刺激され、一九一七年革命以後に初めて形を取り始めたといわれている。[4] 一九一七年一二月、「全ウクライナ正教会評議会（All-Ukrainian Orthodox Church Council, ＡＵＯＣＣ）」が組織され、ウクライナの司祭や信者たちによって、モスクワ総主教座からの自治・独立を目指す運動が始まった。これはチーホン総主教の認可なしに創設されたものであり、教会法的には何ら拘束力を持つものではなかった。そのため評議会の代表者はモスクワへ赴き、チーホン総主教に対してウクライナにおける公会開催の可能性を打診、許可を得ることに成功した。

当時のウクライナでは、ロシア正教会とのつながりを維持することを重視するグループ（高位聖職者らが主導）と、ウクライナ正教会の完全な独立を目指すグループ（司祭や一般信徒が主導）が形成されつつあった。キーウ府主教ヴォロジーミル（ボゴヤブレンスキー、在位一九一五‐一八年）をはじめとする高位聖職者は、教会独立に反対の立場を取り、全ウクライナ正教会評議会（AUOCC）に対しても反対した。教会独立を思いとどまらせるために、モスクワからプラトン（ロジュジェストヴェンスキー）府主教、アントニー（フラポヴィツキー）府主教（一八六三‐一九三六年）、エヴロギー（ゲオルギエフスキー）大主教が派遣された。[5] これら三名の高位聖職者はいずれも一九二〇年代初頭に国外に亡命し、亡命教会の指導者としてそれぞれ活躍することになる。後に「在外ロシア正教会」を名乗ることになる亡命教会は、ロシア帝国の秩序と伝統を懐古的に重んじた。

一九一八年一月に、キーウでウクライナ公会が開催され、独立が審議されたが、赤軍がキーウを占領したことにより、公会はいったん閉会となった。その混乱のさなか、キーウ府主教ヴォロジーミルが、ペチェルシク大修道院の敷地内で暗殺される事件も起こった。これは、革命によって高位聖職者が犠牲となった最初の例となった。

一九一八年早春、第一次世界大戦からの離脱を望むボリシェヴィキがドイツと講和条約を結ぶと、中央ラーダはこれに対抗してドイツと別の講和条約（どちらもブレスト・リトフスク条約という名前が付いているので紛らわしい）を結んだ。中央ラーダはドイツ軍の支持を得て、ボリシェヴィキとの戦闘を継続することに決めたのである。三月、ドイツ軍は中央ラーダを解散させ、コサック首領（ヘトマン）のパウロ・スコロパツキー（一八七三‐一九四五年）を擁立してキーウの権力を掌握させた。このヘトマン政権は、「一つにして不可分のロシア」を理想とする点で、ロシア正教会の高位聖職者と志を同じくした。[6]五月には新しいキーウ府主教としてアントニー（フラポヴィツキー）が選出された。教会独立に反対するアントニー府主教は、ウクライナの高位聖職者たちにロシア正教会への忠誠を維持するよう要請した。

六月、中断されていたウクライナ公会が再開され教会独立が審議されたが、全ウクライナ正教会評議会（AUOCC）のメンバーは公会に参加を許されなかった。その結果、一五〇対六〇で独立反対派が多数を占めた。これにより、アントニー府主教はウクライナ教会の自治(autonomy）を宣言し、これまで通りロシア正教会とのつながりを維持する方針を確認した。

ところが、一一月に第一次世界大戦におけるドイツ敗北が決定すると、後ろ盾をなくしたスコロパツキー政権は勢力を失う。これに戦いを挑んだのが、中央ラーダの残党たちで、彼らは「ディレクトリア」と呼ばれる組織を結成した。一二月にはシモン・ペトリューラ（一八七九

－一九二六年）率いるディレクトリア勢力がキーウを占拠した。彼らはウクライナにおける教会独立を支持し、キーウ府主教アントニーおよびヴォルィニ大主教となっていたエヴロギーを逮捕した。

この後も、ウクライナにおける戦局は混迷を極めた。[7] 一九一九年八月にはアントン・デニーキン将軍（一八七二－一九四七年）率いる白軍がキーウを占領した。彼らは反ボリシェヴィキという点ではディレクトリア勢力と一致しているが、帝政復活や全ロシアの一致を掲げる点で敵対勢力であった。アントニー府主教はデニーキン将軍の庇護下に入り、ウクライナ教会における指導的立場を取り戻した。しかし、一九二〇年秋までには赤軍がウクライナの大部分を制圧し、アントニー府主教は白軍とともに国外へ退避を余儀なくされた。この後、アントニー府主教はセルビアで亡命した聖職者たちの指導者となり、在外ロシア正教会の初代首座主教となるのである。

一方、ボリシェヴィキが権力を掌握したウクライナ国内では、ロシア正教会に対する牽制として、ウクライナにおける教会独立の動きが容認される形となった。司祭や信徒たちが中心となって、高位聖職者抜きで独自の独立運動に着手し始めた。彼らは典礼語（祈りの言葉）としてウクライナ語を用いることを宣言した。ロシア正教会では「教会スラヴ語」という現代口語とはかなりかけ離れた特殊な古語を典礼語として用いている。どの民族語でもない教会スラヴ語は、ロシア正教会が帝国教会であることの証しであった。つまり、民族語を典礼語とすることは、教会が民族を超越した普遍的な存在であることよりも、土着の文化、言語を優先する個別主義を原則とすることを意味する。一九一九年春、こうした教区教会がキーウに現れると、ボリシェヴィキが容認したこともあって、同様の動きがミコライウ、オデーサ、ポルタヴァに拡大した。

このように、独立を目指す民族派の運動が下から持ち上がり、ボリシェヴィキ政権からは宗教弾圧が行われるという状況に置かれ、「一つにして不可分のロシア」を維持しようとするロシア正教会は危機的な状況にあった。しかも、キーウ府主教アントニーはその称号を維持したまま亡命したため、新たにキーウ府主教を任命することさえ不可能であった。そこで、チーホン総主教は一九二一年にグロドノ大主教ミハイル（イェルマコフ）をエグザルフ（外国における総主教代理[8]）としてキーウに派遣したのである。ミハイル大主教は独立推進派の司祭から聖職を剥奪することで、独立運動を抑え込もうとした。

独立派はこれに対抗して、同年一〇月にキーウのソフィア大聖堂で「第一回全ウクライナ正教会評議会（ＡＵＯＣＣ）」を開催した。一九一七年に組織された同名の評議会の意志を継ぐものである。評議会には、六四人の司祭、一七人の輔祭（下級聖職者）と教区教会の代表者、さらに著名な文化人や学者を含む四七二人の代表が集まった。[9]高位聖職者は一名も参加しなかった。ただし、聖職者となるための儀礼である「神品機密」を行う権能を持つのは高位聖職者のみであり、高位聖職者を欠くということは、将来的に教会に司祭がいなくなるということを意味する。そこで評議会では、信者と司祭の手によって、ヴァシリー・リプコフスキー（一八六四‐一九三七年）ら二名の妻帯司祭を主教（高位聖職者）として按手《あんしゅ》（任命）し、ウクライナ独立正教会（以下、「第一次独立正教会」と称す）の誕生を宣言したのである。第一次独立正教会側は、このような慣例が古代教会にあったと主張したが、ロシア正教会は、こうした按手は教会法に違反するとみなした。また、高位聖職者は独身者あるいは妻に先立たれた寡夫でなくてはならず、その点においても、この擁立は認めがたいものであった。

ウクライナにおける独立派の正教会運営は軌道に乗ったように見えたが、一九二二年七月には、また別の教会分裂工作が、ソヴィエト権力により開始された。これは教会「革新派」（「生ける教会」とも）と呼ばれるグループの運動で、教会分裂工作としてロシアではすでに開始されていたものであった。革新派とは教会の刷新を目指す司祭たちを中心とした運動で、礼拝の簡素化、修道院の廃止などを目指した。リーダーとなったアレクサンドル・ヴヴェデンスキーは、ソヴィエト権力と協力して逮捕下にあったチーホン総主教を追い詰め、一部の高位聖職者を自分たちの側に引き入れることに成功した。革新派もまた妻帯司祭が高位聖職者になることを認めていた。一九二三年、ウクライナの革新派はロシアの革新派により独立を承認された。しかしながら、一九二四年に釈放されたチーホン総主教が死を目前にしてソヴィエト権力への忠誠を約束すると、政治的な意義を失った革新派は権力の後ろ盾を失い、ロシアでもウクライナでも急速に下火になった。

革新派に代えて、ウクライナでの教会分裂工作のために再度利用されたのは、第一次独立正教会である。一九二〇年代半ばまでに、約一五〇〇の教区教会（当時のウクライナの教区教会の五分の一）が第一次独立正教会に入った[10]とも、最終的には三四名の高位聖職者を抱えるに至ったともいわれる。[11]いずれにしても、第一次独立正教会が一九二〇年代前半のウクライナにおいて相当の影響力を持ったことは間違いない。

ところが、第一次独立正教会の影響力が予想以上に増すと、ソヴィエト権力はこの教会がウクライナ民族主義の拠点となって脅威をおよぼす存在になることを危惧した。一九二六年、当局は第一次独立正教会弾圧に転じ、聖職者の大規模な逮捕に乗り出した。一九二九年、ソ連で「無神論五か年計画」の開始が叫ばれた年、第一次独立正教会はウクライナ解放同盟というナショナリスト組織との関与を疑われ、八〇〇名を超える司祭が逮捕された。一九三〇年の末までに、第一次独立正教会の教区教会の数は三〇〇ほどにまで減少した。

聖職者の逮捕によって、教区教会の組織が完全に消滅するわけではない。第一次独立正教会の教区はウクライナ全土に浸透していた。そこでソヴィエト権力は、モスクワ総主教側の教会に再び譲歩することを決めた。チーホン総主教の死後、ロシア正教会の指導者[12]（ソ連当局は総主教選出を許さなかった）となったセルギー（ストラゴロツキー）府主教（一八六七‐一九四四年）は、一九二七年に「忠誠宣言」として知られるメッセージを出した。これはソ連を祖国と認め、「ソヴィエト権力の喜びと成功はわれわれの喜びと成功であり、その失敗はわれわれの失敗である」と謳うものであった。ロシア正教会に属する高位聖職者一人一人に忠誠を求めるこの宣言は、教会組織をさらなる分裂と混迷に追いやることとなった。ウクライナでも「忠誠宣言」の受け入れを拒否し、セルギー府主教を指導者として認めない高位聖職者のグループが誕生した[13]。

以上のように様々な分裂工作が行われたが、ソ連当局はいずれのグループも最終的には壊滅させることを狙っていた。一九三〇年代末、スターリンによる大粛清が吹き荒れた時代、ウクライナの地から高位聖職者は消えた。ウクライナ国内に残った第一次独立正教会の指導者層は全員逮捕され、流刑あるいは処刑された。弾圧を逃れたイオアン（テオドロヴィッチ）府主教（一八八七 - 一九七一年）は北米に亡命し、ウクライナ人のためのディアスポラ教会を運営した。一九三九年にはウクライナのエグザルフでキーウ府主教であったコンスタンチン（ジャーコフ）が尋問中に撲殺された。一九三九年秋までにソ連全土に残っていたのは、約一〇〇の教会と四人の高位聖職者にすぎなかった。ウクライナの正教会は組織として消滅したのである。

二．ポーランド正教会とウクライナ

一九三九年九月、ソ連とナチス・ドイツとの秘密議定書に基づいて、ポーランドが分割され、現在のウクライナとベラルーシの西部地域がソ連へ併合された。これらの中にはかつてのロシ

資料⑦ 1923年の国境と現在の国境

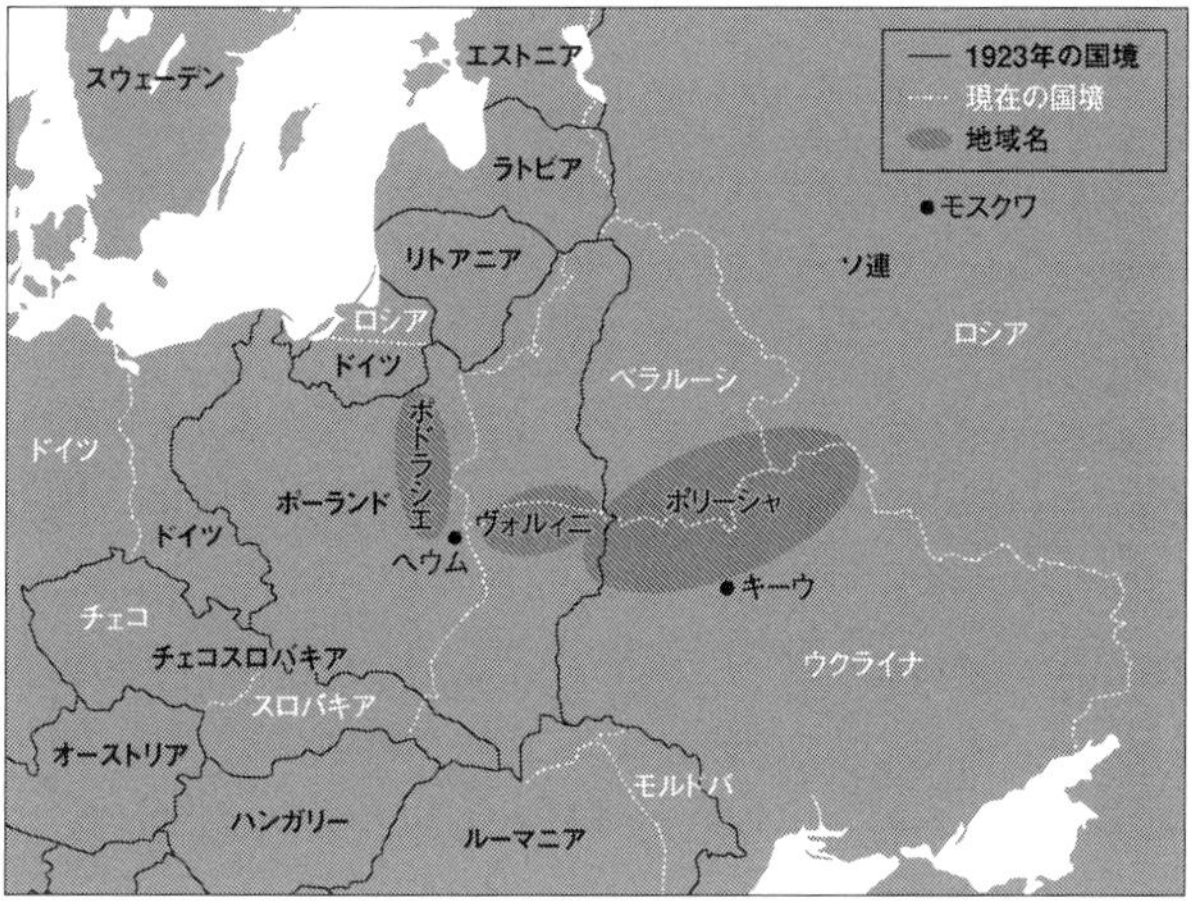

ア帝国領であった地域のほかに、一八世紀のポーランド分割でオーストリア帝国領に属することになったリヴィウなど、初めてロシア・ソ連の支配下に入る地域も含まれていた。
この地域に暮らす正教徒は、ロシア革命後に独立したポーランド正教会の管轄下にあった。話は逸れるが、ここで第二次世界大戦期におけるウクライナの正教会にとって極めて重要な役割を果たした、ポーランド正教会について簡単に説明しておきたい。
ロシア帝国崩壊後、ポーランドは国家としての独立を果たした。ポーランド側の勝利に終わった対ソヴィエト戦争の結果、リガ条約（一九二一年）が締結され、ポーランド国境は現在のものと比べてかなり東に位置することになった（資料⑦参照）。そのため、カトリック教国であるポーランド領内に相当の数の正教徒が含まれることになった。一九二一年の国勢調査によれば、ポーランド国内の正教徒の数は約四〇〇万人にのぼったという。[14] そのおおよその内訳はウクライナ人二五〇万人、ベラルーシ人一〇〇万人、そしてロシア人二万五〇〇〇人、つまりその多くが東スラヴ系民族で、特にウクライナ人の占める比重が大きかったと推計されている。[15]
ポーランド正教会は、一九二四年にロシアからの承認を得ないまま、コンスタンティノープル世界総主教座の承認によって独立を宣言した。これは、ロシア正教会からの教会独立の先駆的な例となったものの一つであり、その後約一世紀を経て、ウクライナにおける正教会(Orthodox Church of Ukraine、１９９-２２１頁参照)の独立の際にも、ポーランド正教会の場合と非常によく似た手続きが取られることになるのである。
ボリシェヴィキに対して独立を守ったポーランド政府にとって、ロシア正教会の存在はポーランド分割(一七七二-九五年)以後のロシア支配の忌まわしい象徴であった。また、正教徒人口があまりに多いことも問題であった。これら数多くの正教信者がロシア正教会に属していることは、非常に望ましくない事態であった。そこでポーランド政府は、正教会を少なくともポーランドの正教会に変えることにしたのである。コンスタンティノープル総主教座に働きかけ、[16] 一九二四年にコンスタンティノープル総主教からポーランド正教会独立の詔勅(トモス)を受けることに成功した。[17]
コンスタンティノープル総主教座に、ポーランド正教会の独立を認める権能があったのかどうかは議論が分かれるところである。というのも、東方正教会において地方教会の独立を承認する権能は、世界総主教ではなく、その地域を管轄していた母教会にあるというのが、慣例と理解されてきたからだ。しかしこの慣例は明文化されたものではない。さらにカトリックが圧倒的多数を占めるポーランドにおいて、世界総主教の権能がローマ教皇のそれとの類比で誤解された可能性も否めない。また、オスマンおよびロシアの両帝国の崩壊後、正教世界の秩序再編という激動の時代にあった一九二〇年代、コンスタンティノープル総主教座は、他の地方教会の権威を上回る「世界総主教」の優位性を強調し、正教徒ディアスポラに対する管轄権を握るのは自らであるという態度を表明する戦略を明らかにした。

コンスタンティノープル総主教座には、今こそ「世界総主教」として名実ともに正教世界の首座に立ち、「第三のローマ」を気取るモスクワの陰に置かれてきた過去を清算しようという意気込みがあったのだろう。一方で帝国崩壊に伴う管轄領の分裂と、未曽有の宗教弾圧に直面していた当時のロシア正教会にとって、コンスタンティノープル総主教座のやり方はいかにも非情であった。教会独立をめぐる、コンスタンティノープルとモスクワの対立は、一九二〇年代にさかのぼるのである。言うまでもなく、モスクワはコンスタンティノープル総主教座によるポーランド正教会の独立承認を認めなかった。

また、ポーランド正教会の独立については、高位聖職者の間でも異論があった。ベラルーシ人でポジール（ウクライナ中部）生まれのワルシャワ府主教ゲオルギー（ヤロシェフスキ）は、ポーランド政府の提案に同意し、教会独立を進めようとした。しかし、教会独立の反対派によってゲオルギー府主教は一九二三年二月に射殺された。犯人はヴォルィニ神学校の学長を務めていた高位聖職者スマラグド（ラティシェンコ）であった。ヴィリニュス生まれで、ロシア正教会からの離反に反対するロシアびいきであったといわれるが、この事件については未だに議論が尽きない。ゲオルギーの後任としてワルシャワ府主教に選出されたのは、ムーロム出身のロシア人、ディオニシー（ワレディンスキ）である。その民族的出自にかかわらず、ディオニシー府主教はウクライナ語にも堪能で、ポーランド正教会のウクライナ化に極めて勢力的に取り組んだ[18]。ディオニシー府主教の下、ポーランド正教会は独立を達成し、典礼語を教会スラヴ語からウクライナ語に変更し、宗教教育や教会出版物でのウクライナ語の使用が促進された。

ポーランド正教会指導者の民族的出自とその政治的指向を検討すると、民族的ファクターは政治的指向を決定するうえでの重要事項ではないことが分かる。地方教会をめぐる政治的指向には、普遍主義を強調する領域原則と個別主義を志向する民族原則の二極があると考えると分かりやすい。地方教会をしばる領域原則と民族原則については第一章でも紹介したが、ここで再度確認しておこう。領域原則は普遍主義的傾向を強調する。これに従えば、地方教会は、管轄領域内の成員間の言語、歴史的記憶などの多様性を内包し、複数の民族にまたがった帝国的様態を呈することがありうる。特に、領域が複数の主権国家に分かれて広がっている場合、差異を越えた普遍的キリスト教の価値を説き（神の国は一つ）、政治から距離を置くこと（政教分離原則）を求める。その対極にある民族原則は、個別主義的傾向を重視する。これに従う地方教会では、地域独自の民族文化や伝統、言語、歴史的記憶を強調し、それらが地域固有の価値であり、教会運営の基盤となることを強調する。主権国家の領域、あるいは地方教会の名称民族が多数派を占める居住領域を自らの管轄として定め、国家との協働や愛国主義を強調する。

普遍的多民族教会を理想とするのは、一般に帝国の支配的・多数派の民族であり、民族ごとの地方教会の個別性を理想とするのは、これに対峙する少数派民族であると考えられがちである。しかし、ロシア帝国においては、ロシア民族が必ずしも支配民族とは限らなかったことはよく知られている問題である。バルト・ドイツ人[19]やポーランド人、ウクライナやベラルーシ出身の貴族階級はロシア人貴族と並んで帝国の支配者であった。帝政期の高位聖職者の登用においてもロシアという民族的出自は重要ではなかった。むしろ高位聖職者となった非ロシア人が普遍主義を重視し、帝国教会の維持のために尽力することは珍しいことではなかった。彼らは自民族を裏切って自分の保身を考えたコラボレーターであったと批判されることもあるが、むしろ普遍主義的な領域原理の魅力が、彼らを帝国的多民族教会につなぎ留めていたということも往々にしてありえた。いずれにしても、民族的出自というファクターのみが、地方教会の在り方をめぐる政治的指向に影響するわけではないことは、押さえておくべき重要なポイントである。そしてこのことは、二〇二二年のロシア・ウクライナ戦争までのウクライナ正教会についても十分に言えたことなのである。

ポーランド正教会に話を戻せば、独立の立役者であったはずのポーランド政府は、自国の独立した正教会に対して厳格な抑圧政策を適用した。正教会の存在自体が、結局はロシア的象徴として嫌悪されたからだ。ワルシャワのアレクサンドル・ネフスキー大聖堂が解体され（一九二四‐二六年）、聖職者の任命や教会財産の管理は政府が介入し、教会領は取り上げられ、カトリック教会に供された。ポーランド正教会に対する暴力は一九三七‐三八年にヘウム地方とポドラシエ地方（資料⑦参照）で苛烈を極めた。聖堂や墓地が破壊されたり、放火されたりした。北米では亡命ウクライナ人による抗議デモが起こったが、正教会に対する弾圧の終わりはナチス・ドイツによるポーランド侵攻を待たなくてはならなかった。

三．「祖国の死」――ナチス・ドイツの侵攻とソ連による再占領の狭間で

一九三九年九月に東部地域がソ連に併合される直前、ポーランドには四二〇万人の正教徒（全人口の一六・八％）[20]がいたといわれる。この時点で一〇名いたポーランド正教会の高位聖職者のうち、ソ連併合地域を管轄していたのは八名であった。ソ連側はこれらの高位聖職者を速やかにロシア正教会に統合しようと考えた。モスクワ総主教座から大主教ニコライ（ヤルシェーヴィチ、一八九一‐一九六一年）がエグザルフとしてルーツクに派遣され、八名のポーランド正教会高位聖職者に対して、モスクワ総主教座への忠誠を誓うよう求めた。この時、忠誠

を拒んだのはオレクサンドル（イノゼムツェフ、一八八七‐一九四八年）とポリカルプ（シコルスキー、一八七五‐一九五三年）の二名のみであった。一九四一年六月、独ソ戦の直前にニコライ主教がモスクワに疎開すると、残された主教たちはポチャーイフ大修道院で公会を開催し、最高齢のオレクシー（フロマドスキー、一八八二‐一九四三年）を首座主教とする「ウクライナ自治正教会」を結成した。彼らは一九一七年から一八年にかけて開催されたロシア正教会地方公会でウクライナに認められた自治権に依拠したのである。

一方、ドイツ占領下のポーランド総督府に入ったヘウムとポドラシエでは、ウクライナ人正教徒が教会評議会を開催して、ポーランド当局によって弾圧された正教会組織の復興に取り組み始めた。一九四〇年、ワルシャワ府主教ディオニシーにより、ウクライナの民族主義の活動家で言語学者あったイヴァン・オギエンコ（一八八二‐一九七二年）がイラリオンという名を授かってヘウム府主教に任じられた。一九四一年には、ポドラシエ府主教に同じく元はウクライナ民族主義の活動家であったパラディー(ヴィディビダ＝ルデンコ、一八九一‐一九七一年)がディオニシーによって叙任された。また同年、ディオニシー府主教は、モスクワ総主教座への忠誠を拒んだポリカルプに、ドイツ占領下のウクライナ人の教会組織の運営を任せた。[21]ワルシャワ府主教ディオニシーを除き、彼らは皆民族的にウクライナ人である。一九四二年二月、彼らはポリーシャのピンスクで教会会議を開き、一九二〇年代に神品機密（79頁参照）を受けた第一次独立正教会の司祭たちの教会法的な立場を保障した。第一次独立正教会の高位聖職者たちは教会法上の合法性を認められておらず、彼らによって授けられた神品機密の有効性は疑わしかったからである。こうして教会組織が整備され、ウクライナ独立正教会（以下「第二次独立正教会」）が結成されたのである。

一九四一年六月二二日、ドイツ軍は独ソ不可侵条約を破ってソ連に侵攻し、現在のバルト三国およびベラルーシ、ウクライナを占領下に組み込んだ。ドイツ占領下のウクライナでは大規模な宗教復興が起こった。再開を許可された教区教会は七五四七件に上ったという[22]。

占領下のウクライナでは、二つの正教会が対立していた。一つ目がモスクワ総主教座に従いつつ、ウクライナ独自の教会運営を目指す「ウクライナ自治正教会」である。ポーランド正教会所属でありながらロシア正教会に忠誠を誓った高位聖職者、オレクシー（フロマドスキー）大主教を首座主教とした。どちらかといえば普遍主義的傾向を重視しながら独立を目指す教会組織であったといえよう。もう一つが、ポリカルプ大主教に率いられる「第二次独立正教会」である。こちらに属した聖職者たちは、第一次独立正教会の流れを引きつつ、ロシアから離反したポーランド正教会の高位聖職者から按手を受けることで、使徒継承性を補った。ただし彼らは、教会法の順守よりもロシアからの分離独立に力を入れていた。その点で、個別主義的傾向が顕著な教会であったといえる。

一九四一年九月にキーウに入城した第二次独立正教会の勢力は、ドイツ占領軍の支持も得て、市内のほとんどの教区教会を自派に引き入れることに成功した。ところが第二次独立正教会とウクライナ民族主義運動の結びつきを重く見たドイツ占領軍は、第二次独立正教会を弾圧する方向に転じ、逆にウクライナ自治正教会を利用したのである。

戦時下の厳しい状況下、これら二つの教会は一九四二年一〇月に一つの独立正教会へと統一することを決め、統一法に署名した。しかしながら、内部からの反対とドイツ当局からの圧力により、そのわずか二ヶ月後に自治正教会のオレクシー大主教はこの統一の無効を宣言した[23]。こうして、両教会は再び対立に転じ、その関係は一九四四年のドイツ軍撤退まで変わることがなかった。

ソ連軍がウクライナを「再占領／解放」（これはウクライナ民族主義の立場からは「再占領」であるが、ソ連軍として戦ったウクライナ人の立場からはファシズムからの「解放」となる）すると、二つの正教会の聖職者たちはともに同じ岐路に立たされた。すなわち、国内に残ってロシア正教会に統合され、弾圧されるか、国外へ逃れてウクライナのディアスポラ教会に加わるか、という道である。ウクライナ自治正教会も第二次独立正教会も、赤軍の到来とともに閉鎖され、ロシア正教会モスクワ総主教座に吸収されたのである。

四．戦後ソ連のロシア正教会とウクライナ・ファクター

この後、ウクライナの正教会の歴史は、ディアスポラ教会の歴史叙述に移る。実際、ウクラ

イナの文化や言語を守る組織として、ウクライナの正教会が国外のディアスポラたちによって営まれたことは注目に値する。しかし、それではソ連本国に残ったウクライナの正教徒は、ロシア化の波に飲まれ、民族的な存在意義を喪失してしまったのだろうか？　本書では、むしろ、戦後のロシア正教会に加わったウクライナの地がどうなったのかということを概観しておきたい。あらかじめ断っておく必要があるが、この問題はいまだ十分に研究されていないテーマである。そして、ロシアによる全面侵攻を受けた現在、このテーマは非常にセンシティヴな問題となっている。というのも、ウクライナ民族主義の立場からすれば、ソ連時代というのはロシアによる占領の時代にほかならない。ソ連体制の構築や維持に民族的ウクライナ人がいかにかかわったかという問題は、極めて扱いにくいものとなる。あるいはそうした過去がつまびらかにされることによって、不利益を被る人々も生じるはずである。以下の概論は、このような研究上の不足と混乱を踏まえたうえで、ウクライナが戦後のロシア正教会の中で果たした役割を概観するものである。

　ロシア正教会は独ソ戦の前後から、単なる弾圧の対象というよりむしろ、統治の道具となり、管理の対象となった。戦後、ロシア正教会の教区教会の約七〇％がロシア共和国外の西部国境地帯、すなわちウクライナ、ベラルーシ、バルト三国に集中することになった。特にウクライナにはロシアの三倍近い教区教会が存在した[24]。

　組織としての教会を維持していくうえで欠かせないのが聖職者養成である。聖職者は中等専門教育機関である神学校で四年間学び、司祭として必要な知識や技術を身に付ける。優秀な学生は神学大学へ進み、さらに四年間学ぶことができる。戦前のソ連においては、一九二〇年代に神学教育の伝統が途絶えてしまった。一九四三年にスターリンとロシア正教会指導者の間で行われた会談で、聖職者養成機関の開設が決定された。こうして一九四六年にモスクワ、レニングラード（現在のサンクト・ペテルブルク）、キーウ、サラトフ、リヴィウ、オデーサ、ミンスク、ルーツク、スタヴローポリに神学校が、モスクワ、レニングラードに神学大学が開設されることが決まった。こうした神学校や神学大学は、ソヴィエト政権に忠実な聖職者を育て上げることを目的としており、教授陣にはかつての革新派も少なからず含まれた[25]。

ところが、一九五九年から六四年にかけてフルシチョフによる宗教弾圧政策が行われた結果、モスクワ、レニングラード、オデーサ以外の神学校は閉鎖されてしまった。ウクライナにおける神学校のうち残されたのが、ロシア語話者の多い南部の都市オデーサであったことは興味深い（キーウと西部のリヴィウ、ルーツクは閉鎖）。聖職者階級の中でも西ウクライナ出身者の存在は常に危険視されていた。西ウクライナはソ連の中で最も宗教生活が活発であっただけでなく、ロシアからの独立を目指して闘争を展開してきたウクライナ・ナショナリストやギリシア・カトリックの影響が伝統的に強かったからである。それゆえ、西ウクライナ出身者に対しては神学校に一定の入学定員を設けていた。それにもかかわらず、彼らはウクライナ東部に移ってそこで入学願書を作成することで、定員制限を避けるなどの工夫を凝らした。結局のところ、神学校生徒に占める西ウクライナ出身者の割合は高かったと推測されている[26]。

また、主教以上の高位聖職者となるためには、修道士とならねばならない。修道院はパン焼きに始まり、イコン作成や聖者伝や教会史の編纂に至るまで、宗教文化を担う役割も有している。そのような修道院制度もまた、第二次大戦以前のソ連では一九二九年までに完全に抹消された。すなわち修道院制の復活も、西部国境地帯に依拠したということだ。一九四七年一二月の時点で、ソ連邦には九六の修道院が存在すると報告されている。その内訳は、ウクライナ六四、モルダヴィア二二、ベラルーシ三、ロシア三、リトヴィア二、ラトヴィア一、エストニア一であった[27]。

ウクライナには帝政期に「大修道院」の称号を認められた四つのうち二つが存在した。キーウ・ペチェルシク大修道院とポチャーイフ大修道院である。ちなみに戦後のソ連で「大修道院」の称号を維持したのはモスクワ郊外ザゴルスクの聖三位一体大修道院のみである。レニングラードのアレクサンドル・ネフスキー大修道院は一九三〇年代に閉鎖された後、ソ連解体まで修道院として復活することはできなかった。ペチェルシク大修道院は戦争による激しい被害を受けたものの、外国人を含む多くの観光客が訪れるキーウ有数の観光地となった。これが修道院として復活するのは一九八八年のことである。ポチャーイフ大修道院は、一九三九年まではポーランド領に属し、独ソ戦期にウクライナ自治正教会創設の公会が行われた場所でもある。ポチャーイフには戦後、ソ連各地から数多くの巡礼者が訪れたが、外国人の訪問は禁止されていた。

以上のような断片的なデータからだけでも、ウクライナの地域が戦後のロシア正教会において極めて重要な意味を持っていたこと、人的側面でも宗教文化や教育の側面でも、教区教会の数を見ても、ウクライナの正教会は戦後のロシア正教会全体に対して、甚大な影響をおよぼしたはずなのである。このことは、ソ連とウクライナの関係を考える時、それが支配／被支配、抑圧／抵抗の図式には必ずしも当てはまらないことに通じている。二〇世紀を通じて、ウクライナは確かに教会独立を求めて戦ってきた。しかしそれと同時に、ウクライナ・ファクターは、戦後ソ連におけるロシア正教会の中で極めて重要な役割を果たしたこともまた確かなのである。

1　代表的なものをいくつか紹介しておく。通史的なものとして、廣岡正久『ロシア正教の千年』講談社学術文庫、二〇二〇年、高橋保行『迫害下のロシア教会』教文館、一九九六年、黒川知文『ロシア・キリスト教史』教文館、一九九九年。また近代という視点から主にフランスとロシアにおける宗教政策を比較検討した優れた研究書として、森安達也『近代国家とキリスト教』平凡社、二〇〇二年。さらに、かなりアカデミックで一般書としては読みにくいが、ソ連末期に活躍した宗教研究者の単著の邦訳（ゴルジエンコ『現代ロシア正教』宮本延治訳、恒文社、一九九〇年）は、ソ連時代の正教会に対する視点を学べるものとして興味深い。
2　ベーリュスチン『十九世紀ロシア農村司祭の生活』白石治朗訳、中央大学出版会、一九九九年
3　*Фирсов С.* **Русская Церковь накануне перемен (конец 1890-х -1918 гг.) Москва: культурный центр «Духовная**

Библиотека», 2002. С. 536. 内訳の合計数は五六三名で、示された総数と合わないが、フィルソフによればこれは一次資料の時点で計算が合わない報告となっている。
4 革命期のウクライナにおける正教会独立運動についての研究は、ソ連解体後、著しく進展している。その研究史については以下に詳しい。*Ігнатуша О.М.* Церква в Український революції 1917-1921 pp. як предмет сучасних історичних досліджень// Наукові праці історичного факультету Запорізького національного університету. No.50. 2018. С. 84-112.
5 *Кострюков А.А.* Лекции по истории Русской Церкви (1917–2008). Москва: Изд-во ПСТГУ, 2018. С. 44.
6 *Марчуков А. В.* Борьба за автокефалию Православной церкви на Украине в 1917–1919 гг.// Мир истории. No.3 2000. http://www.orthedu.ru/nbpi/nbpi/posobia/h_zer/marchukov.htm（二〇二三年三月六日最終閲覧）。
7 内戦期のキーウを描いた小説として、ブルガーコフ『白衛軍』中田甫、浅川彰三訳、群像社、一九九三年がある。内戦期にキーウを支配した勢力は一四回も交代した。
8 ソ連時代のロシア正教会は、ウクライナとジョージアにエグザルフを置いた。両国はソ連構成共和国であるから、厳密には「外国」ではない。しかし両国においては、ロシア革命後に正教会独立運動が活発に行われた経緯があり、これに配慮する形でエグザルフが置かれることになった。
9 *Воронин 0.* Історичний Шлях УАПЦ. Kensington, 1992, С. 77
10 *Кострюков.* Лекции по истории Русской Церкви. С. 46
11 *Воронин.* Історичний Шлах УАПЦ. С. 81
12 正しくは「総主教代理代行」という身分。チーホン総主教は自らの死後、公会が開催されず、次の総主教が選出されない事態に備えて、三名の後継者に「総主教代理代行」の身分を与えることを指示していた。チーホンの死に際して、ソ連当局は、三名の後継者を逮捕、流刑にしていたため、彼らが「総主教代理代行」の任に当たることはできなかった。彼らのうちの一人から、後を任されていたのがセルギー府主教である。
13　シンフェローポリ（クリミア）大主教アントニー（アバシッゼ）（民族的にはジョージア人）やアナトリー・ジュラコフスキー司祭（民族的にはロシア人）が反セルギー派を率いた。
14　*Чибисова* А.А. **Автокефалия «под ключи»: Некоторые факты из истории Польской Церкви 1924 г.// Вестник ПСТГУ. Серия II: История. История Русской Православной Церкви. Вып. 81. 2018. С. 64.**
15　Nicholas Denysenko, *The Orthodox Church in Ukraine: A Century of Separation*, (Northern Illinois University Press, 2018), p. 59.
16　広大な管轄地を持たないコンスタンティノープル総主教座は財政的に不安定であった。またこの頃のコンスタンティノープル総主教座はトルコ政府とも関係が悪かった。このような状況に置かれた世界総主教座に、ポーランド政府は詔勅発行の手数料として一万二千スターリング・ポンドの資金提供を行ったことが明らかになっている。*Чибисова.* **Автокефалия «под ключи» С. 69.**
17　これ以前に、コンスタンティノープル総主教座はエストニアとフィンランドの正教会をそれぞれ庇護下においている（一九二三年）。ポーランド正教会の独立承認もその延長線上にある。モスクワ総主教座とコンスタンティノープル総主教座の対立構造は、一九二〇年代にかなり先鋭化していたが、当時のモスクワ総主教座はボリシェヴィキによる宗教弾圧の対象となっており、コンスタンティノープルに対抗することができなかった。この時の禍根が、二一世紀に入ってからのウクライナにおける教会独立問題にも影を落としている。*Мазырин* **А. Фанар и обновленчество против Русской Православной Церкви//** *Мазырин* **А.,** *Кострюков* **А.А. Из истории взаимоотношений Русской и Константинопольской Церквей в XX веке. Москва: Издательство ПСТГУ, 2017. С. 32-33.**

18 Denysenko, *The Orthodox Church in Ukraine*, pp.60-66.
19 現在のエストニアとラトヴィアに相当するバルト海東岸に居住していた人々で、中世のドイツ騎士団を由来とする。一八世紀にロシア帝国の支配地域となった後、貴族や軍人としてロシア帝国に重用された。
20 *Бурега В. В.* Вторая мировая война и судьбы православия в Польше // Релігія в Україні. Огляд публікацій. Випуск 1. Київ, 2009. С. 115-119.
21 Історичний Шлях УАПЦ. С. 94.
22 *Поспеловский. Д.В.* Русская Православная Церковь в XX веке. Москва, 1995. С. 195.
23 *Киридон* А.М. *Акт* поєднання// Велика українська енциклопедія. https://vue.gov.ua/Акт поєднання（二〇二三年二月二〇日最終閲覧）。
24 高橋沙奈美『ソヴィエト・ロシアの聖なる景観』北海道大学出版会、二〇一八年、三六頁。
25 *Катаев* А.М. Духовные школы Русской Православной Церкви в 1943-1949 гг.// Вестник церковной истории. No.1. 2006. С. 180.
26 Jane Ellis, *The Russian Orthodox Church: a contemporary history* (Bloomington: Indiana University Press, 1986), pp. 100-110.
27 *Платонов* С. Монастыри в СССР Экономическое и юридическое положение 1943-1953 гг.// Сретенская духовная семинария. 13 марта 2018 г. mtrm.ru/33850（二〇二三年三月七日最終閲覧）。

第四章　ロシア正教会と「ロシア世界」の文明観

二〇二二年二月二四日という日はウクライナの都市にミサイルが次々と撃ち込まれる衝撃的な映像で記憶されるだろう。衝撃的な映像は、九・一一の同時多発テロに似た痛みを引き起こすものだった。この煙の下でどのくらいの人々が自らの命を、家族を、時間をかけて築いてきた大切な財産を何の心の準備もないまま一瞬のうちに失っているのだろうか。同時に、攻撃を仕掛けている側は一体われわれと同じ人間なのだろうか。この衝撃的映像によって、ロシアという国家はもはや国際秩序の一翼を担う大国ではなく、二一世紀のヨーロッパ世界に現れた野蛮で異質な他者として描き出されつつあるといえるだろう。

ロシアを異様に見せているのが、攻撃の背景としてプーチンが掲げる「ロシア世界（ルースキー・ミール）」というイデオロギー、思想体系である。ロシア世界のイデオロギーは、単なる外交戦略や地政学上の野心を超えて、ロシア正教会と結びつき、ロシアの国家的かつ魂のミッションとして位置付けられている。プーチン大統領は二〇〇七年四月の議会向け教書演説で、「ロシア世界」という言葉に初めて言及した。同年七月には大統領令により「ロシア世界基金」

が設立された。世界中にロシア語やロシア文化を紹介する、ロシア版の「孔子学院」（中国政府によって世界各国に開設された中国語・中国文化を教育する機関）に似た機能を果たすことが期待された組織である。

　また「ロシア世界」はロシア独自の文明観でもある。「ロシア世界」が批判する「西」が何を指すのかは曖昧だが、「ロシア世界」の文明観は、西側由来の自由主義や民主主義が個人主義の行き過ぎを招いているとして批判を展開する。それに対して「ロシア世界」が重視するのは、個人の人権に優先する共同体への献身、自己犠牲であり、それを支える精神的・道徳的価値観である。この精神的・道徳的価値観の基盤となるのが、ロシア正教会をはじめとするロシアの伝統宗教だ。

　ロシア正教会のキリル総主教も、二〇〇九年に総主教に着座して以来、この概念を繰り返し強調してきた。同年一〇月に行われた第三回ロシア世界総会におけるオープニングセレモニーにおいて、総主教は「ロシア世界」についての教会のビジョンを明らかにした。[1]それによれば、「ロシア世界」の基盤となるのは、正教信仰、ロシア語、そして共通の歴史の記憶であり、ロシア、ウクライナ、ベラルーシが「ロシア世界」の中核たる「聖ルーシ」を形成していると説いた。ここで言及されているロシア、ウクライナ、ベラルーシとは、東スラヴの三つの民族と国家の両方を指す。キリル（グンジャーエフ）総主教（一九四六年生まれ）の「ロシア世界」概念は、文明論であると同時に、領域を伴った地政学的な戦略でもあるのだ。そしてその領域とは、ロシア正教会が管轄する「教会法上の管轄領域（canonical territory）」（第一章参照）、すなわち旧ソ連のほぼ全域およびロシア人ディアスポラの生活圏と重なると考えられている。[2]
ロシアやウクライナの宗教学者のみならず、国際関係論や政治研究の専門家もまた、「ロシア世界」というイデオロギー／文明論の存在に注意を払い、ロシア正教会の地政学的役割に焦点を当てている。そこで注目されるのが「魂の安全保障（spiritual security）」という概念だ。
ここで「魂の」と訳出したロシア語dukhovnyiは英語のspiritualに相当し、「精神的」と訳出するのが一般的のように思われるが、ここでは原語に含まれる泥臭さを伝えるため、あえてこのように訳してみた。この言葉の初出は一九九二年の国家安全保障に関する法律である。しかしプーチン時代に至って、定期的に現れるようになった。二〇〇〇年一月に採択された「国家安全保障構想」では、ロシア連邦の諸民族の伝統的価値観の保護が国家安全保障に含まれることが謳われており、そこに国家と正教会の地政学的利害の一致が指摘される。[3] 二〇二一年に発表された最新の「ロシア連邦国家安全保障戦略」（大統領令四〇〇号）[4]では、「魂の」という言葉が二七回も用いられている。その意味するところは明確に定義されているわけではないが、それが「ロシア世界」独自の精神性を意味していることは容易に推測される。この言葉の使用が、二〇〇九年に発表された同様の文書（大統領令五三七号）では八回、二〇一五年（大統領令六八三号）では一六回であったことを考慮すれば、安全保障戦略上、「ロシア世界」の価値観の重要性が年々増加していると指摘できるだろう。

国家と宗教の地政学的な利害の一致に着目する研究者らは、イランやシリアなど反米的な中東諸国までを組み込んだ「ロシア世界」の広がりさえ指摘する。[5]その媒体の一つに、二〇〇二年以降、エーゲ海南部に位置するロードス島で毎年開催されている国際フォーラム「文明間の対話（Dialogue of Civilizations）」がある。世界各国の政治的・経済的指導者や研究者を交えて、アメリカが主導する現在の世界秩序に対抗する、オルタナティヴな連帯の可能性を模索する場である。フランス出身の政治学者マルレーヌ・ラリュエルは「文明間の対話」のような国際フォーラムが「モスクワの準外交手段となっており、ロシア国家による「文明」概念の複数の使い方に道を拓」いたと指摘している。[6]
ロシア・ウクライナ戦争が、自由民主主義陣営に対して「ロシア世界」の価値観を守る戦いであることは、ロシア政府系メディアや正教会のメディアによって強調されている。こうした捉え方の底流にあるのが、サミュエル・ハンチントン流の複数の文明の対立という考え方であるのは言を俟たない。アメリカの国際政治学者ハンチントンは一九九六年に上梓した『文明の衝突（原題『The Clash of Civilizations and the Remaking of World Order』』において、世界をいくつかの文明圏に分け、その境界上に位置するフォルト・ライン（断層線）で紛争が激化すると論じた。ハンチントンは文明を文化とほぼ同義に捉え、これが主権国家の領域を備えた広がりであることを主張する（「最も範囲の広い文化的まとまり」）。さらに、文明を定義する最も重要な要素は宗教であると指摘する。[7]ハンチントンの解釈によれば、ヨーロッパはカトリックとプロテスタント諸派の領域が終わるところ、イスラームと正教世界の領域が始まるところを境界とする。ロシアを中心とする東方正教の文明圏は、個人主義や人権の尊重といった概念を拒否する、非自由主義的な政治勢力として描き出されている。
私自身は、ハンチントンのいう「東方正教文明圏」の存在を自明のものとして受け止めるのは危険だと考える。東方正教を多数派の伝統的宗教とする地域であっても、「伝統的価値観」とされるものはそれぞれの地域の歴史的経験などによって構築されてきたものである。また、政教関係を規定する理念や法制度を取り上げてみても、大きな差異があることは間違いない。[8]
ハンチントン流のやり方で現在の戦争を捉えることの有効性については、これ以上立ち入って議論しないが、プーチン政権とロシア正教会のブレーンが「ロシア独自の文明観」の存在を主張し、「西側文明」と対立的に打ち出していることは紛れもない事実である。そこで本章では、この「ロシア独自の文明観」なる「ロシア世界」の価値観について、正教会の社会的位置付けや、歴史的記憶、そしてその宗教的側面を軸に検討する。

一．ロシア社会における〈民族〉と〈宗教〉の融合

憲法規定上、ロシアは世俗国家である。一九九三年に成立したロシア連邦憲法第一四条では以下のように定められている。

一．ロシア連邦は世俗国家である。いかなる宗教も国教あるいは義務的宗教として定められることはない。
二．宗教団体は国家から分離され、法の下に平等である。
さらに第一九条では宗教的信条に基づく差別の禁止が、第二八条では信教の自由が、第二九条では宗教的優越性を訴えたり社会的緊張をあおるプロパガンダの禁止が定められている。こうした憲法規定にもかかわらず、現行の宗教法（「良心の自由と宗教団体に関する」連邦法〔一九九七年〕）では、宗教団体の差異化が図られていることはすでに第一章で見たとおりだ。ロシア正教会を筆頭として、イスラーム、仏教、ユダヤ教並びにロシア連邦を構成する少数民族が歴史的に信仰してきたいくつかの宗教は、「伝統宗教」と認められて、様々な優遇を受けている。[9]
憲法による政教分離規定と、宗教法が定める具体的な伝統宗教優遇政策の乖離は、宗教に対する独特な社会通念から発せられていると考えられる。現代のロシアでは、宗教は信念（超越的な存在に対する信心や死生観、救済論などの思想的側面）と実践（儀礼や祈りなど身体的側面）の複合的な体系であると同時に、民族や文化を規定するアイデンティティ・マーカーとして重要な意味を持っている。

ロシア帝国において、民族的帰属意識は宗教的帰属意識とほぼ一致していた。民族的にロシア人やウクライナ人、ベラルーシ人であることは正教徒であることを意味し、タタール人やチェチェン人、チェルケス人であることはムスリムであることと同義であった。ロシア帝国の領土拡大の過程で、モンゴル隣接地域に居住するブリヤート人やトゥバ人、またそこからヴォルガ流域に移住したカルムィク人のようなチベット仏教徒が帝国臣民として加わったし、一八世紀のポーランド分割はこの地域に住んでいた大量のユダヤ人人口を受け入れることになった。[10]現在のウクライナ領に住んでいた住民のうち、カトリック信仰を受け入れた人々が、「ポーランド人」というアイデンティティを獲得していったことはその一例である。

〈民族〉と〈宗教〉の帰属を一致させるべきという規範は、ソ連時代の宗教弾圧によっていったん停止された。しかし、第二次世界大戦後に伝統宗教の要素を持つ文化財が「民族の伝統」、「文化遺産」として再評価され、〈民族〉と〈宗教〉の一致は再び社会的通念として受け入れられるに至った。

現代政治とロシア正教会の関係を論じる政治学者アリシア・クラノーヴィチは、社会学者ピエール・ブルデューの「象徴資本」という概念を用いて、ロシア正教が持つ力を、政治的努力の結果として得られるイデオロギーやソフトパワーとは異なる、より内在的なものと位置付けている。[11]そこでは〈宗教〉は民族集団の求心力であり、他民族との明確な差異を示す基準として作用する。社会学者のヴャチェスラフ・カルポフらは、民族的帰属と宗教的帰属が一致するという通念を「エスノドクシー（Ethnodoxy）」と名付けた。彼らの調査によれば、個人レベルでの宗教性、すなわち信念と実践の複合的体系としての宗教性が低い社会において、エスノドクシーはより顕在化する傾向があるという。[12]すなわち、宗教は超越的存在（神など）への信仰や儀礼としての意味を喪失する度合いと反比例して、民族的なアイデンティティ・マーカーとしての意味を獲得するというのである。
ここで現代ロシアの宗教性に目を向けてみたい。ロシア連邦において、正教徒を自認する人々は人口の七‐八割といわれている。これは、総人口に占めるロシア民族の割合とほぼ一致する。ただしそのうち、聖書の内容をある程度理解し、教会に定期的に通うような信者は一割に満たないとされる。アメリカの独立系調査団体であるPew Research Centerが二〇一七年に公表した調査結果によれば、ロシア連邦に居住する正教徒の九割がイコンを所持しており、五割が魔術や邪眼（悪意を持って見つめられると不吉なことが起こる）を信じる。[13]様々なデータからは、現代ロシアの正教徒の信仰が、正教神学が理想とするものから大きく逸脱し、日常生活の中で幸福や健康を得て、不幸や「悪霊」から身を守るための「実用的呪術」ともいうべき側面を強く持っていることが分かる。[14]
同時に、カルポフらの調査によれば、宗教は集団的アイデンティティ形成の重要な要素である。それは例えば、日本人として日本に生まれ育てば、教えられなくとも仏教や神道の精神を理解するというような、先天的な宗教帰属ともいうべき考え方である。ロシアでは「洗礼を受けず、教会に通わないロシア人も、心の中では正教徒」という考え方に八五％のロシア人が同意する。ベラルーシのアレクサンドル・ルカシェンコ大統領（一九五四年生まれ）のように、「神は信じないが正教徒」と公言する「無神論者正教徒」は、まさにこのような考え方から生じたものなのである。

つまり、現代ロシアにおいて正教は信仰と実践の体系というよりも、むしろ民族的な連帯を促進し、その意味で水平的な社会統合を実現する手段となっている。カルポフらは、国家という「想像の共同体」の表象として、伝統的宗教団体が国家的アイデンティティの構築に役割を果たしていると主張する。[15]この点は、ロシアにおける正教の役割を理解するために肝要である。

二．プーチン大統領にとっての正教

続いて、プーチン大統領自身にとってのロシア正教について確認しておきたい。彼自身が正教をどのように捉えているのかという問題は、プーチン体制下でロシア正教会が果たす役割について具体的に考えるうえで参考になるだろう。

一九五二年、ウラジーミル・プーチンは、当時レニングラードと呼ばれていたソ連第二の都市サンクト・ペテルブルクに生まれた。共産党員であった父には隠して、母が生後半年のウラジーミルを近隣の聖堂へ連れて行って洗礼を受けさせたという。この時に洗礼を授けた救世主変容聖堂の司祭は、偶然にもキリル総主教の父であったといわれる。

大祖国戦争と呼ばれた独ソ戦のさなか、レニングラード市は一九四一年九月から四四年一月まで、ドイツ軍によって約九〇〇日にわたって包囲された。ガス、水道、電力などのインフラが破壊され、食糧供給の道もほぼ立たれた市内では、公式発表で六三万人、推計で一〇〇万人以上の市民が、飢えと寒さに耐えかね極限状態のなかで亡くなった。戦後のレニングラードでは、機能している聖堂の数は非常に限られていたし、そのような聖堂も当局の厳格な監視下に置かれていたが、過酷な包囲戦を生き抜いた市民のなかには宗教に対する関心を新たにする者が増加した。[16] ウラジーミルより先に生まれた二人の子を失っていた母は、四一歳にして産んだ第三子を何としても無事に育て上げたいと願ったのではないだろうか。生後間もないプーチンの秘密裡の洗礼は、こうした状況で行われた。

成長したプーチンは国家保安委員会（ＫＧＢ）の職員となるにあたって共産党員となり、宗教からはいったん距離を置く。しかしソ連解体後の一九九三年に、レニングラード市議会代表団の一員としてイスラエルを訪問することが決まった。この時、プーチンの母は、キリストの墓とされる場所に立つ聖墳墓教会で、プーチンの洗礼の十字架を聖成（清めの儀式）してもらうよう勧めたという。[17] 洗礼の十字架とは、洗礼を受けるときに授けられ、入浴時や就寝時を含めて肌身離さず着けておくべきものである。プーチンが十字架を身に着けるようになったのはこれ以降のことといわれており、それはしばしばメディアに露出するプーチンの上半身の裸体写真でも確認できる。

洗礼の十字架が身を守ってくれるものと信じるロシア人正教徒は多い。また、常に十字架を身に着けておくことは、自らの宗教的アイデンティティや信仰の深さを示すシンボルとしても機能する。プーチンの十字架も、ロシア人正教徒にとっての「われわれ」意識を支えるさりげないシンボルの一つと受け止められているように思われる。

洗礼の十字架に加えて、プーチンは教会での適切な振る舞い方を知っている稀有な政治家の一人でもある。十字の切り方、ろうそくの灯し方、基本的な祈りの言葉などがそれに当たるが、これらは普段教会に足を運ばない「正教徒」たちには示すことのできない所作である。

プーチン大統領はまた、二〇〇七年以降、降誕祭や復活祭といった正教会にとって特に重要な祝日に、公的な祝賀メッセージを発表している。例えば、キリストが先駆者ヨハネによってヨルダン川で洗礼を授けられたことを記念して、一月一九日に行われる洗礼祭がある。ロシアでは湖や川に張った氷に十字の形に穴を開け、キリストの受洗を再現して氷水の中に身を浸す正教徒がいるが、プーチン大統領もしばしば氷水に入る姿をメディアで披露している。ソ連時代に忘れ去られた正教の様々な祝祭が、「創られた伝統」として近年のロシアで復活している背景には、プーチン個人の積極的な参加も一つの要因に挙げられる。

ただし、しばしば指摘されるように、プーチン大統領はプラグマティックな政治運営を特徴としている。研究者のなかには、国家安全保障の問題と国家理念（伝統的価値観の重視）の点でプーチンは正教を重視しているが、それ以上ではないと主張する者もいる。[18] しかし、ロシアのような巨大な多民族国家を統治するうえで、安全保障と国民統合以上に重要な問題というのも少ないのではあるまいか。この点の詳細については後段で触れる。
プーチン大統領と正教のかかわりを考えるうえで、大統領就任前後の時期から非常に懇意な仲と報道されるチーホン（シェフクノフ）府主教（一九五八年生まれ）についても言及しておきたい。彼はプーチンの聴悔司祭（懺悔を聞き、霊的指導を行う聖職者）であるといわれている。チーホン府主教は国立映画大学脚本科の学生であった時に正教に関心を抱き、一九八四年にプスコフ・ペチョール修道院に入った。自らの半生とそこで出会った修道女や聖職者らの生き様を綴ったエッセイ『「聖ならざる聖人」とその他のはなし』（原著二〇一一年）は、二〇〇万部を超える大ベストセラーとなった。
二〇二三年現在は、ロシア正教会の文化大臣にあたる文化評議会の責任者を務める傍ら、正教会のインターネット・サイトや雑誌の編集責任者を務め、さらに『ロシア――わたしの歴史』と題するロシア全土に展開するマルチメディア型の歴史展示プロジェクトを率いている。[19] その一方で、ロシア政府が市民に納税者番号（Individual'nyi Nomer Nalogoplatel'shchika, ＩＮＮ）を付与することを決定した二〇〇〇年頃には、これが悪魔の番号（六六六）を示す反キリスト教的行為であると訴える反ＩＮＮ運動の指導者のひとりとなったことでも知られている。[20]
チーホン府主教が理想とする正教徒像は、『「聖ならざる聖人」…』に描かれる人物たちによく示されている。ここでは、そのなかでも印象的な人物の一人、ヴァシリー（ロジャンコ）主教（一九一五‐一九九九年）の話を紹介したい。[21] ヴァシリー主教は、ロシア帝国最後の国会（ドゥーマ）議長ミハイル・ロジャンコ（一八五九‐一九二四年）の孫で、アメリカ国籍の亡命ロシア人であった。祖父ミハイル・ロジャンコは、皇帝ニコライ二世に退位を進言した人物である。ニコライ二世の退位が、ロマノフ朝の崩壊、ボリシェヴィキの権力掌握、ロマノフ一家の銃殺、旧体制エリートらの亡命、正教会弾圧へとつながっていった。祖父ロジャンコの存在は、ユーゴスラヴィアに亡命した孫の世界観にも深く影を落とした。

長じて孫は、セルビア正教会の司祭となり、妻を失ったショックで深酒に悩まされた後、在外ロシア正教会の主教となった。ヴァシリー主教は高位聖職者となるための誓い「貞潔・清貧・従順」を立てるに当たって、「これからの人生において出会うすべての人に対して従順」であることを誓った。亡命者であった彼は、ペレストロイカ（ソ連民主化政策）が進展した一九八〇年代末からソ連入国を許されるようになった。主教を案内して回る若き日のチーホン府主教は、ずだ袋を提げたおばあさんやら地方から出てきた司祭やら、高位聖職者の身分を十分に理解しない市井の人々の頼み事をいちいち引き受けるヴァシリー主教に振り回される。一般的に正教会の主教とは、知事や国会議員に相当する立場であるといえば、ヴァシリー主教がいかに奇特な人物か想像がつくだろうか。

ヴァシリー主教は祖父ロジャンコの「罪」を深く自覚していた。ツァーリ一家が愛した離宮ツァールスコエ・セローを訪れた主教は、「ロシアの前で、ロシアの民の前で、ツァーリご一家の前で」わが祖父と自身の罪に対する許しを請うと訴えた。

このように、エッセイの中に描かれる人物の多くは、一般的な聖者伝に描かれる崇高で禁欲的な聖人とは程遠い。常に周囲に対する愛情にあふれ、憎めない欠点も抱えている。それはしばしば「ロシア的」と表現される深酒であったり、後先を考えない無謀な振る舞いであったりする。ソ連時代にキリスト者として、あるいは亡命者として受けた苦痛は表に出さないが、祖国ロシアに対する愛と責務を忘れない。決しておごらず小さき者を尊重し、他者のために自らを捧げることを常に喜びとする。

チーホン府主教は敏腕プロデューサーとして現代的な文化事業を展開する傍ら、エリート知識人なら避けるような泥臭い姿を見せる。それは呪術を恐れる心であり、理性よりも感情に重きを置く行動であり、「聖ならざる聖人」に描き出される人々への共感である。チーホン府主教のこうした側面が、ロシアの正教徒大衆を惹きつけてやまないし、プーチンをもまた魅了しているのではあるまいか。

三．教権化するロシアと翼賛的な政教関係――理論的背景

大統領に就任する直前のプーチンが一九九九年に掲げた国家理念の四つのキーワードは「愛

国心、大国性、国家的であること、社会的連帯」であったという。しかし、二〇〇〇年代半ば以降は、愛国主義に加えて伝統的家族観や保守的なライフスタイルなど、個人の生活をも規定するような「伝統的な精神的・道徳的価値」と呼ばれるものの比重が高まっていった。[22]
先述の政治学者ラリュエルは、プーチン政権の「ハイブリッドな生態系（エコ・システム）」を構築する三本柱として、大統領府、軍産複合体、そしてロシア正教会と政治的正教グループが融合した「正教界（Orthodox realm）」の存在を指摘している。[23]ロシア正教が現代ロシア政治において重要な役割を果たしていることは言を俟たない。しかし、そのアクターが「ロシア正教会モスクワ総主教座」という宗教団体に集約されているわけではないことに注意を払う必要がある。
ロシア正教会は、第一章で紹介した「シンフォニア」の概念も手伝って、実質的な〈国教（state church）〉と見なされることがある。一九九七年の宗教法制定過程で繰り返し議論されたように、ロシア正教会は外国由来の新宗教がロシアに流入することに大きな危機感を抱いている。また、二〇〇二年にローマ教皇庁がロシアに司教区を設けようとした際に争われたように、カトリックやプロテスタント諸派の「西側」の教会が「伝統的な正教徒」に対して宣教活動を展開することにも否定的である。しかし、ロシア正教会が〈国教〉としての特権的な地位を望んでいるのかというと、そうではないのである。アレクシー二世（リディゲル）総主教（在位一九九〇‐二〇〇八年）は〈国教〉としての地位を求めることを繰り返し否定してきたし、キリル総主教もその立場を踏襲している。[24] 正教会指導層のこの見解には、ロシア帝国時代からの歴史的経験が影響している。ロシア帝国の聖宗務院制でも、ソ連体制においても、正教会は国家の管理と監視のもとに置かれ、様々な制約を受けてきた。ソ連解体によって、ロシア正教会は、国家の支配から解放されるという長年の夢をようやく達成した。加えて、ロシア連邦という世俗国家の枠に収まらないことによって、ロシア正教会は〈民族教会（national church）〉ですらなく、領域・民族横断的なトランスナショナルな帝国教会としての普遍性を主張する。さらに、国教の地位を得ずとも、第一の〈公認宗教（public church）〉として、広範囲の社会生活に関与することは可能なのである。実際、二一世紀に入ってからの最初の一〇年間で、ロシア正教会は主要な四つの目標を達成した。それは、外来／新宗教の周縁化、公立学校における宗教教育の導入、従軍司祭制度の復活、そしてソ連時代に没収された教会財産の返還（譲渡）である。

現在のロシア社会では、宗教が影響を与えやすい分野である家庭生活、教育、慈善活動などに留まらず、ロシア正教会が影響力を拡大していることが指摘されている。同性愛反対や義務教育としての宗教教育を皮切りに、経済産業活動、メディア、医療、学術研究、芸術文化、軍など、社会のありとあらゆる分野にロシア正教をはじめとする伝統宗教の影響が浸透する事態となっている。こうした現状はロシアの宗教研究者によってしばしば「教権化（clericalization）」と称される。これは「宗教復興」や「脱世俗化」、「再聖化」などと呼ばれる現代世界の様々な現象に類するものである。現代ロシアにおいていかに教権化が進展したかを検討するに当たり、まずは二〇世紀後半の宗教研究における一大理論であった世俗化論について簡単に振り返っておきたい。

世俗化論は一九六〇年代から七〇年代の西ヨーロッパを中心に興隆した理論で、端的には社会が近代化を遂げるにつれ、宗教は衰退あるいは消滅することを説いたものである。これはマックス・ウェーバーが唱えた社会の合理化に伴う「脱魔術化」（科学的合理性の重視）や、エミール・デュルケームの説いた「社会分化」（宗教が果たしてきた諸機能が、専門性を備えた機関によって担われるようになる）などに沿った議論であり、近代における宗教の位置付けを再考しようとするものであった。

ただし、一九八〇年代に入ると、イラン・イスラーム革命や東欧を中心とした旧共産圏での宗教復興など、世界各地で宗教的な政治勢力が台頭する事態が観察されるようになった。また、世俗化論があくまで西ヨーロッパをモデルとしたものであり、他の地域には必ずしも該当しないという批判もなされるようになった。結果として、宗教の衰退や消滅を説く単純な世俗化論は放棄されたが、その衰退や消滅を限定的なものとして捉えたり、宗教の変容を説くような新しい世俗化論が取って代わった。

近代化に伴って衰退するのは、教団のようなヒエラルキーを備えた「制度宗教」であり、個人が多様な宗教的表象や要素をブリコラージュ（素人仕事）、つまり恣意的に組み合わせて消費することはむしろ活性化するとした「脱制度化論」や、私的な圏域においては宗教が依然として重要な役割を果たしていると主張する「私事化論」、あるいは近代に至っても公共領域において宗教が果たす役割に改めて注目した「公共宗教論」など、新しいタイプの世俗化論が百出した。

さらに一九九〇年代以降は、従来の世俗化論の根底にある権力構造を指摘し、宗教と世俗を二項対立的に捉える構造自体が否定されるに至った。人類学者のタラル・アサドが看破したように、「宗教／世俗」とは近代が生み出した双子の概念であり[25]、「宗教」概念自体の再考が求められているのが今日の現状である。それは、特定の国民国家や地域、文化圏の中で、「宗教」という概念がどのように彫琢されてきたのかという過程を明らかにする作業であり、同時に「宗教」概念に合わせて諸現象を区分するに至った近代化の過程を問うものである。

ソ連は近代化を上から推し進めるに当たって、「前近代＝宗教的」という単線的な世俗化の図式に則って宗教を弾圧した。ただし西欧の世俗化論が、社会の近代化に従って宗教は衰退するという方向性を示していたのに対し、ソ連では逆に、宗教を衰退させることによって、社会の近代化を図ったのであった。一九三〇年代までの弾圧や管理による反宗教政策が失敗した後、一連の伝統宗教は民族文化のシンボルとして利用され、ソ連解体後には目覚ましい復興を遂げることになった。その結果、現在のロシア社会は、信念と実践の体系としての信仰が重視されない「世俗化した社会」であると同時に、エスノドクシー（１０６頁参照）を規範とし、宗教

資料⑧ ロシア宗教間評議会の加盟団体

①	ロシア正教会
②	中央ムスリム宗務局
③	ロシア連邦ムスリム宗務局
④	北コーカサス・ムスリム調整センター
⑤	タタルスタン・ムスリム宗務局
⑥	ロシア・ユダヤ共同体連合
⑦	ロシア・ユダヤ教団・組織会議
⑧	ロシア仏教サンガ

的シンボルや実用的呪術にあふれているという意味では「宗教的な社会」なのである。

国家統合のための文化資本であり、「伝統的な精神的・道徳的価値」の規範でもある伝統宗教は、宗教的組織や制度を通じてのみ影響力を行使しているのではない。そこには、様々な分野における権力の支持がある。「教権化」という言葉を用いて、近年のロシアの宗教研究者の多くが説明するのは、こうした動きである。「教権化」とは本来、中世から近世にかけての西欧におけるカトリック教会の政治運動を指し、宗教と教会（ラテン語でclericalis）を広く利用して社会のあらゆる領域への影響力を高めようとする動きを意味した。[26] 現代ロシア社会において起こっている事態は、正教会が国家と協働的かつ自律的に社会に影響力をおよぼそうとする点において、東方正教の「シンフォニア」の理想に通ずるが、ロシア正教会のみならず、伝統的な宗教団体の多くが教権化の構造に組み込まれていることにも注意を払う必要がある。一九九八年に結成された「ロシア宗教間評議会（Inter-Religious Council of Russia）」（資料⑧参照）

が、伝統的な宗教団体の代表者が調和的に対話し、多民族の共存と伝統的価値観の保護を推進する機関であるのはその一例である。それぞれの伝統的宗教団体は、自発的に世俗権力を支持していると自認しているが、逆に伝統的宗教団体としての権威と優遇を獲得するために、世俗権力を支持する以外の選択肢を持たないことも事実である。またこれら伝統的宗教団体が互いに団結して積極的に国家権力を支持するという構図も観察される。日本の歴史に照らし合わせてこの状況を翻訳すれば、現在のロシアでは「翼賛的な政教関係」が構築されていると指摘することができるであろう。

今日のロシアにおいて、ロシア正教会が目指しているものは、国の管理統制下に置かれる国教ではなく、自立した組織として権力と協働し、自らの権威と影響力を高めようとする「シンフォニア」である。そしてその理想は、保守的・伝統的な価値観に基づいた愛国心の高揚と社会統合のために伝統的宗教を文化資本として利用したい政治や経済の権力者の欲望と一致する。次節では、教権化という現象を具体的に理解するために、国家やオリガルヒなどの世俗権力が特定の価値や理想を正当化するための道具として宗教を利用し、宗教団体の側もそうした価値や理想の社会的浸透と自らの社会的プレゼンスの向上を求めて、世俗権力を支持し協働を深めている過程について、いくつかの事例をもとに検討する。

四．教権化する「ロシア世界」――個人のライフスタイルから核産業に至るまで

「教権化」の具体例は、同性愛に対する制限から、義務教育における宗教の授業の導入、愛国主義に基づいた歴史的記憶の構築、テレビや映画、インターネットなどのマスメディアを用いた宣伝、軍や核産業との協力構築など、枚挙にいとまがない。
公立学校においては二〇一二年以降、必修選択科目として、四年生を対象に「宗教文化と世俗倫理の基礎」が、五年生以降を対象に「ロシア国民の精神道徳文化の基礎」が導入されている。[27]ここでの眼目は宗教とナショナル・アイデンティティを結び付けるような世界観を内面化することにある。宗教教育の導入に当たっては、ロシア正教会の強い意向が働いた。[28]
愛国主義的な歴史認識にかかわる問題としては、ルーシ受洗の立役者ウラジーミル聖公の記念碑、スターリニズムの大粛清を記憶する「和解の壁」、大祖国戦争（独ソ戦、一九三九－四五年）にフォーカスした軍事愛国テーマパーク、そして先述のチーホン府主教が監督するマルチメディア型の歴史展示プロジェクト『ロシア――わたしの歴史』などにロシア正教会が深くかかわっている。
軍や核産業との結び付きはソ連解体直後からのもので、安全保障の観点から両者は深くかかわってきた。国家主権を守るのは何よりまず「核の盾」であり、強力な軍である。一方「ロシア世界」の文明主権を体現するのは、伝統宗教である正教会であり、正教会によって「ロシア世界」の文明は神聖な意味と、倫理的指針を付与されるのである。プーチン大統領は、二〇〇

七年に行われたインタビューで「伝統的な宗教と核の盾はロシア国家を強化し、国内外の安全を確保するのに必要な条件を作り出す」と主張した。[29]総主教庁のスポークスマンの一人、ドミトリー・スミルノフ（一九五一‐二〇二〇年）司祭によれば、正教会の司祭が大量破壊兵器に対して清めの儀礼を行うのは、それによる攻撃を正当化しているのではなく、それによってロシアの文明主権が守られることを祈っているのである。[30]正教会と核産業の歴史については、軍事研究者ドミトリー・アダムスキーのモノグラフ『ロシアの核正教（未邦訳）』に詳しい。

以下では、教権化の具体例として、性的マイノリティに対する態度と正教会と経済界との結びつきという二つの問題を取り上げる。ロシア正教会の指導層と政界・財界のリーダーたちがどのような協力関係のもと「ロシア世界」文明の価値観を拡散させる仕組みを構築しているのかを確認しよう。

性的マイノリティと正教会

性的マイノリティに対する態度は、ウクライナ侵攻とは一見何のかかわりもないように思われる。しかし、ロシア側からすれば、性的マイノリティに対する寛容こそ、自由主義陣営が「ロシア世界」に押し付けようとする「歪んだ価値観」の最も象徴的なものである。キリル総主教は侵攻後まもなく行った説教の中で「ゲイ・パレード」（現在では性的マイノリティの多様性により配慮した「プライド・パレード」などと称されることが多いが、ロシアではこの呼称がいまだに一般的である）に言及した。二〇二二年一二月に性的マイノリティの活動をより厳格に規制する法が成立したのも、ウクライナ侵攻と無関係ではない。この戦争は、同性愛や（ロシアでしばしば同性愛と同等視される）小児性愛などの「歪んだ価値観」から「ロシア世界」を守るための戦いと位置付けられているのである。

ところで興味深いことに、ロシア社会における「ソドムの罪」、いわゆる同性愛に対する嫌悪は、西洋近代の価値観の受容とともにもたらされたようだ。ロシアにおける性愛の歴史に詳しいイーゴリ・コーンによれば、近代以前のロシアでは、西欧と比べて同性愛に寛容であり、正教会は修道院内での同性愛の広がりを懸念しても、その塀の外で行われていることには無関心であったという[31]。

性的マイノリティ、とりわけ男性の同性愛を初めて「犯罪」とみなしたのは、ロシアに西洋的な規範を持ち込んだピョートル一世の時代であった。一七一六年の軍規では現役の兵士の同性愛行為に対する罰則が設けられた。アレクサンドル・プーシキン（一七九九‐一八三七年）に代表されるロシア文学の「金の時代」には、同性愛は恰好の社会風刺のテーマとなり、同性愛が道徳的・宗教的な「問題」として広く認識されるようになっていた。同性愛を犯罪とする刑法は一八三二年に制定され、禁固刑やシベリア追放などの処罰が定められたが、実施されることはなかったという。同性愛が厳しい処罰の対象となったのはソ連時代で、一九三四年に同性愛を禁止する刑法一二一条が制定された。一九八〇年代に至るまで、毎年約一〇〇〇人の男性がこの制度のために有罪判決を受けて、刑務所や収容所に送られたという。ペレストロイカ以降、性的マイノリティに関する議論が進展し、一九九三年に同性愛を犯罪とする刑法は無効となった。

しかし、その後のロシアにおいて性的マイノリティの権利は、法的に擁護されていない。そして、ロシア正教会は性的マイノリティの権利獲得に向けての運動を抑制するよう積極的に働きかけている。

ロシア正教会が二〇〇〇年に採択した『ロシア正教会の社会構想の基礎』第一二条「生命倫理の諸問題」第九項では、性的マイノリティに対する教会の立場が表明されている。性的マイノリティが、これに先立つ第一〇条「個人、家族、社会における道徳的諸問題」の項ではなく、人工妊娠中絶、不妊治療やクローンの問題を扱う「生命倫理」の項で扱われていることで明らかなように、正教会はLGBTを性的指向ではなく、克服されるべき「病」であると捉えている。


同性愛は人間の本性を罪深く損なうものであり、それは個人の癒やしと成長につながる霊的な努力によって克服されるものであると［教会は］考える。

同性愛的傾向をもつ人々に対し、教会は司牧の責任を負っており、この罪深い傾向を

「通常のもの」として、さらには誇りの源泉、あるいは見習うべき手本として示そうとする試みには断固として反対する。［…］教会は、同性愛者を宣伝するような人々が、子供や若者のための指導、教育、そのほかの仕事に関わること、軍や矯正施設において指導的立場に就くことが容認されるべきではないと考える。


すなわち同性愛は「同情に値する病的な逸脱」なのである。これを救済するための手立ては講じられて然るべきであるが、そうした性的指向の存在を認めること、ましてやそれを個人の尊厳あるアイデンティティとして認めることは、到底容認しがたい。

プーチン体制下のロシアでは、性的マイノリティの活動を規制する動きが広がっていった。二〇〇六年、モスクワでロシア初のゲイ・プライド・パレードが呼びかけられると、モスクワ市当局はこれを禁止し、デモ参加者が逮捕される事態となった[32]。当時の総主教アレクシー二世はモスクワ市長の決定を支持した[33]。また、リャザン州（二〇〇六年）、アルハンゲリスク州（二〇一一年）、サンクト・ペテルブルク市（二〇一一年）、モスクワ市（二〇一二年）の地方議会で、未成年者の道徳的保護を目的として同性愛宣伝の禁止を定める法律が定められた。そして、二〇一三年にはいわゆる「ゲイ・プロパガンダ禁止法」が定められ、政府が有害だとみなす「伝統的な家族の価値観を否定する情報」を広めることなどが禁止された[34]。

アルハンゲリスク主教ダニイル（ドロフスキフ）（一九六〇年生まれ）は、州議会の決定を支持して、「プロパガンダ的なイベントの資金調達は外国からの支援によって行われており、その目的はロシア社会の魂と道徳を崩壊させることである」と述べた[35]。同じ頃、正教会の渉外局副官でスポークスマンを務めるフセヴォロド・チャプリン司祭（一九六八‐二〇二〇年）は、「モスクワ市民の大多数、ロシア国民の大多数は、一部の外部勢力や社会の中の、非常に小さいが攻撃的なグループが強要しようとした性的倒錯のプロパガンダを、決して受け入れない」と述べて、同性愛や小児性愛などを容認する「外部」の勢力と、それと対峙するロシア国民という二項対立を鮮明に打ち出した[36]。またロシア正教会のみならず、ロシア宗教間評議会に所属する伝統的宗教団体もこうした考え方を支持している[37]。

オンライン上に現れた正教会聖職者の言説フレームを分析した社会学者のキャロライン・ヒルによれば、彼らによる同性愛批判は、聖書などの宗教的規範以上に、家庭や社会への悪影響、伝統的な価値観の破壊を根拠にしている[38]。さらに、性的マイノリティの権利擁護に関する活動は「外国からの資金」を受けて行われており、ロシアの文明主権を侵害する「民主主義」や「自由主義」が押し付けられているという主張が繰り返されていたことも注目に値する。正教会の指導者たちが、同性愛を問題のある「病理」として、また西側の自由主義や民主主義が押し付ける「害悪」として捉え、ロシア固有の伝統とは真っ向から対立すると考えていることはこうした研究からも明らかだ。

一方、その対極にある的価値観に基づけば、性的マイノリティは社会的に排除され、アイデンティティを隠しながら生きることを余儀なくされてきた。ポストモダンの社会批評に根差した新しいフェミニズムの登場、遺伝子研究の進展、人権意識の変化などによって、近年になってようやく、性的マイノリティの存在を尊重しようという考え方が広がりつつある。プライド・パレードに代表される一連の活動はこうした考え方を促進し、多様性に開かれた住みやすい共生社会を作ろうという動きだ。

しかしロシアの支配的考え方に従えば、西側社会では個人主義が過度に重視され、過剰な消費主義によって道徳的な退廃と腐敗が蔓延し、「倒錯した病的な性的嗜好」が尊ばれている。西側諸国で青少年の間に性的マイノリティを自認する割合が増加しているのは、抑圧されていた性自認が顕在化したからではなく、社会が「悪徳」を推進してはばからないからである。問題を抱えた社会が「異常な性愛」をもてはやすのは勝手だが、そうした価値観を周囲にまで押し付けるのはやめてくれ、というのがそのスタンスだ。

こうした考え方は、ウクライナ戦争におけるイデオロギー対立にも持ち込まれている。ロシアがウクライナに侵攻して間もない三月六日、「赦しの日曜日」と呼ばれる互いの罪を赦し合う祝日において、キリル総主教は次のような説教[39]を行った。

八年間、ドンバスに存在するものを破壊しようとする試みが行われてきました。ドンバスでは、世界の覇権を手に入れようとする人々が掲げている価値観と呼ばれるものに対する拒否反応、根本的な拒絶反応が起きています。現在、この権力への忠誠心がテストされ、その「幸せな」世界、過剰な消費の世界、見せかけの「自由」の世界への通行券のようなものが存在するのです。そのテストが何であるか知っていますか？　テストはとてもシンプルで、同時に恐ろしいものです。それはゲイ・パレードです。ゲイ・パレードを開催せよという多くの要求は、その非常に強力な世界への忠誠心を試すものです。そして、もし人々や国がこうした要求を拒否すれば、彼らはその世界の一部ではなく、その世界の異端者となることを私たちは知っています。

ウクライナ侵攻という衝撃的な出来事からほどなくして行われた、キリル総主教のこの説教は、あまりに唐突で異様に響いた。しかしこの発言は、ここに至るまでの正教会の性的マイノリティに対する考え方を集約しているのである。「世界の覇権を手に入れようとする人々」とは、ここでは西側自由民主主義陣営に代表される世界を指す。キリル総主教によれば、そうした世界に属する人間か否かの判断は、プライド・パレードに対する態度で判断される。ドンバスで戦争に巻き込まれている人々とは、「親露派」勢力と呼ばれる陣営である。彼らはプライド・パレードが公然と行われるような社会とその価値観を拒否した。一方、ウクライナ政府は西側の価値観を受け入れたため、ドンバスを破滅させようとしているのだ、とキリル総主教は説いた。

性的マイノリティへの態度は、「われわれ」と「彼ら」を分ける分水嶺となっている。キリル総主教のビジョンの中では、「ゲイ・パレード」を振りかざして見せかけだけの幸福や自由を語る「非常に強力な」「彼ら」が、その価値観を受け入れられないと訴える少数派の「われわれ」を異端者と見なし、爪弾きにしようとしている。

キリル総主教のこのビジョンは、ウクライナへの侵攻後にプーチン大統領が行ったいくつかの演説とも呼応している。二〇二二年九月三〇日、ウクライナ四州の併合を宣言する演説で、プーチン大統領はアメリカを筆頭とする西側諸国が、全世界に自らの覇権を及ぼそうとしていることを主張した。そして、それがもたらすもっともおぞましいものとして性的マイノリティの肯定を挙げたのであった。[40]

実際のところ、彼ら［西側］は何十億もの人々、人類の大半が有している、自由と公正に対する自然権、自分の未来を自分で決めるという自然権に唾を吐きかけている。今や彼らは道徳的な規範、宗教、家族をラディカルに否定し去る方向へ踏み出してしまった。［…］われわれは自分たちの国、ロシアで、ママやパパに代わって「親一号」「二号」「三号」をよもや望んだりするだろうか。そんなものはまったく狂気の沙汰ではないか。小学校の低学年のうちから、堕落と滅亡につながる倒錯を押し付けたいとよもや思うだろうか。［…］われわれはこうしたすべてを到底受け入れられない。われわれには別の、自分たちの未来がある。

同年一〇月二七日に、国際討論会「バルダイ・クラブ」でも、プーチン大統領は同様の主張を繰り返した[41]。プーチンは、西側諸国が「何十ものジェンダーを作ったり、ゲイ・パレードを行う」のは自由だが、こうした「新奇なトレンド」を他者に押し付けるべきではない、と訴えた。性的マイノリティの問題は、今や「西側」という外部から「ロシア世界」に押し付けられる価値観の代表的なものとなっており、こうした押し付けから「普通の人々」を守るために、ロシアは戦わざるを得ない。こうした主張は、キリル総主教の発言と表裏一体を成す。

二〇二二年秋には、国家議会下院で「ゲイ・プロパガンダ禁止法」の改正案が通過した。この改正では、宣伝の対象が成年か未成年であるかを問わず、「非伝統的な性的態度や嗜好（「指向」ではない――訳注）」のプロパガンダを禁止することが定められている。これは、ロシアにおける新たな人権抑圧とみなされることが多いが、問題はそれにとどまらない。この法律は、ハイブリッド戦争の一環なのである。

採択に際し、下院議員で情報委員会委員長のアレクサンドル・ヒンシュテインは、性的マイノリティについてのプロパガンダは西側がロシアに対して行っているハイブリッド戦争の一部であると主張して、イギリスのアニメ「ペッパ・ピッグ」のキャラクターのひとりが、二人の母親を持つ設定になっていることを例に挙げた[42]（資料⑨参照）。また、下院議長のヴャチェス

資料⑨ イギリスの子供向けアニメ「ペッパ・ピッグ」より、
シロクマ・ペニーの二人の母親

ラフ・ボロディンは西側で性的マイノリティに関心を持つ青少年が増加しているというデータ（ヨーロッパでは一四‐二九歳の一六％がLGBTであるという自認を持つ、メリーランド州の学校では性別を選択しない生徒が四五％に上る）を示し、ロシアでは「普通の人生を送りたいと考えている子供たち」を守る必要があると訴えた。[43]
西側は「ロシア世界」に「性的倒錯」という歪んだ価値観を押し付けようとしているのであり、ロシアは自らを守るために戦わなくてはならない。これがこの法律に込められた意味だ。正教会と政治エリートは、この点において似通った主張を繰り返し、ともに「ロシアを守って」いるのである。

ロシア正教会による経済活動とその影響力

「霊と金」は見えるようで見えない、あるいは見えないようで見える最も神秘的な組み合わせだ。宗教団体の収入は概ね信者の寄付によって賄われることになっている。ロシア正教会もその例外ではない。信者たちが聖堂で祈禱したり、領聖することは無料だ。しかし、聖堂を訪れる際には、ろうそくを購入することが一般的である。また、特別な機密（洗礼、婚配、埋葬など）や個人的な祈禱（追善、新居や車などの成聖、聖人への讃美「アカフィスト」の奉献など）を依頼する際には相応の寄付金を支払うことが「常識」となっている。日曜の祈禱の後は、信者たちはめいめいの懐具合に応じて寄付を行う（一回に払う標準的な金額についての共同体内の合意はあるが、寄付を集める皿や箱に自発的に現金を投げ入れていく仕組みになっているので、誰がいくら払ったかは分からない）。また、大抵どこの聖堂にも販売所が設けられていて、ろうそくのほかに、十字架やお守り、家庭での祈禱に用いるイコンやろうそく立て、教会が用いるカレンダー（祝日や食事制限を行うべき斎戒日の記載がある）、祈禱書や聖人伝などが販売されている。これらは正教会の最小単位である教区教会の収入となる。それぞれの教区は、その収入に応じて聖職者や聖歌隊員、掃除婦や警備人への賃金を支払ったり、聖堂の修繕や慈善活動などの教区活動を展開する。さらに主教区に対する納入金もここから支払う。

問題は、こうして得られる教区教会の収入が、果たして教会の全収入のどれくらいの割合を占めるかである。ソ連末期、一九八三年のペルミの教会収入を調査した歴史学者イリーナ・マースロヴァによれば、ろうそくの販売が四五％、典礼関連の寄付金が四一％を占めていた[44]。また、ニコライ・ミトローヒンのインタビュー調査を中心にした研究によれば、二〇〇一年時点においても、教区教会の収入の大半は同様であったことが分かっている。[45]ミトローヒンはこれらの現金収入に加えて、信者らの労働による奉仕や手作りのジャムやピクルスなどの食品寄付など、現金以外の奉献についても言及している。経済規模の観点から特に重要なのは、聖堂建設や修繕の仕事だろう。私自身、二〇一五年にチェルノブィリで調査を行った際、大工仕事が得意な司祭が自分で聖堂を建設したという話を本人から聞いた。プロの大工ではなくても、ダーチャ（日本語では「別荘」と訳される）と呼ばれる郊外の耕作地に付帯する家屋を自分たちで建てる人々は少なくないし、自宅の壁紙の張り替えや扉や窓の付け替えなどの簡単な内装工事なら自分たちで済ませることに旧ソ連の庶民は慣れていた。自分たちの手で聖堂を建設し、修繕することは、そうした作業の延長線上にあった。

しかし、これら教区教会の経済活動は信者共同体の自発的な寄付、言い換えれば健全な収入で満たされているわけではない。先述のチャプリン司祭の報告によれば、二〇一六年の教区教会の月額収入は五〇〇〇ルーブルから三〇〇〇万ルーブルの開きがある。[46]当時の為替レートは一ドル六〇ルーブル相当なので、ドル換算すればそれぞれ八三ドルから五万ドルに相当する。これはもちろん、教区民の貧富の差に由来する。そしてこれらの収入格差は、教区司祭の暮らし向きに直結する。二〇一九年にウクライナで調査を行った時、軍と関係の深いキエフ在住のある司祭は、中心街のマンションの最上階二階分を利用したメゾネットを自宅としていた。筆者は夕食に招かれたのだが、豪華な調度品が上品に並び、ふわふわのドレスを着た幼い娘さんがこれまたふわふわな子ウサギを抱く暮らしぶりにすっかり驚嘆した。その数日後に訪問した、西部ヴォルィニ州の村の司祭は、教会の横に自分たちで建てた司祭館で筆者のインタビューに応じてくれた。小さな菜園や鶏などを飼う家畜小屋もあり、日々の食糧をかなりの程度自給自足で賄っている様子がうかがわれた。信者からの食糧の寄付も、ここでは重要な意味を持つ。村落部の司祭のなかには、教会での奉仕だけでは食べていけず、タクシー・ドライバーなどで日銭を稼ぐものも多い。

結局のところ、教区教会の活動のみで教会の経済活動が回っているわけではまったくない。富裕層や組織による寄付の割合はあまりに多い。独立系メディアグループRos Business Consulting（RBC）が明らかにしたところによれば、二〇〇〇年の教会の全収入の内訳は、教区教会からの寄付はわずか五%に過ぎず、国家や企業などによる寄付が四〇%、教会の企業活動（後述）が五五%であるという[47]。

ミトローヒンによれば、経済的な観点から見たロシア正教会とは、何万という独立・半独立の代理店を束ねる巨大な企業体である[48]。教会経済は、教区教会‐主教区‐総主教庁の三層構造を持っており、上に行けば行くほど、その不透明度は増していく。教区教会の経済活動ですら、調査は極めて難しく、その経済活動は秘匿されていることが多い[49]。総主教庁の予算について極めて大まかな報告が最後にされたのは一九九七年で[50]、それ以降のロシア正教会の経済活動につ

資料⑩ 正教会の経済活動

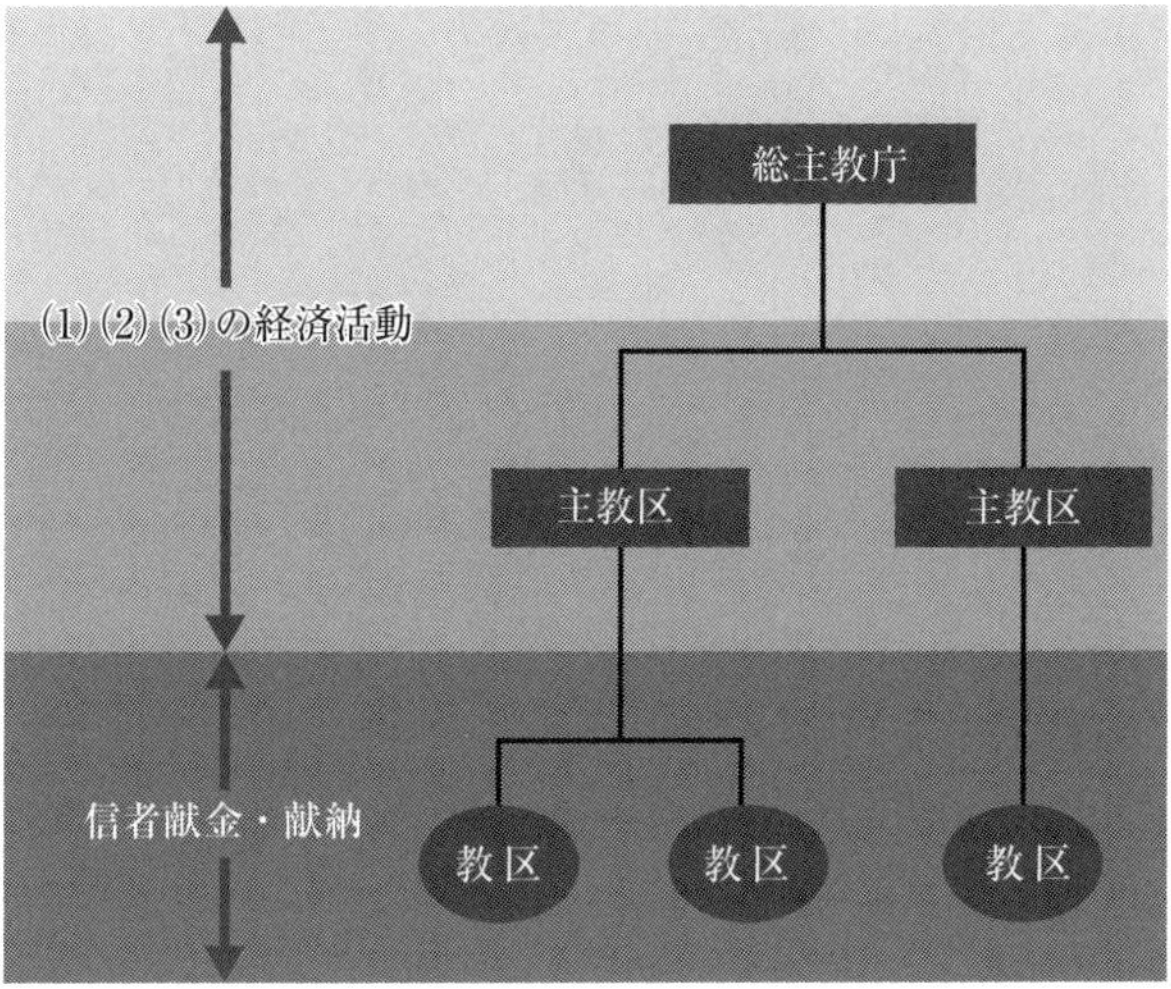

いては、研究者やジャーナリストによる個別の調査に頼るほかない。莫大な額が動く上位レベルの経済活動は、（1）正教会による経済活動、（2）国からの支援、（3）国営企業を含む大企業からの支援に分けることができる。ただし、そのどれもが国による様々な利益供与や取り計らいによって成立しているため、重なり合う部分が大きい（資料⑩参照）。
まず、（1）の正教会による経済活動であるが、宗教団体といえども、営利を追求する活動に対しては課税される。しかしこれまでのところ、ロシア正教会は課税対象となるような活動を行っていない、とされている。RBCの調査によれば、二〇一四年では正教会の非課税所得は五六億ルーブルに上る。[51]

正教会独自の経済活動として特に知られているのが、「ソフリノ工房」で、モスクワ州北東部にある同名の村を拠点としている。村には一九七二年に工房が開設され、それ以来、ろうそく、イコン、イコノスタス（聖障、イコンを掛ける壁）、十字架、宝飾品、聖職者の祭服、聖具など、教会が必要とするありとあらゆるものを制作し、販売している。二〇一七年の利益は二三億二五〇〇ルーブルに上った[52]という。このほかに、モスクワのダニーロフ修道院が運営する宿泊施設も教会に莫大な収入をもたらしている。[53]二〇〇七年のデータに依れば工房と宿泊施設から上がった収益を合わせたものが、正教会の収入の約半分に相当したという。[54]加えて、正教会はエネルギー関連の国営企業などの株主でもあり、株からも収入を得ている。現在、こうした経済活動はさらに拡大している。「正教ブランド」と呼ばれる教会で販売される食品類がその一例だ。それらのパッケージは、豊かな森の奥に湧き出る泉、熟練した修道士たちの丁寧な手仕事のイメージを伝え、安心安全で健康的と考えられがちだ。また、食べれば邪悪なものから守られるなど、呪術的な効果を期待する人々の間でも人気が高い。

続いて（2）の国家からの支援であるが、これは税制面での優遇や、不動産利用の優遇など、様々な特権という形で行われることが多い。この問題が初めて明るみに出たのが、一九九四年の「タバコ・スキャンダル」で、総主教庁が無関税で約一万トンのタバコを輸入して利益を上げていたことが暴露された。これは意図的なものではなく、「見落とし」であったと説明されていた。また九〇年代には、聖堂で使われる光熱費等公共料金が無償で提供されていたという。これも、何らかの法的取り決めに基づくものではなく、「徴収忘れ」、「見落とし」などと説明された。

昨今大きな収入源となっているものとして、不動産の運用が挙げられる。これは端的にはソ連時代に没収された聖堂や修道院およびそれに付帯する建物や敷地で、ロシア正教会は、その返還をソ連解体前から求めてきた。かつての宗教資産を宗教団体に譲渡するには様々な異論もあったが、二〇一〇年には譲渡の基本事項を定めた法律が施行された。これによって、ロシア正教会はガスプロムやロシア鉄道と並ぶ、国内屈指の不動産所有者となったのである[55]。宗教資産の用途には教会の社会活動も含まれ、実質的にはかなり自由な土地の運用が行われているとの指摘もある。また教会が返還を求める不動産には、史跡・文化財としての価値が認められたものも含められ、そうしたものについては土地の所有権ではなく、利用権が無償で正教会に譲渡されることになっている。これは正教会にとってはむしろ有利なやり方だ。というのも所有権が国家にある場合、建物の修繕・維持のために国家予算を利用することが可能だからだ。二〇〇八年から二〇一〇年では、宗教文化財の保護のために少なくとも毎年二〇億ルーブルの国家予算が投入されていた[56]が、RBCによれば二〇一二年以降（報道が行われた二〇一六年までに）、その額の合計は一〇八億ルーブルに上ったという[57]。

最後に（3）企業体による支援について、明らかになっている範囲で見ておきたい。企業体からの寄付は、第一に、聖堂建設という形で現れる。一九九〇年以降、聖堂の新築や修復のほとんど全ては、正教会が自ら予算を組むのではなく、国家あるいは企業の資金提供によって賄われている。聖堂建設のための寄付は減税対象となるうえ、正教会指導層との関係づくりのためにも必要であるため、新しい聖堂は続々と建設される。

加えて、正教会を経済的のみならず思想的にも支援するメセナの存在がある。「ロシア正教徒メセナクラブ（Rossiiskii klub pravoslavnykh metsenatov）」が結成されたのは二〇〇三年で、クローズドなクラブ（会員の紹介によってしか入会できない）である。[58]その目標は、「正教文明圏の起業家たちの力を結集し、国際的な社会的、文化的・教育的プログラムを実行することと」とされており、正教会との連携のもとに活動が展開される。具体的には、聖堂建設、芸術振興、孤児支援、国内外での巡礼促進、軍との連携のほか、正教テレビチャンネル「ソユーズ」と協力したプログラムを策定し、情報発信を支援している。[59]二〇〇五年には、保守派の企業家たちによる「ロシアン・アントレプレナー基金」の主導により、約七〇名が執筆に携わった『ロシアのドクトリン』なる著作が発表された。[60]これは、大国としてよみがえったロシアが歩むべき道筋を示した著作で、外交政策や安全保障問題から社会福祉、教育、公衆衛生システムなど社会の多様な領域についての具体的解決策を提示している。保守的な企業家たちは正教に基づいた大国主義と愛国主義を訴え、キリル総主教をはじめとする正教会指導層と濃密な関係を築いている。[61]前出のラリュエルは、正教会に傾倒し、政治的指導者たちの歓心を買うため、あるいは資金洗浄のために積極的な慈善活動や献金を行う個人企業家を「正教ビジネスマン」

と呼び、ロシア政治と正教を結び付ける重要な役割を彼らが果たしていると指摘する。[62]
正教ビジネスマンのなかでもとりわけ有名なのが、ウラジーミル・ヤクーニン（一九四八年生まれ）とコンスタンチン・マロフェーエフ（一九七四年生まれ）である。ヤクーニンは二〇〇三年から二〇一五年までロシア鉄道の社長を務め、ロードス島での国際フォーラム「文明間の対話」を主導してきた。一方、マロフェーエフはマーシャル・キャピタル・パートナーズという投資ファンドを立ち上げ、そこからインターネット・テレビ通信「ツァリグラド」（コンスタンティノープルを指すロシアの古語）グループを創始した。
ヤクーニンはビジネスマンであるが、同時にロシア運輸省副大臣を務めたり、外交官として活躍したりと、公人としての顔も持っている。ヤクーニンがロシア鉄道の社長を務めていた時代、ロシア鉄道は著しく変化した。二〇〇〇年代の初めはソ連時代に作られた古い車両が多く、車内は暗くじめじめして、極めつけにトイレの水洗は車両の外へ放出するタイプだった（そのため、トイレが使用可能なのは、森や平原など、人家がない場所を走っている間のみ）。それが次第に最新設備を備えた車両や高速列車が導入され、車内で提供されるサービスの質や種類も改善した（ただ、サービスを提供する中の人はあまり変わらない印象が強かった）。モスクワと国内外の都市を結ぶ鉄道駅の駅舎も、かつてはホームレスがたむろする暗くて危険な場所であったが、改築や修繕が行われた。その際、駅舎の中に礼拝堂が目立って増えた。アレクシー二世総主教と運輸大臣の間で、モスクワのすべての鉄道駅に礼拝堂を設けるという約束が交わされたのだという。[63] 現在、モスクワにある八つの主要鉄道駅には礼拝堂が設けられている。[64]
ヤクーニンは総主教庁と大統領府をつなぐ仲介者として、さらに「文明外交」を通じて「ロシア世界」を国際的に宣伝する正教ビジネスマンとして重要な役割を果たしてきた。ヤクーニンはロシア最大の宗教系財団といわれる「聖アンドレイ財団」の理事長でもある。この財団では、歴史的遺産の保護と伝統の継承、伝統的家族の保護と育成、相互扶助などを目指す複数のプロジェクトが運営されている（二〇二二年一一月現在で一六のプロジェクトを実行中）。[65] それぞれのプロジェクトが「ロシア世界」の価値観に沿った社会支援や人材育成、文化政策を展開するためのものであり、その実現のために、経済界、政界、正教会指導者が緊密に連携するためのプラットフォームを提供している。
もう一つ、ヤクーニンが極めて重要な役割を果たしているのが、毎年ロードス島で行われる国際フォーラム「文明の対話」である。これは二〇〇一年にユネスコ総会で採択された決議「文化的多様性に関する世界宣言」を受けて、ロシア、インド、ギリシアの代表者によって、二〇〇二年に開始された。この時以降、現在に至るまでロシア代表を務めているのがヤクーニンである。二〇一六年以降、このフォーラムは「文明の対話」研究所（“Dialogue of Civilizations” Research Institute）に改編され、年に一回の国際会議を開催している。参加するのは政策決定者や企業家、各種専門家や宗教指導者である。ヤクーニン自身の言葉によれば、このフォーラムは「文明の衝突」や「歴史の終わり」として概念化された、ソ連解体後の国際状況に対応するものとして考え出された[66]。フランシス・フクヤマが打ち出した「歴史の終わり」とは、ソ連解体に伴う社会主義陣営の崩壊後、民主主義体制が政治的イデオロギーとして永続するというものである。「文明の衝突」論と合わせれば、世界には複数の文明世界とそれを特徴付ける政治イデオロギーが存在するが、それらの対立と止揚の果てに、民主主義という唯一の政治体制が世界を覆う。「文明の対話」は、そうした理解に対抗するために（実際にはこうした概念を前提としているので、これを「対抗」と呼べるのかは疑問であるが）、異なる文明が異なるままに対話を続けることを理想とした。このフォーラムは、オルタナティヴな文明としての「ロシア世界」について発信し、国際社会に位置付けるものとして、ロシア政府にとっても正教会にとっても不可欠である。

ヤクーニンに比べると若手のマロフェーエフは、モスクワ大学在学中の一九九〇年代半ばに正教に関心を持ち、教会に通うようになった[67]。二〇〇七年に「聖ワシリー財団」を立ち上げ、神学校の支援や、母性保護（中絶撲滅プログラム）などを展開している。その支援対象には在外ロシア正教会の精神的中心地であるニューヨーク州ジョーダンヴィルにある修道院付き神学校も含まれる。筆者は二〇一五年にこの修道院で調査を行った。一八世紀の生活をいまだに維持するアーミッシュらが近くに住む、大自然の中の修道院である。創建は一九四八年と古くはないのだが、亡命ロシア人が維持してきた革命以前の伝統を今なお大切に保ち、まるで一九世紀のロシアにタイムスリップしたかのような雰囲気に包まれた場所であった。現在はロシア人のみならず、セルビア、ルーマニア、そしてアメリカにルーツを持つ人々が暮らしている。巡礼から宿泊費は取らないということで、無償で宿泊させてくれたうえ、三度の食事まで修道院の共同食堂で提供された（歩いて行ける距離には店や飲食店がないので、選択肢はない）。マロフェーエフの寄付は回りまわって、私の胃の中にも納まったかもしれない。

二〇一七年からは、ロシア各地に支部を持つ歴史協会「双頭の鷲」の会長を務めている。「双頭の鷲」はビザンツ帝国からロシアが受け継いだ国章であり、帝政期に対する強いノスタルジーを呼び起こすシンボルでもある。マロフェーエフ自身も現代ロシアにおける君主主義サークルの中心的人物である。

以上で検討した問題群のほかにも、「ロシア世界」の価値観を拡散する仕組みは過剰なまでにロシア社会を覆っている。正教会の存在は、伝統的な家族像、愛国主義を涵養する歴史観、共同体への献身など、その時のアジェンダに応じて姿を変える保守的な価値観に、「ロシアらしさ」という東スラヴの民族性、歴史性、そして神聖性を付与する。「ロシア世界」文明とは、正教会、政界、経済界が一体となって推進する現代ロシアの一大プロジェクトなのである。

五．「ロシア世界」は誰に住みよいか——不条理に対する勝利と永遠の記憶

ここまで、「ロシア独自の文明観」なる「ロシア世界」が正教会との関係から、どのような

構造を持っているのかを論じた。ただし、その内実として、「ロシア世界」がどのような価値観を打ち出しているのかを考えようとする時、それはいささかあいまいである。

例えば、その要素の一つである「君主主義」を取り上げてみても、その内実についての議論は分かれる。イヴァン雷帝やスターリンのような専制体制を賛美するグループがあり、ニコライ二世に代表されるような、君主の神聖性を理想とする人々がいる。他方で、君主主義の復活を現実のアジェンダに掲げるごく少数のグループもある。このように具体的なレベルでは多様な議論を内包する保守的な価値観を抱合しているのが「ロシア世界」の文明観だ。

二〇〇七年、正教会スポークスマンのチャプリン司祭は、「正教文明」を「教会、民衆そして権力の一体化というソボールの理想」であると語った。「ソボールの理想（sobornost'）」とは、一九世紀の思想家アレクセイ・ホミャコフが定式化した思想で、自由意志と兄弟愛に基づく人々の魂の一体化を指す。[68]視覚的には、多種多様な人々が聖なる大聖堂（sobor）で一堂に会し、同じ祈りを捧げる図である。個々人はそれぞれの自由意志を持ち独立した存在であるが、交わりにおいて一つであることを意味し、ニケア・コンスタンティノープル信条（simbol very）にある「また信ず、一つの聖なるおおやけなる使徒の教会を（Vo Ediny Sviatuiu, Sobornuiu i Apostol'skuiu Tserkov'）」に対応している。チャプリン司祭はこうした正教の理想を西洋型民主主義と対極的なものであると位置付けたうえで「宗教的多様性、複数政党制、権力分立、競争、行政対立など、現在の政治体制が誇るものは全て、魂の不健全さの症状である。

多元的な民主主義の存在そのものが、罪の直接的な結果にほかならない」と訴えた[69]。正教会と政治の関係を研究するジョン・アンダーソンは、正教会の指導者たちが、「人類の普遍的価値」とは西欧のリベラルな価値観の押し付けであると考えており、伝統的な価値を否定する何でもありの自由主義からロシアを守る必要性を訴えていることを指摘している[70]。

ところで、こうした思想や価値観には、どのような魅力があるのだろうか？　ロシアでは、リベラル層を中心にこうした価値観に対するプロテストが存在する。二〇一二年に、プーチン政権と正教会の癒着や、彼らが打ち出す封建的女性像を批判する若い女性たちが「プッシー・ライオット」を名乗り、ロシア正教会の中心である救世主ハリストス聖堂において、ゲリラ的パフォーマンスを行ったことは、その最たる例だ。彼女たちを擁護した人々にはロシアのリベラルな知識人や活動家らも含まれたが、「西側」のメディアや、アムネスティ・インターナショナルなどの国際機関がそれ以上に重要な役割を果たした。このことは、「ロシア世界」と対峙する「西側」という図式を一層強化した。ロシア国内では、この件に関して逮捕されたマリア・アリョーヒナ（一九八八年生まれ）、ナジェージダ・トロコンニコワ（一九八九年生まれ）が「宗教的敵意に基づくフーリガン行為」の有罪判決を受けた。

二〇二二年のウクライナに対する軍事侵攻にしても、これに対して反戦のメッセージを公然と掲げた市民は、結局のところ少数にとどまった。「ロシア世界」の価値観は、多様性や民主主義に対するアンチテーゼや自由に対する抑圧である以上に、何らかの積極的な意味付けを持ちうるのだろうか。このことに関して、「死に対する勝利」という主題を中心に、聖人崇敬や歴史の記憶といった側面から考察したい。

東方正教において、もっとも重要な祝日は降誕祭（クリスマス）ではなく、復活祭である。聖書の中で描かれるハリストス（キリスト）の死は、不条理である。ハリストス自身が十字架上で「神よ、どうして私を見捨てられたのですか」と大声で叫ぶ姿が描かれている。しかし、ハリストスはこの不条理の死を甘受し、その三日後に復活して弟子たちの前に姿を現した。ハリストスは不条理を自身の身に引き受けることによって、復活の奇跡を遂げた。この死に対する「勝利」こそが、東方正教が重視する出来事であり、復活祭では「死をもって死を踏み破りしハリストス」が記憶される。人間はハリストス再臨の時、最後の審判を経て復活し、神のそば近くで永遠の生を得ると信じられてきた。

キリスト教における人間の生と死は不条理に満ちており、仏教思想である因果応報とは異なる理解を示す。そのことを旧約聖書の中のよく知られた一節である「ヨブ記」が雄弁に物語っている。義人として名高く、健康にも家族にも財産にも恵まれた生活を送っていたヨブは、全てを突如喪失するという不幸に見舞われる。なぜ神はこのような罰をヨブに与えたのだろうといぶかる友人たちが「本当は何か罪を隠しているのではないか」と問うと、ヨブはそれを否定する（資料⑪参照）。与えられた罰に相当する罪を認めないなら、人はそのような罰を下した全能の神を否定するしかない。ヨブは自分の罪を認めず、同時に神を否定することもできず、資料⑪「ヨブと彼の友」

イリヤ・レービン画「ヨブと彼の友」／ロシア美術館蔵

神に「なぜ」と問い続けたが、問いに対する答えは神から与えられなかった。ヨブの前に現れた神は、神の業は人には理解できないことを伝える。ヨブは神の言葉を聞き入れ、神は新たな恵みをヨブに与えるのである。

ところで、不条理の甘受の先にある栄光という構図は、ロシア最初の聖人にまつわる聖者伝でも繰り返されている。ビザンツ帝国から東方正教を受容した後のルーシでは、キーウ大公位をめぐる権力争いが繰り広げられた。異母兄スヴャトポルクに命を狙われたボリスとグレプの兄弟は、内紛を避けるため軍事的抵抗を企てなかった。彼らは決して喜んでその死を受け入れたのではない。必死の助命にもかかわらず、政治的陰謀により殺されたのである。年代記はグレプの言葉を次のように伝えている。[71]

私の若さをかわいそうだと思ってください。情けをかけてください。（中略）命幼き私を殺さないでください。いまだ熟さない穂を刈りとらないでください。まだ母の乳にぬれたままの私を。

殺された兄弟はまもなく、ハリストスのまねびにおいて死を受け入れた者、受難者として列聖された。
不条理の死を超えて、永遠の生に慰めを見出すという思想は、この後のルーシの伝統に深く根付いていったように見える。キーウ府主教座が北東ルーシの都市ウラジーミルに遷った後、アンドレイ・ルブリョフ（一三六〇頃‐一四三〇年）というイコン画家が現れた。現在にまで伝わる彼の作品の一つに、『最後の審判』（一四〇八年）のフレスコ画がある。当時の『最後の審判』は死後の世界を人々の罪に応じて描き分ける構図が一般的で、地獄の劫火で人々を震え上がらせ、罪を犯さないように説くことが目的とされていた。しかし、戦乱と疫病が蔓延する不条理な時代に、ルブリョフが描いたのは、聖人や義人たちの死後の世界であった。神のそば近くで永遠の生を約束された彼らは、一様に穏やかな表情をしている。[72]
さらに、一四世紀から一六世紀のロシアでは、「聖痴愚（holy fools）」と呼ばれるタイプの聖人が多く輩出された。彼らは、家族、財産、名誉など、一般的な人間がこの世の生に望む全てのものを放棄する。それは自らの肉体や理性にもおよび、時に自ら肉体を損ない（苦行として枷をつけたり、衣類を身に纏わない）、痴愚を装う。彼らは全てを神に委ね、この世においては全てを隣人（共同体）に与える存在なのである。
聖痴愚崇敬の伝統は、中世ロシアだけのものではない。現在のロシアにおいて、絶大な人気を誇る聖人の一人であるモスクワの聖マトローナ（一八八〇年代‐一九五二年）もまた聖痴愚である。マトローナの人生はテレビ・ドラマや映画でも取り上げられ、彼女のゆかりの地は常に巡礼の長い行列が取り巻いている。農民の娘で生まれつき盲目だったマトローナは、神の恩寵に包まれていた。史実ではないが、スターリンに助言を与えてモスクワを救ったとも信じられている。彼女は死に際して、次のような遺言を残したといわれている。

私のお墓にいらっしゃい。私はいつでもそこにいるし、生きている時と同じようにあなたたちを助け、あなたたちのために祈ろう。悲しいことみんな、私にすっかり打ち明けてしまいなさいな。私はあなたたちをちゃんと見ているし、聞いていますよ。

マトローナの生は神に捧げられていたからこそ、その魂は死後も共同体に開かれ、人々の願いを神にとりなしてくれる存在と信じられているのである。

不条理の死を受け入れ、死後もロシアの人々を守り続けているのは、聖痴愚のみではない。皇帝もまた、命を捧げる。ロマノフ朝最後の皇帝ニコライ二世は、一九一八年七月、ボリシェヴィキによって家族や従者とともに銃殺された。ニコライ二世の死は、まず亡命ロシア人によってキリストになぞらえられた。亡命司祭ミハイル・ポーリスキーが一九四九年に出版した『ロシアの新致命者』には次のように書かれている。

昨日までは数々の都で無数の「ホサナ！」の歓声に迎え入れられたのに、今は「磔刑だ！」の声が響く。皇帝が自らのご意思で権力を委ねられた臨時政府は群衆に恐れをなし、皇帝を守らなかった。ユダが裏切り、ピラトが責任を逃れ、刑吏が磔にしたのだ。

亡命ロシア人たちは皇帝一家をはじめとする革命の政治的犠牲者のため聖ヨブ教会をブリュッセルに建設した。亡命教会の首座主教アナスタシー（グリバノフスキー）府主教（一八七三―一九六四年）もまた、この教会で皇帝の死をキリスト磔刑のシーンに重ねている。

神の怒りがロシアの大地の上に轟き渡った時［…］主はロシアの最高指導者、第一の息子としての君主が犠牲となることを求めた。［…］皇帝は恐れることなく自らのゴルゴタの丘に上り、神の意思に恭順を示して受難の死を味わった。

このようなニコライ二世の神聖視は、ソ連解体後のロシアにも浸透し、今も圧倒的な影響力を持っている[73]。現在のニコライ二世崇敬はマトローナと並ぶ勢いだ。例えば皇太子時代のニコライ二世とバレリーナの恋愛を描いた映画『マチルダ　禁断の恋』(二〇一七年)は、ロシア中でボイコットを巻き起こした。聖人の恋愛と性を描くなど、信者の感情を害するものだと訴えるデモや映画館襲撃も頻発した。ニコライ二世はロシアの民の罪をあがなうために銃殺され、死後はロシアの守護聖人として祖国を守り続けている、というのが現在のニコライ二世崇敬の根底にある考え方だ。

このようにロシアでは、不条理の死を甘受した聖人たちを崇敬する宗教文化が脈々と受け継がれている。これらの聖人に共通するのは、徹底的な自己卑下であり、共同体に対する献身である。不条理の死に「勝利」すること、それは「ソボールの理想」という共同性の中で永遠の生に至ることに他ならない。共同体の記憶の中で、不条理の死はキリストの死へと、苦難は勝利へと読み替えられる。

二〇世紀のロシアは、革命、内戦、飢饉、テロル、戦争と無数の不条理の死を経験した。不条理の死を迫られた人々にとって大きな苦悩であったことの一つは、その死が誰にも記憶されないということであった。スターリンの強制収容所を経験したポーランドの作家グスタフ・ヘーリングは次のように回想している。

収容所での死には別の悲惨さがあった。無名の死なのだ。死者がどこに埋葬されたのか、そもそも囚人の死後に何らかの死亡証明書が書かれたのか、それさえさっぱりわからない。［中略］彼らの死は誰にも伝えられないだろうし、どこに葬られたのかも誰にもわからないに違いない。この思いは囚人の最大の心理的苦悩のひとつだった……[74]

一九四一年九月から四四年一月まで、包囲戦下のレニングラードで市民のためのラジオ放送を続けた詩人オリガ・ベルゴーリツ（一九一〇‐七五年）は、犠牲者のために次のような詩を残している。

ここにレニングラード市民が眠る
男性、女性、子ども達が眠る
そして隣に赤軍の兵士が眠る
自らの生命をかけて
革命の揺籃の地
レニングラードを守ってくれた彼らが
貴き彼らの名前をここに書き記すことはできない

花崗岩の石碑の下で永遠に守られる彼らは
あまりにも多いから
しかし、この墓碑を見つめる人に告げる
誰人も忘れ去られはしない
そして 何事も忘れ去られはしない

革命、内戦、餓死、大粛清、大祖国戦争、強制移住。大量死を経験した二〇世紀を、プーチンのロシアは忘れない。それは過去を問い、批判するための記憶ではなく、赦し和解するための記憶でもある。二〇一一年には「全体主義体制の犠牲者の記憶の永続化と国民の和解」という国家プログラムが策定された。[75] これを受けて、モスクワには高さ六メートル、長さ三五メートルの「悲嘆の壁」というモニュメントが設置された。十月革命から一〇〇年となる二〇一七年に除幕されたこの記念碑には「記憶せよ（pomni）」と記されている。

不条理の死を遂げた全体主義体制の犠牲者たちは、あまりにも多様で、その死を意味付けることは困難である。赤軍創設者レフ・トロツキー、大テロルの指揮をとったゲンリフ・ヤーゴダ、ニコライ・エジョフなど、昨日まで加害者として人々を死に追いやる側にいた人間が、テロルの犠牲者になった場合も多い。一時は権力を握り加害の側に立った、党や赤軍の指導者、古参ボリシェヴィキ、労働者たちも、「敵」として告発され、処刑された。被害者となった帝政期の支配階級（貴族、将校、聖職者など）、知識人、農民らは、民族的帰属や宗教的帰属のいかんを問わず処刑・流刑の対象となった。もちろん、ポーランド人、バルト・ドイツ人、カルムィク人、高麗人など、「敵性民族」というレッテルを貼られて、強制移住や処刑・流刑の対象となった人々も無数にいる。加害と犠牲の両方の遺産を継承するロシアでは、両者を厳密に弁別し、加害者を糾弾することは、社会を分断する危険をはらむものなのだ。必要なのは、赦しと和解なのである。こうして、全体主義体制が生んだ犠牲者は、意味付けられないままに「不条理の死」として記憶され続ける。そうした感覚は、被害者としての立場を強調する、ソ連解体後のバルト三国やウクライナの記憶のあり方とは対照的である。

その一方で、大祖国戦争の記憶は、不条理の死や大量の犠牲の上に「われわれは勝利した」という正義の喜びとして、現代のロシアに引き継がれている。二〇一二年にシベリアのトムスクで、大祖国戦争の犠牲となった近親者の写真を掲げて市内を行進する「不死の連隊」というデモンストレーションが始まった。これは瞬く間にロシア全土に広がり、毎年五月九日に数多くの都市で実施されている。もともとこのイベントは、戦死者の記憶を永続化し、その犠牲を悼むことを目的としていたといわれる。しかし現在では、ファシズム＝ナチス・ドイツという絶対悪に勝利した正義の赤軍兵に自らを重ね合わせるお祭り騒ぎと化しつつあることが指摘されている。[76]二〇二二年二月に、ウクライナの「ナチス」を掃討するために始めた戦争を歓迎したロシアの人々は、勝利する正義の赤軍兵に身を重ねていたように思われてならない。そこでは不条理の死は曖昧にぼかされ、「ロシア世界」という共同体を守るための献身が称揚される。献身の果てに死ねば、「ロシア世界」の共同体がその死を記憶してくれ、ロシア正教会をはじめとする伝統宗教がその先の永遠の生を約束してくれる。

　しかし、不条理が徴兵という極めて具体的な形を取って日常に迫った時、多くの人々が「共同体への献身」を放棄して、「個人主義的」に逃亡を図ったこともまた事実だ。「ロシア世界」の共同体主義は、宗教文化としてロシアに根付いてきたものであり、現代の記憶の政治にも影響をおよぼしている。しかし、「ロシア世界」の理念が、共同体への献身を他の誰かではなく、まさにこの我が身に求める時、理念などかなぐり捨てて、生き延びる道を探すのが「ふつう」の人間の反応だ。ウクライナへの軍事侵攻によって、「ロシア世界」の理念や文明観は、「ふつう」の人間としてロシアに生きる人々が担うことのできる規範ではなく、大国ロシアを夢見る支配エリートの理想でしかなかったことが露呈されている。

1 Выступление Святейшего Патриарха Кирилла на торжественном открытии Ассамблеи Русского Мира// Официальный сайт Московского Патриархата. http://www.patriarchia.ru/ua/db/text/1209822.html（二〇二二年一一月二日最終閲覧）。
2 Mikhail Suslov, "Holy Rus: The Geopolitical Imagination in the Contemporary Russian Orthodox Church," *Russian*

Politics and Law 52: 3 (2014), p. 69.
3　Christopher Marsh, "Eastern Orthodoxy and the Fusion of National and Spiritual Security," in Seiple, Hoover Otis eds., *The Routledge Handbook of Religion and Security* (London and New York: Routledge, 2012), pp. 22-32.
4　Указ Президента Российской Федерации от 02. 07. 2021 г. No.400. О стратегии национальной безопасности Российской Федерации// Президент России. http://www.kremlin.ru/acts/bank/47046/page/2　（二〇二三年三月六日最終閲覧）。
5　Daniel Payne, "Spiritual Security, the Russkiy Mir, and the Russian Orthodox Church," in Hug ed., *Traditional Religion and Political Power: Examining the Role of the Church in Georgia, Armenia, Ukraine and Moldova* (London: The Foreign Policy Center, 2015), pp. 66-67.
6　マルレーヌ・ラリュエル（浜由樹子訳）『ファシズムとロシア』東京堂出版、二〇二二年、一八三頁。
7　サミュエル・ハンチントン（鈴木主税訳）『文明の衝突』集英社、一九九八年、五四‐五五頁。
8　Pantelis Karaitzids, "Church and State in the Orthodox World: From the Byzantine "Symphonia" and Nationalized Orthodoxy, to the Need of Witnessing the Word of God in a Pluralistic Society," in Emanuela Fogliadini ed., *Religioni, Liberta, Potere* (Vita e Pensiero: Milano, 2014), pp. 39-74.
9　現行のロシア宗教法の細則について、日本語で読めるものとして以下を参照。井上まどか「現代ロシア連邦における政治と宗教――宗教関連の法制化を中心に」島薗進、鶴岡賀雄編『〈宗教〉再考』ぺりかん社、二〇〇三年、三〇九‐三二七頁。
10　一九世紀末には、世界のユダヤ人人口の約半数がロシア帝国に居住していたことが知られている。鶴見太郎『イスラエルの起源――ロシア・ユダヤ人が作った国』講談社選書メチエ、二〇二〇年、四頁。

11 Alicja Curanović, "Guided by a 'symphony of views' The Russian Orthodox Church's role in building Russia's symbolic capital," in Tobias Köllner ed., *Orthodox Religion and Politics in Contemporary Eastern Europe* (London and New York: Routledge, 2019), p. 197.
12 Vyacheslav Karpov, Elena Lisovskaya, Daivd Barry, "Ethnodoxy: How Popular Ideologies Fuse Religious and Ethnic Identities," in *Journal for the Scientific Study of Religion* 51: 4 (2012), p. 639.
13 Pew Research Center, *Orthodox Christianity in the 21st Century*, 8 Nov. 2017. p. 10.
14 Alicja Curanović, The *Religious Factor in Russia's Foreign Policy* (Routledge, 2012), p. 64.
15 Karpov, Lisovskaya, Barry, "Ethnodoxy," p. 640.
16 高橋沙奈美「レニングラードの福者クセーニヤ——社会主義体制下の聖人崇敬」『宗教研究』第九一巻三号（二〇一七年）、二五・四八頁。
17 Dmitry Adamsky, *Russian Nuclear Orthodoxy* (Stanford University Press, 2019), p. 92.
18 John Anderson, Putin and the Russian Orthodox Church: Asymmetric Symphonia?// *Journal of International Affairs* 61: 1 (2007), p. 187; Adamsky, *Russian Nuclear Orthodoxy*, pp. 87-100.
19 二〇一五年から常設となった、古代から現代までのロシア史を、マルチメディアを駆使して紹介する歴史テーマパーク。タッチスクリーン、歴史ゲーム、３Ｄ映像など、インタラクティヴに歴史を学ぶことができる。二〇二三年現在、ロシア二四都市に展開されている。
20 Irina Papkova, *The Orthodox Church and Russian Politics* (New York: Oxford University Press, 2009), pp. 120-134.
21 *Архимандрит Тихон (Шевкунов)*. «Несвятые святые» и другие рассказы. Москва, 2011. С. 481-518.
22 *Митрофанова А.В.* Духовно-нравственные ценности как гражданская религия современной России// Век

глобализации. No.1. 2019. C. 97, 102.
23 ラリュエル『ファシズムとロシア』一六五頁。
24 Papkova, *The Orthodox Church and Russian Politics*, p. 29.
25 タラル・アサド（中村圭志訳）『世俗の形成――キリスト教、イスラム、近代』みすず書房、二〇〇〇年。
26 *Овсиенко* Ф. Г. Политизация конфессий и клерикализация политики: Тенденции развития и риски в российском обществе// Религиоведение. 2002. No. 2. C. 190.
27 ロシアにおける宗教教育の具体的な内容については、以下を参照。井上まどか、木之下健一「ロシアにおける宗教教育の導入と今後の課題」ロシア・ソビエト教育研究会編『現代ロシアの教育改革』東信堂、二〇二一年、一三四‐一五三頁。
28 ロシア正教会による公立学校における宗教教育導入のための運動について、以下を参照。ニコライ・シャブーロフ（津久井定雄訳）「今日のロシア正教会と国家」津久井定雄、有宗昌子編『ロシア　祈りの大地』大阪大学出版会、二〇〇八年、三二‐三六頁。 Irina Papkova, "Contentious Conversation: Framing the 'Fundamentals of Orthodox Culture' in Russia," *Religion, State and Society* 27: 3 (2009), pp. 291-309; *Митрохин Н.* Клерикализация образования и реакция современного российского общества// Сова, 29 октября 2004 г. https://www.sova-center.ru/religion/publications/secularism-limits/2004/10/d2840/（二〇二二年一二月二二日最終閲覧）。
29 Adamsky, *Russian Nuclear Orthodoxy*, p. 87.
30 二〇二〇年に東京新聞がスミルノフ神父に対して行ったインタビュー。Интервью японской газете «Токио симбун» 07 мая 2020 г. https://www.youtube.com/watch?v=z-zuw2fCprg（二〇二三年三月八日最終閲覧）。
31 *Кон И.С.* Любовь небесного цвета: Научно-исторический взгляд на однополую любовь. СПб.: Продолжение

жизни. 2001.
32 Igor' Kon, "Homophobia as a Litmus Test of Russian Democracy," *Sociological Research* 48: 2 (2009), p. 55.
33 John Anderson, *Conservative Christian Politics in Russia and the United States* (Routledge, 2019), p. 143.
34 日本語でこの法律について詳細に紹介したものとして以下を参照。五十嵐徳子「ロシアの同性愛をめぐる状況とジェンダー」『現代思想』四三巻一六号（二〇一五年）、一八五 - 一九一頁。
35 Епископ Даниил поддержал запрет на пропаганду гомосексуализма среди детей// Архангельская епархия, 9 сентября 2011 г. http://arh-eparhia.ru/news/390/17396/?sphrase_id=1567（二〇二二年一二月二二日最終閲覧）。
36 Протоиерей Всеволод Чаплин о несостоявшемся гей-параде и праздновании Дня Победы// Правмир, 23 мая 2011 г. https://www.pravmir.ru/protoierej-vsevolod-chaplin-o-nesostoyavshemsya-gej-parade-i-prazdnovanii-dnya-pobedy/（二〇二二年一二月二二日最終閲覧）。
37 Межрелигиозный совет России выступил против проведения акций, заведомо оскорбляющих нравственные чувства большинства граждан страны // Официальный сайт Московского Патриархата. http://www.patriarchia.ru/db/text/1452177.html（二〇二二年一二月二二日最終閲覧）。
38 Hill, Caroline. "Framing "Gay Propaganda": Morality Policy Arguments and the Russian Orthodox Church," in Suslov and Uzlaner eds., *Contemporary Russian Conservatism* (Brill, 2019), pp. 379-397.
39 Патриаршая проповедь в Неделю Сыропустную после Литургии в Храме Христа Спасителя. 6 марта 2022 г. // Официальный сайт Московского Патриархата. http://www.patriarchia.ru/db/text/5906442.html（二〇二二年一二月二二日最終閲覧）。
40 Подписание договоров о принятии ДНР, ЛНР, Запорожской и Херсонской областей в состав России//

Президент России, 30 сентября 2022 г. http://kremlin.ru/events/president/news/69465（二〇二三年一二月二二日最終閲覧）。
41 Jonathan Luxmoore, Russian Orthodox Church backs anti-LGBT legislation, *Church Times*, 04 Nov. 2022. https://www.churchtimes.co.uk/articles/2022/4-november/news/world/russian-orthodox-church-backs-anti-lgbt-legislation（二〇二三年三月七日最終閲覧）；Путин порассуждал о «десятках гендеров и гей-парадах»// Lenta. ru. 27 октября 2022 г. https://lenta.ru/news/2022/10/27/putinnnnn/（2023年3月7日最終閲覧）。
42 Russia to ban sharing LGBT 'propaganda' with adults as well as children, BBC News, 27 Oct. 2022. https://www.bbc.com/news/world-europe-63410127（二〇二三年一二月二二日最終閲覧）。
43 Приняты законопроекты о защите традиционных ценностей// Государственная Дума. 27. октября 2022 г. http://duma.gov.ru/news/55609/（二〇二三年一二月二二日最終閲覧）。
44 *Маслова И. А.* Финансово-хозяйственная деятельность Русской православной церкви на Среднем Урале в 1944-1988 гг. // Дисс. … канд. ист. н. -Екатеринбург, 2014. С. 205
45 *Митрохин* Н. А. Экономика Русской Православной Церкви // Отечественные записки. No.1 (1). 2001. https://strana-oz.ru/2001/1/ekonomika-russkoy-pravoslavnoy-cerkvi（二〇二三年一二月二二日最終閲覧）。
46 *Рейтер* С., *Напалкова* А., *Голунов* И. *Расследование* РБК: на что живет церковь. https://www.rbc.ru/investigation/society/24/02/2016/56c84fd49a7947ecbff1473d（二〇二三年一二月二二日最終閲覧）。
47 *Рейтер*, *Напалкова*., *Голунов*. Расследование РБК.
48 *Митрохин* Н. Русская православная церковь: современное состояние и актуальные проблемы. Москва, 2004. С. 121.

49 一九九八年から二〇〇〇年にかけて、イワノヴォ、コストロマ、ヤロスラヴリにおいて教区教会の経済活動を聞き取り調査しようとしたエデリシュテインが、その調査の難しさについて述べている。Эдельштейн М. Церковная экономика Центральной России: приход, монастырь, епархия// Экономическая деятельность Русской Православной Церкви в и ее теневая составляющая/Отв. Ред. Л.М. Тимофеев. Москва, 2000. http://corruption.rsuh.ru/books/5-7281-0453-3.shtml#1（二〇二二年一二月二二日最終閲覧）。
50 *Митрохин Н.* Русская Православная Церковь как субъект экономической деятельности// Экономическая деятельность Русской Православной Церкви в и ее теневая составляющая.
51 *Рейтер, Напалкова., Голунов. Расследование* РБК. 二〇一四年の年間平均為替レートは、一ドル当たり三八・四七ルーブル。
52 Софрино (Церковная утварь)// Tadviser. Государство. Бизнес. Технологии. https://www.tadviser.ru/index.php/Компания:Софрино_(церковная_утварь)（二〇二二年一二月二二日最終閲覧）。二〇一七年の年間平均為替レートは、一ドル当たり五八・三五ルーブル。
53 ダニーロフ修道院が運営するホテルに限ったことではないが、宗教団体が運営する宿泊施設に宿泊する人間はすべて「巡礼」と見なされる。仮に、信者ではない人間が観光目的で宿泊施設を利用したとしても、それを未信者（これから信者になる可能性のある人）が信仰に触れ、学ぶために聖地を訪問していると解釈することは可能だからである。したがって、宗教団体の宿泊施設経営は営利目的の活動には相当せず、課税対象ともならない。
54 *Михайлов Э. Раскин* А. Крестный доход// Русский News Week 33: 158, 2007. https://web.archive.org/web/20080203170738/http://www.runewsweek.ru/theme/?tid=129&rid=2043（二〇二二年一二月二二日最終閲覧）。
55 高橋沙奈美「過去でも、記憶でもなく——ミュージアム化とロシアの宗教遺産」木俣元一、近本謙介編『宗教遺産テクスト学の創成』勉誠出版、二〇二二年、四〇一 - 四一五頁。
56 Curanović, *The Religious Factor in Russia's Foreign Policy*, pp. 74-75.
57 *Рейтер, Напалкова., Голунов.* Расследование РБК.
58 クラブの公式サイト（https://rkpm.ru/）の説明による（二〇二二年一二月二八日最終閲覧）。
59 プログラムには、「ロシア——正教多民族情報文明（Россия—Православная многонациональная информационная цивилизация）」というよく分からないタイトルがついている。また、その目標は視聴者にフェイク・ニュースを見分けるリテラシーを身に付けさせることにある。Проект: совместный медиа проект// Русский клуб православных меценатов. https://rkpm.ru/proekty/rkpm-soyuz/（二〇二二年一二月二八日最終閲覧）。
60 『ロシアのドクトリン』については、次を参照。Curanović, *The Religious Factor in Russia's Foreign Policy*, p. 108. ウラルの都市エカテリンブルクを拠点とする基金（Fond Russkii predprinimatel）。ロシアの守護聖人的存在であるラドネジの聖セルギーの名を取った「セルギー・プロジェクト」を主導し、『ロシアのドクトリン』はこのプロジェクトの最初の試みとして出版された。Сергиевский проект// Русская доктрина. http://www.rusdoctrina.ru/page95505.html（二〇二二年一二月二八日最終閲覧）。
61 http://www.patriarchia.ru/db/text/283339.html（二〇二二年一二月二八日最終閲覧）。
62 ラリュエル『ファシズムとロシア』一八二 - 一八四頁。
63 Храм Николая Чудотворца построят в Москве при входе на Ленинградский вокзал// Благовест. Инфо. 09 июля 2009 г. http://blagovest-info.ru/index.php?ss=2&s=3&id=28444（二〇二二年一二月二八日最終閲覧）。
64 モスクワの駅に礼拝堂が設置された時期は以下の通り。パヴェレツ駅（二〇〇一年）、クールスク駅（二〇〇二年）、リガ駅（二〇〇四年）、ベラルーシ駅（二〇〇五年）、カザン駅（二〇〇五年）、キーウ駅（二〇〇五年）、ヤロスラヴリ駅（二〇〇七年）、レニングラード駅（二〇一三年礼拝堂、二〇一八年聖堂）。С Богом в дорогу. Храмы и часовни на железнодорожных вокзалах Москвы. http://vdorogu.rop.ru/?q=vokz（二〇二二年一二月二八日最終閲覧）。
65 財団の公式サイト（https://www.fap.ru/）の説明による（二〇二二年一二月二八日最終閲覧）。
66 *Якунин В. И.*. Инициативы Мирового общественного форума "Диалог цивилизаций". Научная статья// Новая и новейшая история. 2010. https://naukarus.com/initsiativy-mirovogo-obschestvennogo-foruma-dialog-tsivilizatsiy（二〇二三年二月二八日最終閲覧）。
67 Как строится бизнес человека, «фактически управляющего российским рынком связи»// Ведомости. 11 октября 2010 г. https://www.vedomosti.ru/library/articles/2010/10/11/ne_zamministra_a_drug_ministra（二〇二三年二月二八日最終閲覧）。
68 ホミャコフが用いた「ソボールヌイsobornyi」の語について、以下を参照。井上まどか「〈開かれた〉共同性――ホミャコフの「教会はひとつ」に関する一試論――」『東京大学宗教学年報』第一五号（一九九八年）、七九‐九三頁。
69 О. Всеволод Чаплин: Демократии как «прямому результату греха» надо противопоставить «соборный идеал единства Церкви, народа и власти» // Благовест. Инфо. 17 августа 2007 г. http://www.blagovest-info.ru/index.php?ss=2&s=3&id=15307（二〇二三年二月二八日最終閲覧）。
70 Anderson, *Conservative Christian Politics in Russia and the United States*, pp.41-42.
71 三浦清美「ボリスとグレープの列聖」『エクフラシス：ヨーロッパ文化研究』第一巻、二〇一一年、一四五頁。
72 高橋沙奈美『ソヴィエト・ロシアの聖なる景観』二九五‐二九七頁。
73 高橋沙奈美「皇帝が捧げた命――在外ロシア正教会におけるニコライ二世崇敬と列聖」『ロシア史研究』第一〇七号、二〇二一年、三〇‐五四頁。

74　アン・アプルボーム（川上洸訳）『グラーグ――ソ連集中収容所の歴史』白水社、二〇〇六年、三九九頁。
75　立石洋子『スターリン時代の記憶――ソ連解体後ロシアの歴史認識論争』慶應義塾大学出版会、二〇二〇年、二〇九頁。
76　アレクサンドラ・アルヒポワほか（高橋沙奈美訳）「祝祭になる戦争、戦争になる祝祭――「戦勝記念日」にみるパフォーマティヴな顕彰」『ゲンロン一三』二〇二二年、二三四‐二六四頁。

第五章　ウクライナの正教会――ロシアなきウクライナを目指して

ロシア正教会とは、ロシアという国家や民族に限定される教会ではない。少なくともロシア正教会はそのように自認している。

典礼語（祈りの言葉）を取ってみても、ロシア正教会ではロシア語ではなく、もはや教会でしか使われなくなった「教会スラヴ語」を用いている。[1] 教会スラヴ語とは、キュリロスとメトディオスのモラヴィア宣教に際して作られたものではなく、一七世紀から一八世紀にかけて、ロシアで典礼書が改訂される過程で定まっていったものである。これは現代ロシア語とはかなり異なる言葉であり、正しい理解のためには学習や訓練を必要とする。

ロシア以外のほかの正教会では、現代語が典礼語として取り入れられているのが一般的である。一九世紀半ばにロシアから正教を受け入れた日本では、ニコライ（カサートキン）大主教（一八三六‐一九一二年）と漢学者、中井木菟麻呂《つぐまろ》（聖名パウェル）が新約聖書と祈禱書の翻訳を行った。漢文の要素を多分に含んだ文語調のこの翻訳は難解ではあるが、高い評価を得ており、日本正教会では現在に至るまでこれに依拠して典礼が行われている。

一九九〇年代にはロシアにおいても、信者が祈りの言葉をよりよく理解できるよう、典礼語を現代ロシア語で行おうという運動が一部の聖職者の間で起きた。主導したのは、ゲオルギー・コチェトコフ（一九五〇年生まれ）というモスクワの一司祭である。コチェトコフは、キリスト教文学に造詣の深いセルゲイ・アヴェーリンツェフ（一九三七‐二〇〇四年）の協力を得て、翻訳作業に取り掛かった。しかし、この試みは保守派の聖職者の間に過激なまでの拒絶反応を引き起こし、コチェトコフは聖職停止という非常に厳しい処分を受けた。コチェトコフ弾劾の急先鋒に立ったのは、正教会の文化畑で頭角を現しつつあったチーホン（シェフクノフ）大主教、軍との連携や伝統的家庭の保護に取り組んできたドミトリー・スミルノフ司祭、そして反セクト運動を展開する神学者アレクサンドル・ドヴォルキンらであった。

典礼語をめぐる論争は、たとえ規模を縮小することとなっても信仰を核とした共同体の形成を目指すリベラル派と、「大きな教会」の維持を目指す保守派の対立でもあった。現代ロシア語を典礼語として用いるべきと主張する前者の主張は、一見、ロシア中心主義のように見える。しかしその主張の延長線上には、ロシア帝国並びにソ連に属した正教徒諸民族もまた、それぞれ独自の民族語での典礼や、ひいては独自の教会組織を持つ可能性が開ける。一方後者の主張は、ルーシの遺産として教会スラヴ語を尊重することによって、ナショナリズムに偏らない、より普遍的な教会の在り方を目指しているように見えるが、それは同時に、ロシア正教会の傘下にある諸民族を留め置くくびきでもある。

二〇世紀以降のウクライナの正教会について考える時、そこには合意に基づきロシアとの連携を目指す人々と、ウクライナ独自のナショナルな教会を目指す人々の二つのベクトルが常に存在していた。ウクライナが独立を求めて飽くなき戦いを続け、それをロシアが抑圧してきたという単純な構図では、現在のウクライナにおける正教会を理解することはできない。ただし、ロシアによるウクライナ侵攻によって、ロシアとの共存とロシアからの独立の間で揺れ動いていた聖職者たちの態度が、独立へと大きく傾いたことは明白だ。このことがロシア正教会にとって取り返しのつかない大きな打撃であることは言うまでもないが、少なからぬウクライナの正教徒たちにとっても、このような形での断絶は痛みを伴うものである。

以下本章では、まず、ウクライナにおける宗教の意味と役割を検討する。ウクライナも多民族多宗教国家であるが、最大多数を占める正教会が複数存在してきたことが、ウクライナの宗教事情を特殊なものにしている。次に、一九八〇年代半ば以降のペレストロイカの時代から、独立したウクライナ国家の初期において、複数の正教会がいかに生起し、どのような規模と性格を持つに至ったのかを確認する。本章の後半では、二〇一八年のウクライナにおける正教会独立問題について、その前後の歴史的、教会政治的コンテクストを掘り下げる。最後にロシアとのつながりを維持してきたウクライナの聖職者・信者らが、ドンバスでの戦争勃発後、いかにしてウクライナ愛国主義を高め、同時に自分たちの信仰を守ろうしてきたのかについて紹介したい。

資料⑫ 教会に通うかどうかにかかわらず、
あなたは自分が信者だと思いますか？

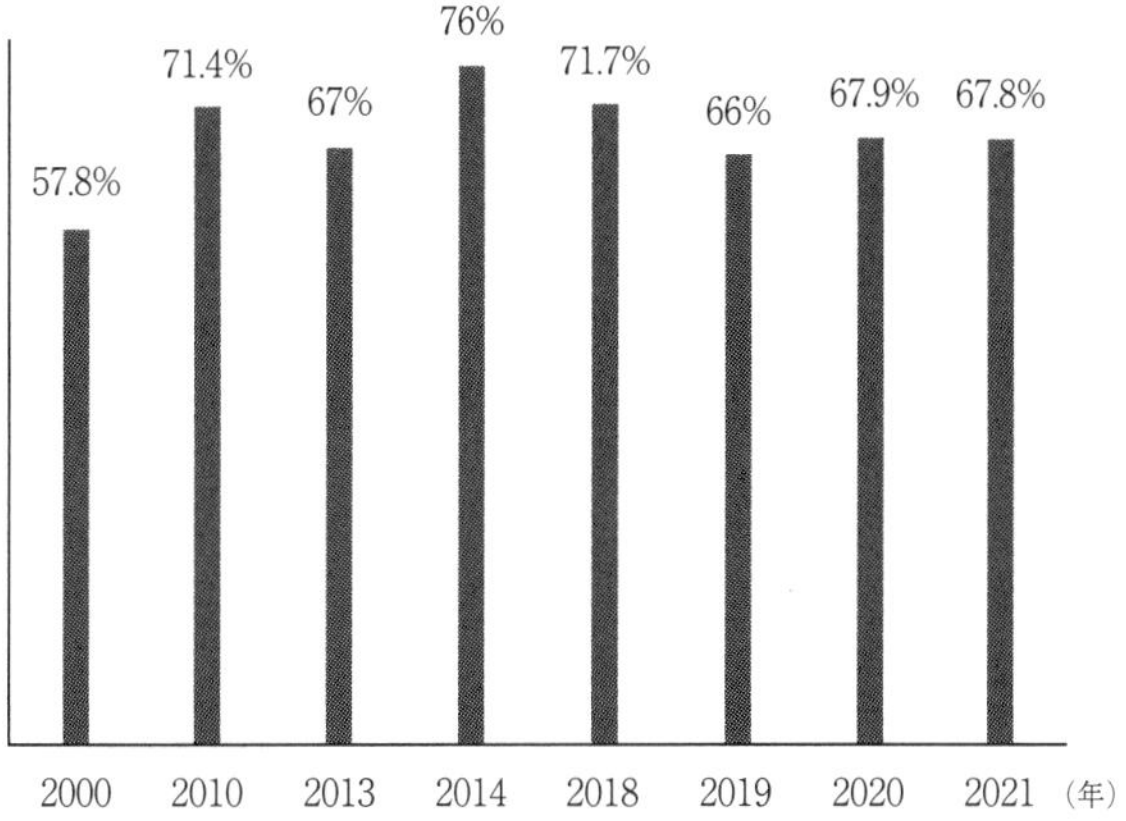

出典：ラムズコフ・センター調査報告（https://razumkov.org.ua/uploads/article/2021_Religiya.pdf）

一．ウクライナの宗教性と正教徒

ウクライナの首都キーウは、ルーシと呼ばれた東スラヴ民族にとって、正教信仰の揺籃の地である。一三世紀以降、現在のウクライナに当たる地域は、カトリックのポーランド、異教のリトアニアの支配下に置かれ、しばしばイスラームのタタールからも襲撃を受けたが、正教はこの地域に住む人々の多数派の信仰であり続けた。世論調査が示すところによれば、現在のウクライナ市民の六‐七割が、実際に教会に通うかどうかにかかわらず、何らかの信者を自認している（資料⑫参照）。

同時に、ウクライナは多宗教国家でも

ある。一七世紀に行われた典礼改革に反対して派生した「古儀式派」と総称される人々は、迫害を逃れて帝国辺境へ移住したため、現在もウクライナに一定の信者がいる。東方正教のほかには、典礼は東方だが教義は西方というギリシア・カトリック教会（Ukrainian Greek Catholic Churche, 以下「ギリシア・カトリック教会」と表記）がある。さらに、ローマ・カトリック、プロテスタント諸宗派、イスラーム、ユダヤ教が一定の社会的影響力を持つ宗教として共存している。

次に地域区分に従って、その宗教的特徴を見てみよう（資料⑬参照）。西部はポーランドと国境を接しているハルィチナや、かつてオーストリア・ハンガリー帝国領に置かれていたザカルパッチャ（トランスカルパチア）で、特にギリシア・カトリックやローマ・カトリックが活発である。ギリシア・カトリック教会は独ソ戦終了後の一九四六年に強制的にロシア正教会に統合された過去があり、この地域ではロシア的なものや正教会に対する反発が強い。

かつてクリミア汗国というオスマン・トルコの保護領であったクリミア半島にはイスラームの影響が残っている。しかし、クリミア・タタール人も独ソ戦期に強制移住の対象になっており、現在では少数派となっている。

また、ウクライナにはかなりのユダヤ人口があったことでも知られている。ユダヤ人は都市に集中しており、帝政末期の調査によれば、港湾都市オデーサで三〇・八％、キーウで一二・一％がユダヤ人であったという。このほかにも、人口の半数以上がユダヤ人という都市も少な

資料⑬ ウクライナの地域区分

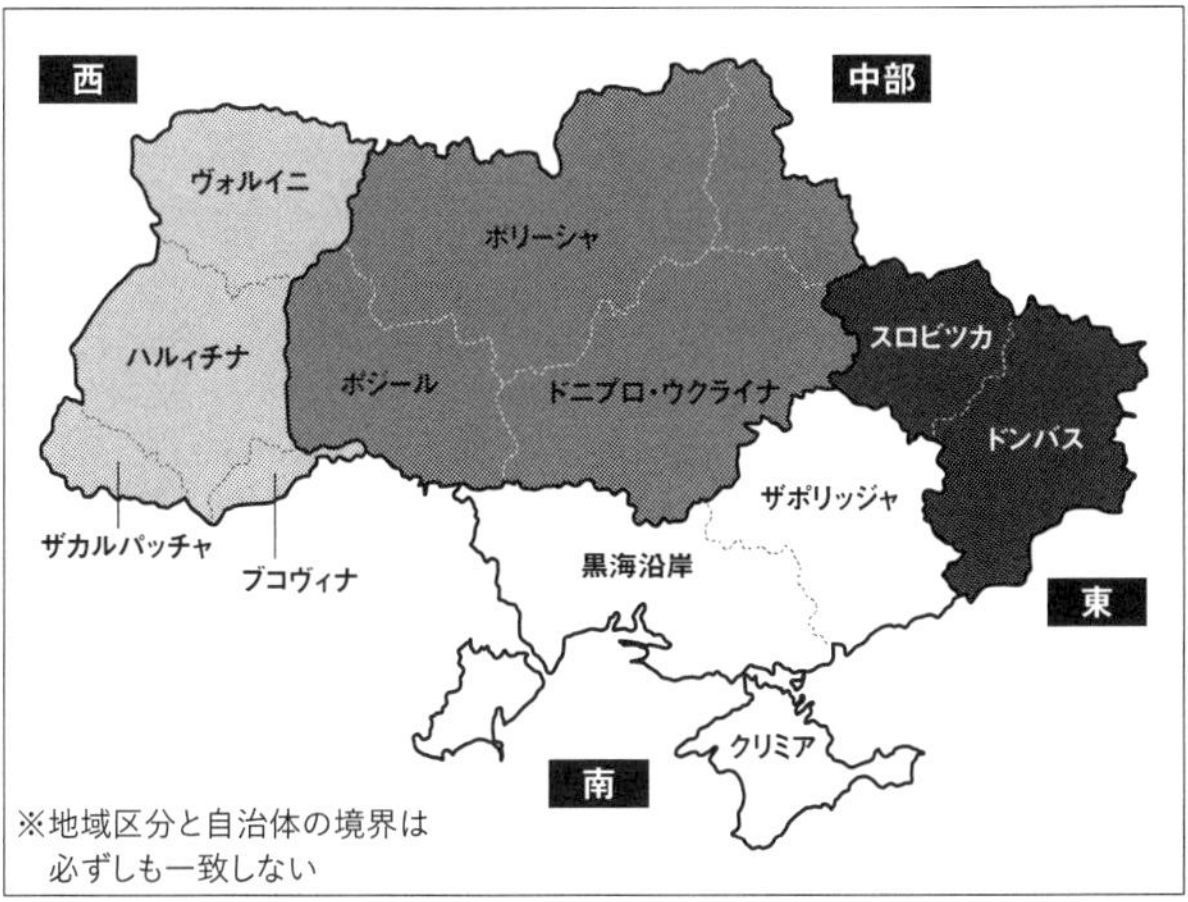

くなかった。しかし帝政末期に繰り返されたポグロム（ユダヤ人に対する組織的虐殺）の結果、多くのユダヤ人が移民となって海を渡った。さらに独ソ戦期のナチス・ドイツの絶滅政策もあって、現在のウクライナに残るユダヤ人は多くはない。それでも中部の都市ウマニは、ユダヤ教の聖地として今もイスラエルからのユダヤ人巡礼でにぎわう。
そしてロシアと境を接する東部のドンバスや、ロシアからの植民の長い歴史を持つ南部の黒海沿岸地域やザポリッジャで、モスクワとつながりを持つウクライナ正教会が活発である。黒海沿岸地域は一八世紀以降、「ノヴォロシア（新ロシア）」と呼ばれる行政単位が置かれていた（時代によって領域は異なる）。
宗教に対する市民の関心は比較的高い。ま

た、ロシアと比較して熱心な信者が多いといわれている。二〇〇七年とやや古いデータになるが、ウクライナでは四三〇〇万人のキリスト教徒人口のうち六六〇万人、すなわち約一五％がクリスマスの奉神礼に参加したのに対し、キリスト教徒人口一億四三〇〇万人のロシアではその数は二四〇万人、すなわち一・六％であった。[2]同時に、この数字をもってウクライナの正教徒には敬虔な人が多いとは言い切れないことにも注意が必要である。宗教への関心が高いのは、民族意識が強い西部で顕著であり、東部や南部では、宗教への無関心層も少なくない。また信者を自認する人々の総数に占める定期的に教会に通う人々の割合に関しては、キーウ州で人口の一％程度、西部ヴォルィニ州やリウネ州でも一〇％程度という試算がある。[3]
宗教人類学者キャサリン・ワンナーは、社会調査に際して、自らの宗教的帰属について「ただの正教徒」と答える人々に着目している[4]（資料⑭参照）。ソ連解体後のウクライナには、大きく分けて三つの正教会が併存した（それ以外にも古儀式派の正教会や正教会から派生した新宗教などがあるが、ここでは割愛する）。二〇世紀前半をその起源とするウクライナ独立正教会（Ukrainian Autocephalous Orthodox Church，以下「独立正教会（ＵＡＯＣ）」と表記）、ソ連解体をきっかけにロシア正教会から袂を分かったウクライナ正教会キーウ総主教座（Ukrainian Orthodox Church Kyivan Patriarchate，以下「キーウ総主教座」と表記）、そしてロシア正教会の権威を認めるウクライナ正教会モスクワ総主教座（Ukrainian Orthodox Church Moscow Patriarchate，以下「ウクライナ正教会」と表記）である。

社会学的なアンケート調査では、回答者は「あなたはどの正教会に属していますか？」と問われる。詳細は後述するが、これらの教会はどれも教義を同じくしており、日本仏教の宗派（浄土宗、日蓮宗など）とは意味が異なる。これら三つの教会の違いは、端的に言って、ウクライナ独立派／民族主義派（前者二つ）か、親ロシア派（後者）かという政治的立場として理解されることが多かった。そのため三つの教会に対する社会的支持の動態が注目されがちであった。しかし、ワンナーはそのどれとも言明しない、しかし明らかに多数派であり続けてきた「ただの正教徒」と回答した人々の内実に着目したのである。

複数の正教会が存在することは、ウクライナ人にとっても紛らわしい。「ただの正教徒」は政治や宗教に対する関心が低く、教会に対する帰属意識を言明できない人々であると考えられてきた（「私は正教徒だ。しかし、どの教会を支持するのかということには関心がない」）。つまり、民族的帰属意識と宗教的帰属意識を合致させるという「エスノドクシー」の原理（「東スラヴ民族は正教徒である」、106頁参照）に従って、「正教徒」を自認しているだけで、政治的にも宗教的にも正教会の管轄には無関心な層であると捉えられてきたのである。ワンナーは、確かに彼らは宗教的ではないと認める。彼らは基本的に、定期的に教会に通わず、基本的な教義を知らない。しかし父祖伝来の伝統としての正教に愛着を感じている。ウクライナ文化の精神的支柱として、詩人や作家と同様に聖職者の権威を認め、文化遺産としての記念碑、集団的アイデンティティにかかわる「記憶の場」としての正教の聖堂や文化を尊重しているので

資料⑭ あなたはどの正教会に属しますか？（全回答者に占める割合）

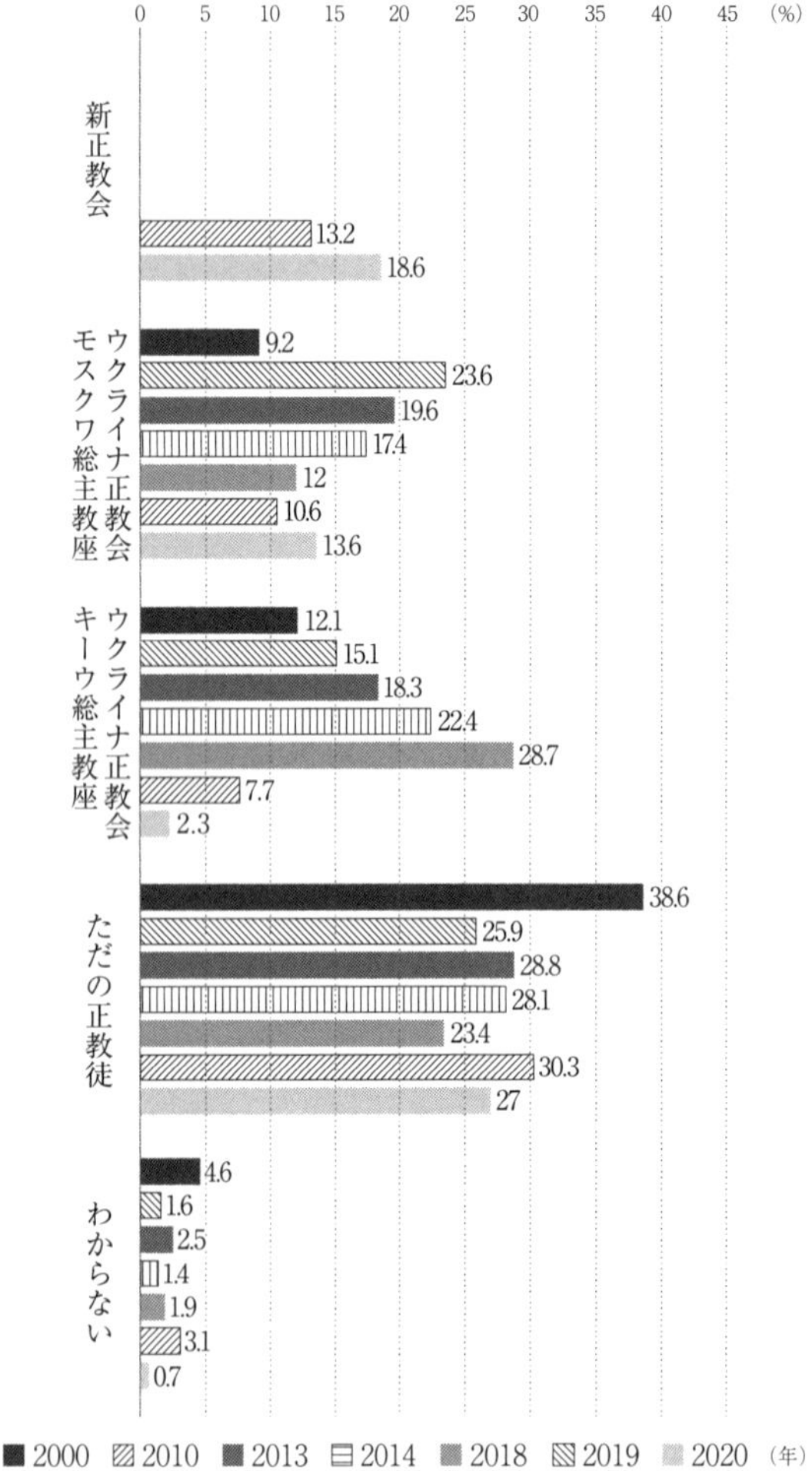

出典：ラズムコフ・センター調査報告より　筆者作成

ある。

こうした宗教性は、教会や祈禱への参加率や信仰についての知識や態度といった、宗教性を測るために従来欧米で用いられてきた基準では明らかにならない。「ただの正教徒」の宗教性は、家族の伝統として宗教を尊重し、宗教者を倫理的な模範者であるべきと考え、文化遺産や史跡としての神社仏閣を敬うという点において、日本の大多数の「信者」と類似点を持つ。日本もまた、文化庁の宗教年鑑では人口の約一・五倍に相当する信者人口を持つ一方で、世論調査では六割以上の人が「ふだん信仰している宗教はない」と答える。典型的な「所属すれども信仰せず（Belonging without believing）」[5]を特徴としている。宗教は国や民族にとっての文化資源として、より大きな意味を持つのである。

ウクライナにおいても、少なくない人々が、神などの超自然的存在に対する信仰に関しては揺らいでおり、日曜ごとの領聖や宗教的祝日や斎《ものいみ》の順守などの実践を行わないが、自分たちの伝統を形作ってきた歴史的・文化的遺産としての宗教を尊重し、自らもまたその共同体の一員であるという自覚を持っている。三つの正教会が、歴史的な正統性、民族的な立場、政治的見解をめぐって争ってきたのは、こうした流動的な「ただの正教徒」の支持を得るためでもあった。

二．ソ連解体後のウクライナにおける正教会の分裂

第三章で検討したとおり、ウクライナの民族派知識人たちは、一九一七年のロシア革命後に、教会独立を試みて以来、何度も独立の機会をうかがってきた。しかし、ロシアに対してウクライナの独自性や民族性を強調する教会組織は、ソ連を根底から揺るがしかねない「ナショナリストによる陰謀」とみなされて、ことごとく弾圧されてきた。ウクライナの教会独立派は、対抗する勢力（ボリシェヴィキにとってのロシア正教会、ドイツ占領軍にとってのソ連）に向けての攻撃の手段として利用されることはあっても、独ソ戦後はおしなべて、偏狭な民族主義者、分離主義者、ファシストと結びつけられたのである。

教会独立派は一九四四年のソ連軍によるウクライナ再占領／解放と同時にロシア正教会に吸収された。その独立派の聖職者や信者に残された選択肢は、ロシア正教会に従うか、処刑されるか、地下活動を試みるか、西側に亡命するか、であった。一九四六年には、ギリシア・カトリック教会（UGCC）が強制的にロシア正教会に統合された。この統合は極めて暴力的に行われ、統合に反対する者は文字通り一掃された。

教会独立問題が再び歴史の表舞台に現れたのは、ソ連宗教政策が大きく変化したペレストロイカからソ連解体にかけての時期である。この時期に真っ先に独立を表明したのは、ギリシア・カトリック教会であった。その後、亡命していた独立正教会（UAOC）の指導者がウク

ライナに帰還した。ロシア正教会は、ウクライナに高度な自治権を与えて自治教会とすることで独立運動を抑えようと試みたが、その過程でキーウ総主教座が離反した。

以下では、ロシア正教会からこれらの教会が創設されていった歴史を概観する（資料⑮参照）。なお、本書ではギリシア・カトリック教会について、立ち入って論じることをしない。ギリシア・カトリック教会は、ウクライナ・ナショナリズムを理解するためには非常に重要なファクターではあるが、正教会ではない。ギリシア・カトリック教会はその歴史的経緯から、正教会の一部ともカトリックの一部とも分類されてきた。しかしソ連解体後のウクライナにおいて、ギリシア・カトリック教会はローマ教皇庁との連携を深め、自らが正教会の一部と見なされることを拒んでいる。最初に、この教会について説明しておきたい。

ちなみに、ギリシア・カトリック教会は「ユニエート」と表記されることも多い。「ユニエート」という呼称は正教会の側から見て、彼らがカトリックとの合同（Uniia）を選んだ人々であることを意味している。現在のギリシア・カトリック教会はこれを正教会から押し付けられた蔑称として退け、オーストリア支配下でマリア・テレジア（一七一七‐八〇年）が授けたという「ギリシア・カトリック教会」を自称としている。小著でもこれに従うことを断っておく。

ペレストロイカが始まるとまず、ロシア正教会に統合されていたギリシア・カトリック教会の再建が目指された[6]。一九八七年に教会再建委員会が結成され、署名活動やデモ、ハンガー・

ストライキを行ってギリシア・カトリック教会の再建を訴えた。これにソ連政府とロシア正教会が徹底弾圧の構えを見せたことによって、教会再建運動はラディカルな方向に進む。一九八九年には西部ハルィチナの中心的都市リヴィウでウクライナ・キリスト者民主戦線が結成され、独立時代の国旗やシンボルの復活など、ウクライナ民族運動の様相が教会再建運動に加わった。

同年一二月にゴルバチョフがバチカンを訪問し、ここでギリシア・カトリック教会の合法的な再建が約束された（資料⑮の①）。しかし、再建のための具体的な法令や施策が存在しなかったことが、大きな混乱を招く結果となった。信仰生活に不可欠の聖堂の利用権をめぐって、ギリシア・カトリック教徒は一九四六年以前に彼らのものであった聖堂を取り返そうとして、その教区信者となっていた正教徒と対立し、いくつかの事例では暴力事件に発展した。

二〇〇五年になって、この教会にとって最も権威ある大司教座がリヴィウからキーウに遷座し、キーウ大司教がギリシア・カトリック教会の最高位の聖職者であることがローマ教皇ベネディクト一六世によって認められた。現在に至るまで、ギリシア・カトリック教会はウクライナの民族教会であるという意識が極めて高く、政治的にもウクライナ民族主義勢力を支持してきた。ギリシア・カトリック教会では、ソ連時代の大弾圧の記憶が濃厚に残されており、ロシアに対する否定的反応が色濃い。

一方、東方正教の典礼に従うこと、さらにロシア正教会に組み込まれていた歴史が長いことから、形式的な部分ではギリシア・カトリック教会と正教会との違いは見分けにくい。また、ギリシア・カトリック教会自身が、正教会と同様、一〇世紀以降のキーウ府主教座の伝統を引き継ぐ教会であるというアイデンティティを強調している。[7]こうした理由によって、ギリシア・カトリック教会は東方正教の一部であると見なされることがある。しかし、少なくともキーウを中心とした現代のギリシア・カトリック教会の信者・聖職者たちは「自分たちはカトリックだ」というアイデンティティを強く持っている。例えば、ギリシア・カトリック教会の社会奉仕部の代表代理で、同時にカリタス・ウクライナの副代表を務めるアンドリー・ナヒルニャーク司祭は、二〇一五年に行ったインタビューでこの点を強調した。カリタスはカトリック教会の国際的な社会福祉機構で、世界各地に一六〇以上の下部組織を持つ（カリタス・ジャパンやカリタス・ロシアもある）。[8]ギリシア・カトリック教会はヨーロッパのカリタスと協力しながら社会福祉プログラムを運営しており、日常的に外国のカトリック教会や聖職者と交流していることも、上述のようなアイデンティティに反映されているように思う。

典礼語についても、現代ウクライナ語を積極的に導入している。ギリシア・カトリック教会は、ウクライナの民族性の象徴として東方正教の伝統を肯定したいところだが、ロシアにつながる要素は排除したい、というジレンマを抱えている。それが「私たちはウクライナの伝統として正教を重んじると同時に、本質的にはカトリックである」という自己認識に表れている。

反ロシアとウクライナ・ナショナリズム称揚という方向性を共有する独立正教会（ＵＡＯＣ）やキーウ総主教座との「合同」が、世俗的なメディアによって取りざたされることもあるが、これはギリシア・カトリック教会にとってはあり得ない選択肢である。以上のような理由から、ウクライナにおける正教会分裂問題を扱う本章ではギリシア・カトリック教会についてこれ以上言及しない。

ギリシア・カトリック教会に続き、ロシア正教会からの分離・独立を目指したのが、独立正教会（UAOC）である。第三章で見たように、独立正教会（UAOC）は一九二〇年代に結成され大粛清下で壊滅された後、独ソ戦期に再興された、司祭と信者を中心とする教会である。独ソ戦後は亡命し、北米を拠点としてウクライナ人ディアスポラの教会として存続した。ちなみに、このディアスポラ教会は一九五〇年にコンスタンティノープル総主教座から自治教会としての承認を受けている。

一九八九年一〇月、リヴィウの聖ペトロ・パウロ教会の司祭であったヴォロディーミル・ヤレマ（一九一五‐二〇〇〇年）が中心となって、独立正教会（UAOC）を復興しようという動きが始まった。手始めに、ヤレマ司祭は当時のキーウ府主教（ウクライナのエグザルフ＝総主教代理）であったフィラレート（デニーセンコ）府主教（一九二九年生まれ）に二度にわたって独立を求める手紙を出した。しかし、フィラレート府主教はこれに返事を返さず、「我々のところにはいかなるギリシア・カトリック教会も独立教会も存在しない。彼らについて語るべきことは何もない」とする声明を発表した[9]。

教会独立に際して極めて重要な問題となるのは、正統な教会であること、すなわち使徒継承性（キリストの直弟子である一二使徒の流れを汲む存在であること、教会法上の合法性）を主張できるか否かである。新しく独立を宣言する「娘教会」は「母教会」の承認を得ることによって、使徒性を継承することができるので、「母教会」からの独立承認が不可欠である。「母教会」の承認なき「娘教会」は、いわば家出娘の状態で、他の地方教会からは相手にしてもらえない。すなわち「母教会」から承認されないまま独立を宣言した教会は、「分離派」、すなわち端的に言って「異端」と見なされるのである。

ヤレマ司祭はフィラレート府主教に働きかけることで、ウクライナの高位聖職者たちがモスクワ総主教座に対して独立承認を求めることを期待したのだが、それはかなわなかった。しかし、「娘教会」が将来的に「母教会」から独立承認を勝ち取るためには、高位聖職者の力が不可欠である。聖職者を叙任するための「神品機密」を行う権能を持つのは高位聖職者のみであり、高位聖職者がいなければ教会に将来的に司祭がいなくなってしまうことは先述のとおりである。この時、ヤレマ司祭に手を差し伸べたのは、イオアン（ヴォドナルチューク）ジトーミル主教（一九二九‐九四年）であった。イオアン主教はハルィチナ出身のウクライナ人で、戦後レニングラード神学大学で神学博士候補の学位を取得したのち、ハルィチナに派遣されて司牧活動に当たっていた。イオアン主教は、アメリカでディアスポラ教会を率いていたムスチスラフ（スクリプニク）府主教（一八九八‐一九九三年）を、キーウおよび全ウクライナ総主教に選出することを決めた。

ムスチスラフ府主教は、ロシア革命後のウクライナでディレクトリア政府を率いたシモン・ペトリューラ（第一次独立正教会を支持。77頁参照）の甥で、補佐官でもあった。ドイツ占領下のウクライナでは、ナチスに協力しながらウクライナ民族主義の立場を貫き、一九四二年に第二次独立正教会の主教となったが、戦後はヨーロッパ経由でカナダへ亡命した。そして一九七一年からは、コンスタンティノープル総主教に承認されたディアスポラ教会の首座主教を務めた。総主教に選出された時、ムスチスラフは九〇歳と高齢で、現実的な指導能力には限界があった。しかし、ムスチスラフは一九二〇年代の第一次独立正教会の流れを汲む亡命教会の指導者であり、彼を総主教に迎えることによって、一九八九年に誕生した教会はその伝統を継承するものであるというアイデンティティを確立することに成功したのである[10]（資料⑮の②）。

独立正教会（UAOC）は、使徒継承性に問題があったし、指導層にも不安定要素が多かったが、モスクワにもローマにも依らないウクライナ独自の教会として、西ウクライナを中心に信者を獲得していった。独立正教会（UAOC）が、ウクライナ語を典礼語として定めることを最初の変更として定めたことも、驚くべきことではない。このように、一九八〇年代末のリヴィウは、モスクワ総主教座から離反し、ウクライナ・ナショナリズムを掲げる教会独立運動の中心地となっていた。

このような状況下、モスクワ総主教座も、ウクライナ・ナショナリズムの高まりに対処すべく動き始めた。まず、モスクワ総主教座から独立教会（UAOC）に転じたイオアン主教の聖

資料⑮ 1989－93年のウクライナ教会分裂

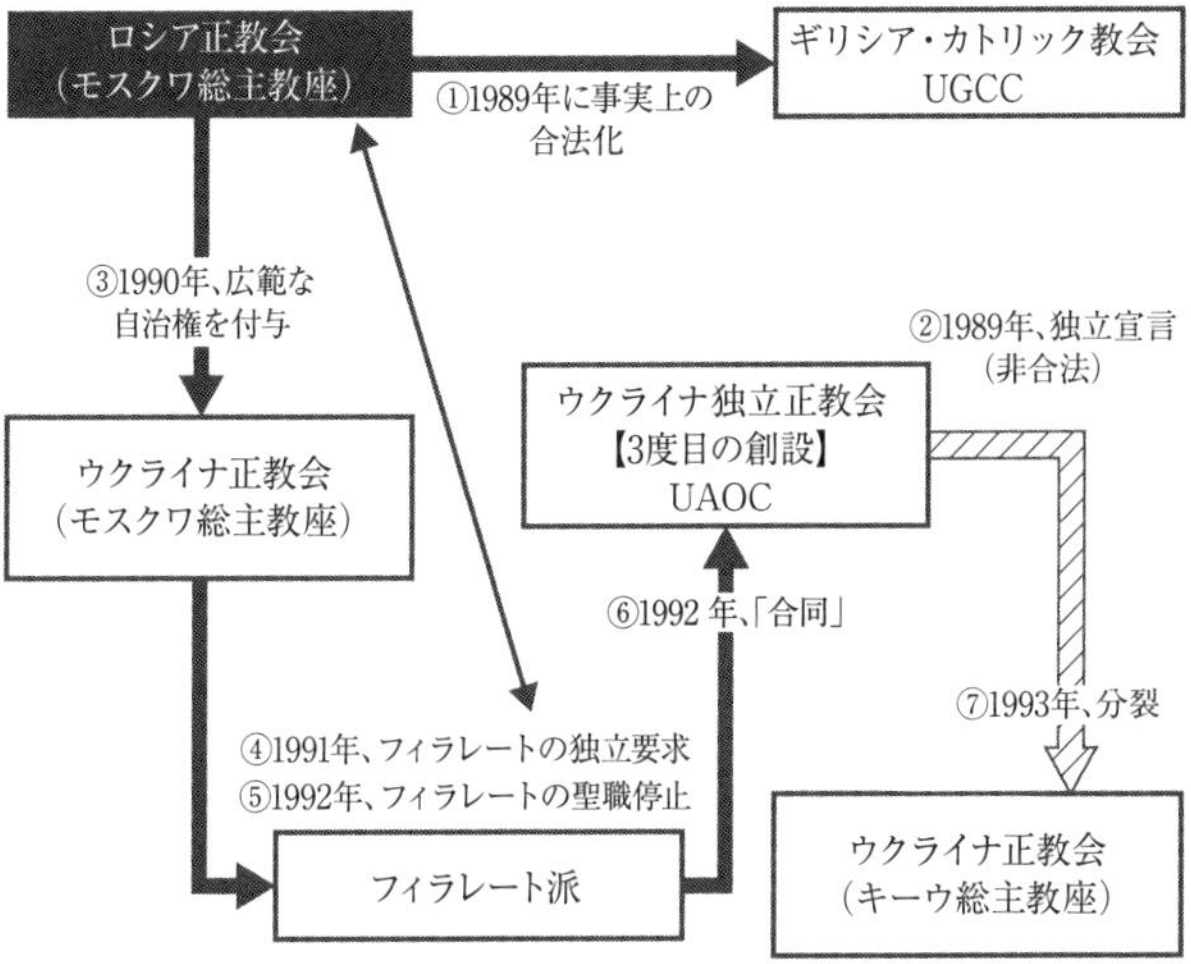

職剥奪（教会からの追放を意味する「破門」の一歩手前の処罰）を命じ、彼が高位聖職者として行う機密を無効とした。さらに、一九四二年の独立正教会（UAOC）もまた使徒継承性を認められない教会であったことを確認して、一九八九年に結成された独立正教会（UAOC）の使徒継承性を否定した。キーウ府主教フィラレートは、「独立正教会（UAOC）は独立していると言ってまったく差し支えないが、正教世界全体からも独立している」と皮肉を述べている。[11]
一九九〇年一〇月、ウクライナのエグザルフ庁（exarchate）は、新たに広範な特権を含む自治権（autonomy）を付与され（資料⑮の③）、「ウクライナ正教会」を名乗る権利を得た。ウクライナ正

教会は、自らの管轄領域（一九九〇年時点でのソヴィエト・ウクライナ領）の主教区を設立・廃止する権利、高位聖職者を任命する権利、首座主教としてキーウ府主教を選出する権利を認められた。それまでのウクライナ・エグザルフには「キーウおよびハルィチナ府主教」が任じられていたが、ウクライナ正教会の首座主教は「キーウおよび全ウクライナ府主教」の称号を名乗ることが認められ、モスクワ総主教に次ぐ権威を認められた。これはウクライナに対するモスクワ総主教座の最大限の譲歩であり、それによって不満分子を抑えることが企図されたのである。一方で、モスクワ総主教庁は、選出されたキーウ府主教を承認する権利を確保することで、ウクライナ正教会に対する統率権を保とうとした[12]。こうしてウクライナ正教会は「自治教会（autonomous church）」以上「独立教会（autocephalous church）」未満という特別な立場を持つ「自主管理教会」として生まれ変わったのである。

この時、ウクライナのエグザルフ兼キーウ府主教であったフィラレートは、自主管理権をロシアによるキーウ府主教座併合（一六八六年）以前の状態がほぼ回復されることだと考え、いったんはこの譲歩に満足した。フィラレート府主教は、キーウ府主教座は歴史的にカトリックとの教会合同に反対してきたザポリッジャ・コサックの教会であると主張することで、ギリシア・カトリック教会を牽制した。また、ウクライナ正教会は、国民的／国家的な教会ではあるが、その信徒団は複数の民族から構成されていることを主張し、典礼語に関しては、ウクライナ語の利用も認めるが、教会スラヴ語を保持することを宣言した。さらに教会の使命は何よりも魂の救済であることを説き、政治問題には関与しない立場を強調した[13]。

ところが、一九九一年八月二四日、ウクライナが国家としての独立を宣言すると、初代大統領レオニード・クラウチュク（任期一九九一‐九四年）による支持を受けて[14]、フィラレート府主教はウクライナ正教会に独立教会の地位を付与するよう総主教座に対して要求を始めた（資料⑮の④）。一九九二年三‐四月、ロシア正教会はウクライナの教会独立問題を審議するための公会をモスクワで開催した。議論は次第にフィラレート府主教を批判するものへ変容し、最終的にフィラレート府主教に辞任要求を突き付けることで、教会独立を棄却した[15]。フィラレートはその場では辞任を約束したものの、キーウに戻るとモスクワでの公会がロシアの政治的圧力の下で行われたものであることを訴え、約束を反故にして府主教の座に留まる構えを見せた。これに対し、モスクワ総主教座は同年六月にフィラレート府主教の聖職停止を決定した（資料⑮の⑤）。こうして、フィラレート府主教は教会法的には何の権限も持たない一介の信徒の地位に落とされたのである。

しかしながら当然、フィラレートはこの決定を受け入れず、自らに従うウクライナ正教会の一部と独立正教会（ＵＡＯＣ）とを合同させるための準備を始めた。ここにも、クラウチュク大統領をはじめとするウクライナ政府の支援があったといわれている。独立正教会（ＵＡＯＣ）は、先述のとおり亡命主教であったムスチスラフを首座主教としていたが、ウクライナに基盤を持たない総主教は、教会運営を円滑に行うための人脈や組織を欠いていた。さらにムスチスラフ総主教に忠誠心を抱くのは、彼に育成されたアメリカの主教が中心であり、独立正教会（UAOC）は教会の指導層に大きな問題を抱えていたのである。[16] フィラレートは自分たちが加わることによって独立正教会（UAOC）の問題を解決できると提案したが、その真の狙いは独立正教会（UAOC）の信徒を引き継ぐことにあり、事実上の独立正教会（UAOC）乗っ取りであった（資料⑮の⑥）。
この提案がなされた一九九二年六月の公会で、独立正教会（UAOC）にフィラレート率いる一派が合同することになり、フィラレートを独立正教会（UAOC）の総主教代理と認めることが決議された。しかし、ムスチスラフ総主教本人はこの提案を非難し、フィラレートはモスクワ総主教の指示に従うべきであると説き、この合同には賛同しなかった。[17]
一九九三年にムスチスラフが亡くなると、フィラレート派はウクライナ民族主義の活動家で亡命司祭であったヴォロディーミル（ロマニューク）（一九二五‐九五年）を総主教に選出したが、フィラレートと対立した彼は、一九九五年に不審な死を遂げた。同年、キーウ総主教にフィラレートが選出された。こうしてキーウ総主教座は名実ともに、フィラレート総主教の下で発展していくこととなった。
一方、故ムスチスラフ総主教に従う少数派は、独立正教会（UAOC）の第二代総主教として、司祭ヴォロディーミル・ヤレマを選出した（資料⑮の⑦）。一九八九年に最初に教会独立運動を主導した人物である。彼は修道士の剃髪を受け、ディミトリという修道名を得て第二代の総主教に選出された。ディミトリ総主教は教会音楽や絵画、建築などに造詣が深く、知的探求心も旺盛で、初志貫徹、有言実行というタイプの人物であったようだが[18]、一介の司祭の出であることに変わりはなかった。高位聖職者に求められるのは、神学的な知識や高徳といった資質と並んで（あるいはそれ以上に）、内部の人脈と外部の諸団体と交渉する政治力である。ディミトリ総主教は知的で敬虔な聖職者として信者から敬愛されたかもしれないが、首座主教としてはうまく立ち回ることができなかった。独立正教会（ＵＡＯＣ）が教勢を拡大することができなかったのは、こうした指導層の性質によるものだといわれる。

一方、総主教となったフィラレート率いる教会は、「ウクライナ正教会（キーウ総主教座）」を名乗り、反ロシア／民族主義を標榜する政財界の支援を得て、順調に勢力を伸ばすことに成功した。フィラレート総主教の人物像は毀誉褒貶が著しいが、ソ連時代を生き抜いた高位聖職者であり、卓越した政治力を持っていることは間違いない。

ここでも、ソ連時代から繰り返されてきた教会分裂の構図が再度踏襲されたことが分かる。すなわち、モスクワ総主教庁に対抗し、独立を求める教会は、次の五つの特徴を持つのである。

1.　ロシア正教会から離反した結果、使徒継承性を持たず、正教会の世界的ネットワークから教会法上切り離される（洗礼、領聖、神品叙聖など一切の機密の有効性が他の正教会から原則として認められない）

2. 指導者となる高位聖職者はロシア正教会から処罰を受け、その権威を認められない
3. ウクライナ・ナショナリストの支持基盤として、政治が教会にとって重要な課題となる
4. 高位聖職者よりも、一般聖職者や信者集団による運動という側面が強い
5. 伝統墨守のモスクワ総主教座と対立するため、リベラルな知識人による教会改革を受け入れやすい（典礼語の変更、平信徒や司祭からの高位聖職者の登用など）

当然、モスクワ総主教庁と関係を保つ教会には、これと真逆の特徴が見られることになる。すなわち、モスクワを通して世界中の正教世界と教会法上のつながりを持ち、非政治主義を掲げて精神的な問題の重視を説き、伝統重視を掲げ保守層の支持を得やすい。

一九九二年にフィラレートと対立したウクライナの高位聖職者たちは、彼の行為がウクライナ政府の後ろ盾を得た政治的なものであることを批判した。フィラレート派の教会独立の主張に特に強力に反対した高位聖職者の一人が、オヌフリー（ベレゾフスキー）現キーウ府主教（一九四四年生まれ）であった。彼らはモスクワ総主教庁の指示に従い、一九九二年五月に東部の大都市ハルキウで公会を開催し、ヴォロディーミル（サボダン、一九三五‐二〇一四年）をキーウ府主教、すなわちウクライナ正教会の首座主教に選出した。彼らは、フィラレート派と区別するために「ウクライナ正教会（モスクワ総主教座）」と表記される派閥となった。

こうして、一九八九年から一九九二年の間にウクライナには三つの正教会が誕生する事態と

なった。[19]最大多数派に留まったのは、教会法上唯一合法の正教会である、ウクライナ正教会である。一九九六年には、モスクワ総主教庁に対して独立の請願を取り下げたことで、ロシア正教会に対する忠誠心を明らかにした。ウクライナ正教会がロシア正教会とつながりを保ち続ける姿勢は、東部や南部に多く居住する、ロシアに親近感を抱くロシア系住民らを安心させた。同時に、ウクライナのローカルな民族教会として、ウクライナ語での典礼が認められたし、高位聖職者に登用されるのは民族的ウクライナ人が大多数であった（ただしそれは、彼らが親ロシア的な政治傾向を帯びないということを意味しない。普遍主義を標榜する多民族教会についての第三章の議論を参照）。

しかし、ウクライナ正教会がロシアに忠実でありながらウクライナのローカルな教会であるという二重のアイデンティティを保つことができたのは、ウクライナの政治が東（親ロシア）と西（ウクライナ・ナショナリズム重視）の間で揺れ動く時代のみであった。二〇一四年に東部ドンバスでの戦争が始まると、ウクライナ正教会は二重のアイデンティティを維持することが困難になり、その基盤が大きく揺らぐことになったのである。

三．独立ウクライナにおける政教関係の特徴

一九九〇年代初頭の教会分裂が一応の落ち着きを見せると、複数の正教会の共存は、一定の均衡を見せるようになった。ウクライナにおける宗教と政治は、しばらくの間、一応の分離を保った。権力によって、教会を閉鎖あるいは統合するような、根本的な問題解決は避けられた。ロシアにおける伝統宗教が国家統合のための文化的／象徴的資源として、権力との協力体制のなかに組み込まれ、翼賛的な政教関係が構築されていったこととは対照的である。

ウクライナにおいては、キーウ総主教座とギリシア・カトリック教会がナショナリズムを代表する教会であったが、二〇一四年までのウクライナ政治はロシアと西洋諸国との双方と関係を保つことを重視していた。このことが、複数の正教会と政治の間に絶妙なバランスをもたらし、宗教的多元性を辛くも担保することにつながった。

クラウチュク大統領はフィラレートを支持したが、レオニード・クチマ（任期一九九四－二〇〇五年）が第二代大統領に就任すると、国家による目立った介入はなくなった（資料⑯参照）。というのも、クチマ大統領の支持基盤は東部を基盤としており、同じく東部に多く展開するウクライナ正教会が最大多数派の正教会である以上、特筆すべきテコ入れを必要としなかったという事情がある。二〇〇四年冬の大統領選では、ロシアとの関係を重視するヴィクトル・ヤヌコーヴィチが勝利したが、選挙の公正性をめぐって大規模な市民デモ、オレンジ革命が起きた。この際、フィラレート率いるキーウ総主教座は対立候補のヴィクトル・ユーシチェ

ンコを支持し、市民デモの側に立つことを明らかにした。政権交代劇を経て第三代大統領に就任したユーシチェンコ（任期二〇〇五‐一〇年）は、民族主義を推進する立場を取り、その一環としてウクライナ教会独立を求める積極的な働きかけを行った。二〇〇八年、ルーシ受洗一〇二〇年を記念して、キーウを訪れたバルソロミュー世界総主教に対し、ユーシチェンコ大統領はクライナに教会独立の詔勅（トモス）を与えるよう打診したが、具体的な回答を得ることはかなわなかった。ユーシチェンコ大統領はキーウ総主教座を中心とした統一されたウクライナの正教会創設を希望してはいたが、それは周到に準備されたものでもなければ、モスクワの意向を無視してまで行おうというものでもなかった。

一方で、二〇〇九年にモスクワ総主教に着座したキリルは、同年七月から八月にかけてウクライナの複数都市を訪問し、ユーシチェンコ大統領とも教会独立問題について会談している。[20]キリル総主教は、「ロシア世界（ルースキー・ミール）」文明の歴史的中心地がほかならぬキーウであることを強調し、ロシアとウクライナ両民族が共有する長い歴史と友愛に満ちた関係の重要性を訴えた。[21]この訪問に満足したキリルは、ウクライナ市民権を取得する心づもりがあると冗談を飛ばしたほどであった。[22]ユーシチェンコの後にヤヌコーヴィチ（任期二〇一〇‐一四年）が第四代大統領に就任した際には、キリル総主教がその就任式に出席した。キリル総主教はその後二〇一〇年七月と二〇一二年七月にもキーウを訪問して、ロシアとウクライナの精神的な結びつきを強調した。また、二〇一三年にルーシ受洗一〇二五年祭が開催された際には、

資料⑯ 1991年以降のウクライナにおける正教会の動き

年	大統領	正教会の動き
1991	レオニード・クラウチュク(1991.12.5−94.7.19)	
1992		ハルキウ公会で、ヴォロディーミルをキーウ府主教に選出(5月) 聖職停止処分を受けたフィラレート府主教、独立正教会(UAOC)を併合(6月)
1993		フィラレート府主教、キーウ総主教創設を宣言 ウクライナ正教会(KP)の成立
1994		
	レオニード・クチマ(1994.7.19−2005.1.23)	
1995		フィラレート、キーウ総主教に着座
1996		ウクライナ教会・宗教団体連盟創設
1997		
1998		
1999		
2000		
2001		
2002		ペチェルシク大修道院の敷地の一部をウクライナ正教会(MP)に無償貸与
2003		
2004		
2005		
	ヴィクトル・ユーシチェンコ(2005.1.23−10.2.2)	オレンジ革命。フィラレート総主教による革命支持
2006		
2007		
2008		ルーシ受洗1020年祭。ユーシチェンコ大統領、世界総主教にウクライナ教会の独立打診
2009		キリル総主教、キーウ、クリミア、オデーサ、ドニプロペトロウシクを10日間にわたって訪問(7月)
2010		
	ヴィクトル・ヤヌコーヴィチ(2010.2.25−14.2.22)	キリル総主教、キーウ、クリミア、ヴォルィニ州、ドネツィク州、テルノピリ州を10日間にわたって訪問(7月)
2011		
2012		キリル総主教、3日間のウクライナ訪問
2013		ルーシ受洗1025年祭。 プーチン大統領、ペチェルシク大修道院を訪問
2014		マイダン革命。ウクライナ正教会(KP)による革命支持
	ペトロ・ポロシェンコ(2014.6.7−19.5.20)	オヌーフリー府主教をウクライナ正教会(MP)首座主教に選出
2015		
2016		最高議会が世界総主教に独立請願のアピール(6月)
2017		
2018		ウクライナ統一公会(12月)
2019		新正教会創設(1月)
	ヴォロディーミル・ゼレンスキー(2019.5.20-	
2020		
2021		
2022		

キリル総主教とともにプーチン大統領がキーウ・ペチェルシク大修道院を訪れ、キーウ府主教ヴォロディーミルをはじめとする高位聖職者に勲章を贈り、「ロシア世界」の結びつきをアピールした。こうした動きに対し、モスクワ総主教庁からは「分離派」としか見なされないキーウ総主教座は警戒を強めた[23]が、正教会の鼎立状態に実質的な変化と呼べるものは生じなかった。

また、正教会間の対立を防ぐために、首都キーウのシンボルたるソフィア大聖堂とペチェルシク大修道院については、宗教的な利用に制限がなされてきた。これらはともに一九九〇年にユネスコの世界遺産に登録された、ウクライナが誇る至宝だ。キーウ最古の聖堂で、最も権威あるソフィア大聖堂は、国立博物館となっている。ここで奉神礼が行われることはあるものの、どこの教会の所有でもないという点に特色があった。一方、ペチェルシク大修道院は事情がもう少し複雑である。ペチェルシク大修道院は、一〇五一年の創建といわれ、あまたのルーシの聖人を輩出した由緒ある大修道院である。かつてはキーウ郊外という位置付けであったが、都市の拡大に伴って、現在は中心街からやや外れた場所に約二三・五ヘクタールの広大な敷地を持っている。一九九二年以来、ウクライナ正教会の府主教座と神学校がこの敷地内に置かれてきた。敷地は上層と下層に分けられ、より重要な建造物が多く占める上層をもっぱら国立の博物館・自然公園が利用し、下層の建物がウクライナ正教会に無期限で貸与されてきた[24]。

さらに、一九九六年には宗教間対話の促進を目的として、ウクライナ教会・宗教団体連盟(Ukrainian Council of Churches and Religious Organizations)が創設された。創設当初は国の組織とも連携していたが、次第に純粋な宗教団体間の連盟となることを目指し、二〇〇七年以降、国家組織はそのリストから外された。二〇二二年現在、一六の宗教団体、言い換えれば九五％以上の宗教組織がこれに加盟している。伝統宗教にその比重が置かれてはいるものの、非伝統的宗教が制度的に排除されていないことは大きな特色である。カナダの研究者アンドリー・クラウチュクによれば、連盟がこれまで扱ってきた問題には、国家とのパートナーシップの在り方、宗教教育、歴史の記憶と和解、社会倫理の保護などがあり、社会的統一、市民権、自由という価値観を共通善に掲げ、ウクライナの民主主義と市民社会を促進する役割を果たしてきた。連盟の主な役割は、宗教組織がかかわる公共政策や法改正に関する議論を行うことで、必要に応じて共同声明を発表している。[25]
ウクライナにおける宗教法は、一九九一年四月に定められた「良心の自由と宗教団体に関する法」が有効である。また一九九六年に制定された憲法では、第三五条で信仰の自由と国家と宗教団体の分離を定めている。ウクライナの宗教法の特色は、宗教団体としての登録を、地域ごとの宗教共同体などの最小単位（本稿では便宜的に「宗教組織」と訳出する）で行う点にある。ギリシア・カトリック教会を例にとれば、これは法人格を認められた「宗教団体(religious organization)」ではあるものの、宗教団体はそれ自体としては国家登録を受けない。登録が必要になるのは、ギリシア・カトリック教会のそれぞれの教区共同体、修道院、兄弟団、神学校、宣教団など、そして教会の中枢である府主教庁（一般に、府主教などのその地域の首

資料⑰ ウクライナ政府による宗教団体別登録数
(2013年1月)

	ウクライナ正教会	キーウ総主教座	独立正教会
教区共同体数	12485	4536	1205
修道院	203	59	11
聖職者	10068	3141	731

出典:DESS統計より筆者作成

座主教をトップとして、渉外部、広報部などの部門が設けられている）などの「宗教組織」である。正教会の教区共同体では、ウクライナ正教会からキーウ総主教座へというように、それぞれの宗教組織が所属する宗教団体を変更する（移管）可能性が考えられる。そのため、教区共同体などの最小の宗教組織が国家登録を受ける必要があるのだ。登録のためには、成人（一八歳以上）一〇名以上が共同体に属していることが必要であり（第一四条）、成員の三分の二以上の賛成があれば、管轄を変更することが可能である（第八条）。

この法律のために、ウクライナでは宗教組織の数をかなり正確に把握することができるのである（なかにはペーパー団体も存在するために、完全とはいいがたい）。マイダン革命前の二〇一三年一月のウクライナ内務省による統計では、国内最大の登録数を誇る宗教団体はウクライナ正教会で、一万二四八五の教区共同体が属していた。正教会では、これにフィラレート総主教が率いるキーウ総主教座と、独立正教会（ＵＡＯＣ）が続き、同統計ではそれぞれ四五三六と一二〇五の教区共同体が属していた[26]（資料⑰参照）。ちなみに、同年のギリシア・カトリック教会の登録数は三七三四であった。

つまり、宗教団体ごとの登録組織数を見るとき、ウクライナにおいて最大多数派の宗教は、ロシアとのつながりを重視するウクライナ正教会であり、ナショナリズムを重視する三つの宗教団体の勢力がそれに迫る。一方、世論調査によれば、キーウ総主教座を支持する割合は年々増加を続けており、ナショナリズムを重視する正教会の存在は二〇一四年以降、ウクライナ正教会を上回る。これらの拮抗する勢力は、全面的な対立を避けて共存してはいたが、両者の均衡を保つことは、常に困難な課題であった。独立後のウクライナ政治は、「脱露入欧」を目指す民族主義政策の推進と、ロシアとの関係を重視する勢力の間で揺れ動いていたわけだが、鼎立する正教会の均衡もこのような不安定な政治状況の上に置かれていた。矛盾と対立は次第に増幅し、マイダン革命に至ってそれまでの均衡が一挙に崩れ、大混乱が始まったのである。

四．ドンバス戦争とウクライナ正教会の動揺

二〇一三年冬、ヤヌコーヴィチ大統領が欧州連合（ＥＵ）との協定締結を見送ったことを契機として、政権の不正や腐敗を糾弾する市民的デモがキーウ中心街に位置する独立広場（マイダン）で始まった。デモは当初、学生を主体とする平和的抗議運動であったが、二〇一四年二月一八日以降、過激派極右団体を含むデモ隊と警察・軍などの治安機関との武力衝突に発展し、一〇〇名を超える死者とそれ以上の負傷者が双方に出た。デモを鎮静化することに失敗したヤ

ヌコーヴィチ大統領はロシアへ逃亡し、権力の真空状態が生じることになった。「マイダン革命」である。

キーウ総主教座、独立正教会（ＵＡＯＣ）、ギリシア・カトリック教会（ＵＧＣＣ）が中心となって宗教界が連携し、デモに参加した市民を支援した。独立広場には超宗派のテントが建てられ、正教会やカトリックの神父、プロテスタントの牧師、イスラームのイマームなどが常駐して、デモ参加者を精神的に支援した。また、二月に武力衝突が発生した際には、広場からほど近い高台に位置するキーウ総主教座の聖ミハイロ修道院が市民のための臨時の宿泊所となり野戦病院の役割も果たした。この事件は「マイダン革命」あるいは「ユーロマイダン」などと一般には呼称されるが、デモを支持する人々は、これが真実、正義、自由、人権といった価値観を尊重し、そのための社会変革を訴えるマニフェストであったとして「尊厳の革命」と呼ぶことを好む。[27]また、武力衝突の犠牲者は「天上の百人」と称され、聖化された。こうした市民運動を宗教者が超宗派的に支えたことから、ここにウクライナにおける「市民宗教（civil church）」の誕生を見た論者も少なくない。[28]「はじめに」で紹介したように、キーウの若い知識人やリベラル層が、政治腐敗や縁故主義にまみれたウクライナが欧州の一員として生まれ変わる可能性を強く実感したのが、この「尊厳の革命」であった。

ところが動乱は、首都キーウのみならず、ウクライナ各地に飛び火し、民族主義勢力とそれに対抗する親ロシア派勢力という構図を作り上げていった。二月二三日に大統領代行に任命されたトゥルチノフは親欧州路線を取ることを明言し、民族主義政策を促進する姿勢を示した。このような中央政府の親西側／民族主義路線に強い危機感を覚えたのは、ロシア語話者・ロシア系住民が多く居住する東南部地域であった。政治学者の松里公孝は、マイダン革命の過程で生じた暴力とそれらのSNSを通じた拡散が、クリミアや東部ドンバス地方の人々を恐怖に陥れ、ウクライナ中央政府から離れようとする「分離派」の形成につながっていったと指摘する。[29]ロシア政府もまたこの状況に強い危機感を抱いた。特に、軍港セバストーポリを含むクリミアがNATOの影響下に置かれる可能性があることは安全保障の観点からも致命的であった。またクリミアは一九五四年にロシアからウクライナに編入された過去を持ち、住民の六割がロシア系で、ウクライナ独立後の一九九〇年代前半は、中央政府からの分離傾向・親露的傾向が著しかった。[30]二〇一四年三月、ロシアは住民投票という形をとってクリミアを「併合」した。

ドンバス地方のドネツィクとルハンシクでは、反政府派（マイダン革命反対派）の親露派軍が政府庁舎を占拠し、四月にはそれぞれ「人民共和国」の創設を宣言した。親露派軍が占領に成功した地域では、現在に至るまで人民共和国が実効支配を続けている。ウクライナ政府はこれをテロ組織による占領と見なし、反テロ作戦（ATO）を開始した。親露派軍の背後にはロシア軍の支援があり、単なる一地域の「暴動」とは言い難い規模での「戦闘」が展開されることになった。泥沼化することになるドンバス戦争の始まりである。

また、南部の港湾都市オデーサでは、五月にマイダン派と反対派の間に武力闘争が生じた。

反対派が逃げ込んだ労働会館には火炎瓶が投げ込まれ火災が生じたが、建物の外ではマイダン派が待ち構えており、反対派は逃げ場を失って、四二名の死者を出す結果となった。

　こうした状況下、キーウでは五月に大統領選が行われ、中道右派勢力を率いるペトロ・ポロシェンコ（任期二〇一四‐一九年）が勝利し、凍結されていた欧州連合協定を締結した。後述するように、ポロシェンコ大統領はウクライナに教会独立をもたらした立役者である。しかし、ポロシェンコがその大統領任期の当初から、そのような計画を持っていたわけではない。ポロシェンコ大統領は、もともとウクライナ正教会に所属する正教徒であり、二〇〇九年には最下位の聖職者である「輔祭」にも叙任されている。また、ドンバス戦争で親露派側と近しい人的ネットワークを保ってきたイオニンスキー修道院（キーウ市）の共同体を二〇一七年後半まで財政的に支持していた。

　正教会独立をめぐる議論は、この時期、むしろ正教会の内部から浮上したのであった。おりしも、パーキンソン病を患い、長らく闘病中であったウクライナ正教会の首座主教ヴォロディーミルが二〇一四年七月、逝去した。ヴォロディーミル府主教は、一九九二年のハルキウ公会以来、ウクライナ正教会を導いてきた人物である。ヴォロディーミル府主教はバランス感覚に優れた指導者で、二〇〇四年のオレンジ革命以後は、ウクライナ愛国主義勢力をも取り込むことに成功した。[31] ウクライナ正教会は、教会法的に唯一合法で、教区共同体や聖職者の数という点で最大の教勢を保つ教会であり、ウクライナ民族主義やロシア正教会との関係についての態度も決して一様ではなかった。

現地での調査歴の長い宗教学者ニコライ・ミトローヒンによれば、ヴォロディーミル府主教時代のウクライナ正教会はこの問題について、三つの派閥を形成していた。第一が、西部と中央部の一部の教区に多く見られるもので、モスクワからの完全な独立を望むグループである。第二は中央部、北部、そしてザカルパッチャの教区の多くに支持されるもので、大幅な自治権を許された現状の地位におおむね満足というものである。第三が東部、南部の教区を中心に、そもそもウクライナが独自の自治教会を持つこと自体を疑問視し、ロシア正教会との一体性を強調する態度であった[32]。

ヴォロディーミル府主教は、モスクワ総主教庁とはあくまで友好的な関係を保ちつつ、ウクライナはロシアとは異なる歴史を持ち、神学的にも文化的にもロシアとは異なる正教会の伝統を発展させてきたという立場を支持した。そして二〇〇九年から一一年にかけては、キーウ総主教フィラレートとの間で教会合同についての交渉を行っていた[33]。ヴォロディーミル府主教は晩年に至って、いつか将来、独立の地位が付与されることを望むようになっていたという。

ヴォロディーミル府主教の死後、キーウ府主教に選出されたのはオヌフリー（ベレゾフスキー）であった。オヌフリー府主教はウクライナ人ではあったが、モスクワのセルギエフ大聖堂で一八年にわたる修道生活を送っており、モスクワ総主教座に対する忠誠心は明らかであった。同時に、オヌフリーは派閥政治に関係せず、帝国主義的な野心を持たず、政治的にも経済的にも性的にも目立ったスキャンダルのない、清貧な修道士というイメージもあった。しかし、オヌフリーが府主教に着座するにあたり、ヴォロディーミル府主教の腹心的存在であった聖職者たちがキーウ府主教座の権力の中枢から追われることになった。ドンバス戦争という危機の時代にあって、彼らはオヌフリー府主教の方針が、十分に愛国主義的ではない、むしろ親ロシア的であると糾弾して、新指導部への不満を募らせていった。

同時期、キリル総主教らモスクワ総主教庁の指導部は、ウクライナの混乱と無秩序が、教会法的な正統性を持たないキーウ総主教座とギリシア・カトリック教会によって煽り立てられているとして非難した。彼らは「民族主義者」、「分離主義者」であり統一、友愛、秩序に代えて、分断、略奪、混乱をもたらしているとした。対するキーウ総主教座のフィラレート総主教もプーチン大統領を悪魔的に描き出し、非難の応酬を繰り広げた[34]。

こうした状況下、ウクライナの政府系をはじめとするマスメディアも、ウクライナ正教会をロシアの傀儡教会と断じるような攻勢を強めた。二〇一五年五月、ウクライナ最高議会(Verkhovna Rada)ではドンバス戦争で斃れたウクライナ兵に英雄の称号を贈ることが提議され、満場一致の起立と拍手で承認されたが、ウクライナ正教会の代表者たちは起立しなかった[35]。こうした態度が、ウクライナ正教会が、「ロシア世界」の手先であることの証左として批判されたのである。

実際、ドンバスの「人民共和国」支配地域に留まった、ウクライナ正教会高位聖職者のドネ資料⑱「最後の晩餐（セルヒー司祭と兵士たち）」

撮影／Youry Bilak

ツィク府主教イラリオン（シュカーロ）や、ルハンシク府主教ミトロファン（ユルチューク）は、時に公然と親露派勢力を支持した。ウクライナ正教会の中に、親露派勢力を支持した聖職者が一定数いたことは間違いない。ただし、その割合は、ソ連時代の将校の子弟やウクライナ諜報機関の職員、ジャーナリストなど、ほかの社会集団と比較した時に、平均以上に高いものとは言い難い。それにもかかわらず、ドネツィク州のスヴャトヒルシク大修道院は親露派の牙城、同修道院の修道士・聖職者たちは分離派のテロ行為に参加するロシアのスパイといった情報が、SNSやマスメディアによって繰り返し流された。

一方で、ドンバス地域に残ったキーウ総主教座は、「人民共和国」政府を認めず、宗教団体としての登録も拒否したため、ほとんどの教会が閉鎖された。キーウ総主教座のドネツィク主教セルヒー（ゴロプツォフ）は、ウクライナ政府の統治下にあったマリウポリに避難を余儀なくされた。同時に、キーウ総主教座の聖職者は積極的に従軍司祭に志願し、前線の兵士をサポートした。同教会の従軍司祭の一人で、社会事業部の代表であるセルヒー・ドミトリエフ司祭が、二〇一五年春の復活祭（パスハ）を兵士とともに祝う姿を捉えた写真は、あたかもダヴィンチの絵画『最後の晩餐』のようである。防空壕と思しき質素な部屋で、セルヒー司祭を囲む兵士たちは穏やかな表情を見せている。キーウ総主教座がウクライナの兵士と、その家族のためにともに祈る存在であることを力強く伝える一葉であった（資料⑱参照）。マイダン革命以前、セルヒー司祭はウクライナ正教会のヘルソン主教区の社会事業部長として精力的に活動していたが、ドンバス紛争開始後は政府軍に対する支援活動を熱望し、キーウ総主教座へと管轄替えしたのであった。

五．「神政学（theopolitics）」の発動

二〇一九年のウクライナ大統領選を前に、正教会独立問題は一挙に進展することになった。問題はウクライナ国内のみに留まらず、正教世界全体を巻き込んだ国際的なレベルにまで発展していくことになる。

独立教会制を持つ東方正教の世界では、地方教会が国家にとってのソフトパワーとなったり、

国際政治の舞台で国家間の利害関係を調整する立役者となったりすることは珍しくない。とりわけ、世俗の国境をまたいで管轄領を持つ、世界総主教座とモスクワ総主教座による「教会外交」のつばぜり合いは多くの研究者によって分析されてきた。

近年では、自らの管轄領域の一部に独立／自治を与える権利、そして新しく誕生した地方教会に対し相互領聖（フル・コミュニオン）の関係を承認するか否かをめぐって、両総主教座を中心とした諸地方教会が展開する教会間関係を、地政学（geopolitics）にちなんで神政学（theopolitics）と位置付ける研究者までいる[36]。

一四五三年にビザンツ帝国が崩壊し、ロシアが帝国としての伸張を続けた結果、正教世界の覇権は事実上モスクワが握ることになった。しかし、一九世紀から二〇世紀にかけての国民国家の台頭や移民の増加に伴って、バルカンや東欧地域に新設の地方教会が増加し、アメリカや西ヨーロッパに正教徒ディアスポラ共同体が誕生すると、独立をめぐって母教会と対立する地方教会やディアスポラの正教徒たちにとって、世界総主教の権威は重要な意味を帯び始めた。

ここに、正教会の覇権をめぐるモスクワとコンスタンティノープルの対立構造が生じることになった。これまでも、ポーランド正教会の独立承認、フィンランド正教会やエストニア使徒教会の自治承認、西ヨーロッパのロシア・ディアスポラ教会の帰属問題や、ロシア正教会を母教会とするアメリカ正教会の独立承認をめぐって両者は対立してきた。

しかし、ウクライナ問題はそれとは比較にならないほど深刻であった。そもそも、ウクライナの正教徒人口はロシア正教会に次ぐ第二の規模を誇ると推計される。さらにモスクワにとって、ウクライナは一〇世紀以来の伝統と聖性の証しであった。したがって、コンスタンティノープルにとって、ウクライナ正教会をロシアから引き離し、自らの傘下に取り込むことは、正教世界における「第一人者」の権威を名実ともに強化し、モスクワの権威を切り崩すことにつながるはずであった。

さらにウクライナ人正教徒のネットワークは、ウクライナ国内に留まるものではなく、カナダを中心とした欧米圏のディアスポラ共同体をも含む。教会法上の帰属について、ディアスポラ正教徒は世界総主教の管轄下に置かれている。ウクライナ人の場合も、北米のディアスポラ教会は、一九五〇年にコンスタンティノープルから自治権を承認されていた。つまり、ウクライナ人正教徒の問題は、世界総主教にとってもはなから他人事ではなかったのである。

クリミア併合問題をめぐってウクライナとロシアの緊張関係が高まっていた二〇一四年三月、コンスタンティノープル総主教ヴァルソロメオス（一九四〇年生まれ、在位一九九一年-）の主催で、二〇一六年六月一六日から二七日にかけて、独立教会の首座主教が一堂に会す全正教会公会議（Pan-Orthodox Council）が行われることが宣言された。この公会議は一九二三年以来、長らく開催が待たれていたものである。

公会議の主な目的は、神学的問題（現代世界における正教会の使命、婚姻機密に関する規定の緩和[37]、正教会とほかのキリスト教教会の関係）や典礼上の取り決め（斎の時期の食事制限の緩和、独立教会の事実上の序列）、また教会法の解釈（正教徒ディアスポラの管轄問題、教会自治の承認方法）をめぐって、正教世界全体の合意を確立することとされ、ウクライナ教会独立への直接の言及は避けられた。公会議に参加できるのは、独立を認められフル・コミュニオンの関係にある一四の地方教会の代表団（当時承認されていなかったマケドニア正教会を除く。33頁資料④参照）で、使徒継承性を持たない非承認のキーウ総主教座と独立正教会（ＵＡＯＣ）に参加権は認められていなかった。それにもかかわらず、公会議の決定がウクライナ問題に大きく影響することは疑問の余地がなかった。

二〇一六年一月にスイスのシャンベジー（コンスタンティノープル総主教座が設立した正教会統一運動のためのセンターの所在地）で行われた準備会に、キリル総主教とオヌフリー府主教はそろって出席した。彼らは教会法的正統性（使徒継承性やフル・コミュニオン関係など）の重要性を主張して、ウクライナ正教会の存在を擁護した。正教世界におけるロシア正教会の影響力は甚大である。古代総主教座の流れを引くエジプトのアレクサンドリア、シリアのアンティオキア、そしてイェルサレムの各総主教座に対して、ロシア正教会は財政的支援を継続的に行っており、ギリシアとキプロスの正教会とは共同の慈善事業を展開して、巨費を投入していた。さらに、ジョージア、セルビア、ブルガリアの正教会とは政治的な関係を含めたつながりを持ち、ポーランド正教会やチェコとスロヴァキアの正教会も高位聖職者を通じた結びつきや財政面での支援があったという。[38]

入念に準備された公会議であったが、直前になってそのすべてを台無しにする事件が起こった。六月に入ってすぐ、ブルガリア正教会が公会議への参加辞退を表明した（一日）[39]。さらに、イェルサレム総主教座との間に複数の未解決問題を抱えていたアンティオキア総主教座が辞退を決定し（六日）、これを受けて、ジョージア正教会も公会議をキャンセルすることに決めた（一〇日）。そして、ロシア正教会も、公会議直前の一三日になって参加辞退を表明した[40]。これらの参加辞退の理由は様々で、はっきりしない部分も多いが、正教世界の外交事情を専門とする研究者ルシアン・ロイスタンによれば、ウクライナ問題が関係していたことは間違いないようだ[41]。すなわち、公会議の決定が、ウクライナ独立問題をロシアに対して不利な形で進める一手となる可能性が高まったということだ。

これら四つの地方教会（ブルガリア、アンティオキア、ジョージア、ロシア）が公会議に参加しないことが明らかになると、ウクライナ最高議会は、モスクワ総主教座の管轄外でウクライナの教会独立を認めるよう求める上申書を世界総主教に対して提出した（一六日）。一九日から二六日にかけて開催された公会議では、ウクライナ問題については言及されないまま、公会開催以前に取り決められていた文書が承認された[42]。しかし、公会議を欠席した四地方教会は、この文書が全独立正教会に対して効力を持つものと認められないことを宣言した。そのため、公会議決定はほとんど意義を失ってしまったといえよう。

また、同年の二月のキューバで、モスクワ総主教キリルがローマ教皇フランシスコと初めての会見を持っていたことも影を落とした。このままでは、モスクワ総主教こそが、正教世界の問題について実質的な決定権を握り、正教世界を代表する存在であることを世界総主教は認めざるを得ない。教皇会見と公会議の失敗で二重に権威に泥を塗られた世界総主教は、モスクワとの対立姿勢を強め、ウクライナ問題への介入を深めていくことを決める。

一方でウクライナ政府も、モスクワの存在を無視し、コンスタンティノープルに独立を承認してもらうことで、教会法上の正統性の問題を解決し、統一された正教会の創設を目指す準備を進めていった。ロイスタンによれば、二〇一四年九月から二〇一八年四月までの間に、ウクライナ政府は一二回にわたってイスタンブールを訪れ、密室交渉を進めていたという。[43]当然、全ての会合が教会独立に関するものであったわけではないが、正教会の問題が政府間の外交問題と連携して論じられたことには、重要な意味があった。

二〇一八年四月、ポロシェンコ大統領はトルコを訪問し、エルドアン大統領およびコンスタンティノープル総主教ヴァルソロメオスと会談して、ウクライナ教会独立に関して協議した。[44]この会談の後、国内では最高議会で教会改革の開始が宣言された。ポロシェンコ大統領は、「近現代に創設された全ての地方教会は、政治と宗教の協力によってのみ公認されるに至っている。教会の高位聖職者たちがそうしてきたように、私たちも国民と権力の団結を示さなくてはならない」と述べて、教会独立問題に政府が積極的に介入することの重要性を示した。[45]キーウ総主教座と独立正教会（UAOC）は、二〇一七年の冬以降、再統合に向けて交渉を進めており[46]、ウクライナ政府およびコンスタンティノープルの介入を歓迎した。

二〇一八年の春から夏にかけて、ウクライナ政府は他の独立正教会に対しても積極的な外交政策を展開した。各国のウクライナ大使がその地の首座主教と会談し、ウクライナ最高議会議長、外相、元大統領など、政府高官も諸独立教会の指導部を訪問した[47]。

同時に、使徒継承性を持つ唯一の正教会であったウクライナ正教会は、コンスタンティノープルによる独立承認の動きに大いに動揺した。独立問題について、教会内部に統一した見解があったわけではないことはすでに確認した。「ロシア・ナショナリスト」の異名を持つザポリッジャ主教ルカ（コヴァレンコ）は、最高議会が教会改革を宣言した決議の翌日に、これを批判する声明を出した。ウクライナ正教会はこのような形での教会統一に反対する署名運動を展開したが、一般司祭や教区民のなかには、署名を強要されたという訴えも上がり、署名は目標数には達しなかった。

六月には、ウクライナ正教会のオデーサ府主教アガファンゲル（サッビン）（同教会最高齢で最も権威ある高位聖職者のひとり）、カーミャネツ・ポジルスキー府主教フェオドル（ハユン）、ドネツィク府主教イラリオン、ボリスピリ府主教アントニー（パカーニチ）（キーウ府主教座の行政担当）、渉外局書紀ミコーラ・ダニレーヴィチ長司祭（教会の外務次官に当たる）がコンスタンティノープル総主教を訪問した。この時点で、ウクライナにおいて世界総主教とフル・コミュニオンの関係を保つ正教会はウクライナ正教会のみであったため、彼らにはウクライナの諸正教会を代表する資格があった。しかし、この代表団が親ロシア的な派閥から構成されていることは明白だった。彼らは世界総主教による「分離派」承認を阻止するための交渉を試みたが、多様な声を無視した「代表団」の振る舞いには、ウクライナ正教会の内部からも批判の声が上がった。[48]
八月三一日、モスクワ総主教キリルは、コンスタンティノープル総主教座を訪問し、ウクライナ教会の独立問題について調整を図った。しかしその試みは完全な失敗に終わった。キリル総主教による訪問の直後、ヴァルソロメオスは世界各地で司牧するコンスタンティノープル総主教座所属の高位聖職者を集めた公会を開催し、ウクライナ問題について、モスクワを痛烈に批判する声明を発表した。[49]
それによれば、ウクライナ問題は近年に端を発するものではなく、中世にまでさかのぼる歴史的検討が必要である。モンゴル軍の襲来後、北東ルーシへ遷座した府主教座が「キーウ」を名乗り続けたことは、コンスタンティノープル総主教座の許可なく行われたことであった。一六八六年にコンスタンティノープル総主教は、確かにモスクワにキーウ府主教を叙任する権限を与えた。しかしその際、キーウ府主教座の管轄権についてはコンスタンティノープル総主教座に留まるという条件があった。これを無視して、キーウ府主教座の領域を自らの管轄と見なしたのは、モスクワによる教会法違反である、というのがその骨子であった。
また、こうした介入への理由として、コンスタンティノープルは世界総主教としての自らの

「同輩中の第一人者」の地位を強調し、自らこそが「七つの全地公会と地方公会で取り決められた教義と同様に正教の聖なる伝統の守護者として、またそればかりでなく聖なる教父の教えの守護者として（中略）諸地方教会の一致とコミュニオンを保護する責任において、教会法的管轄権と全ての使徒的特権を享受する」ことを主張した。

また、九月一四日には、コンスタンティノープル総主教庁のエグザルフ（外国における総主教代理）として、北米のウクライナ系正教会大主教ダニエル（ゼリンスキー）および府主教ヒラリオン（ルドニク）がキーウに派遣された。コンスタンティノープル総主教座が、モスクワ総主教座が管轄するキーウにエグザルフを派遣したことは、地方教会の管轄領に対する相互不可侵という前提が破られたことを意味する。

こうした動きに対しモスクワ総主教座は、正教の伝統に反し、教会法を無視しているのはむしろコンスタンティノープル総主教庁であると強く批判した。モスクワによれば、キーウ府主教座は一三世紀にウラジーミルへ、そしてその後一四世紀にモスクワへ遷座したが、その当時、それを「キーウ府主教座」と称することに異議はなかった。また、一六二〇年に再建されたキーウ府主教座が、モスクワ総主教座の一部となることを定めた一六八六年の文書には、それが「仮」のものであるという取り決めはなく、その後三〇〇年にわたって異議は唱えられなかった。また、教会独立は、全ての地方教会の賛同をもって承認されるという全正教会的取り決めが一九九三年になされており、コンスタンティノープルのやり方はそれを覆すものであると主張した。[50]
モスクワ総主教庁の聖シノドは、コンスタンティノープル総主教ヴァロソロメオスのための祈りを停止し、コンスタンティノープル総主教が主催する催しに参加しないことを発表した。[51]高位聖職者は奉神礼において、各独立正教会の首座主教の名前をリストにした「ディプチヒ」を記憶して祈る伝統を持つ。ここからヴァロソロメオスの名前を削除することは、聖職者レベルの問題であり、信者レベルでのコミュニオン関係を否定するものではない。しかしウクライナの教会独立を前に、正教世界がコンスタンティノープルとモスクワの二大勢力に分断されたことは否めなかった。
このような分断状況のまま、コンスタンティノープル総主教庁はウクライナの正教会独立に向けたプロセスを継続することになったのである。

六．ウクライナの教会統一に向けた政権の介入

ここまでは、ドンバスでの戦争が始まった後、ロシアとの関係を有するウクライナ正教会の基盤が揺るぎ始め、ウクライナの教会独立問題が正教世界全体を二分する国際問題にまで発展した経緯を確認した。コンスタンティノープル総主教座に対して、ポロシェンコ政権から積極的な働きかけが行われたことはすでに見たとおりであるが、本節では、国内における教会統一

にどのような政治的介入があったのかを検討する。

ポロシェンコ政権がウクライナの教会独立に果たした役割については、専門家や研究者の間でも大きく評価が分かれる。ウクライナがロシアから完全に分離することを希求する民族主義者やウクライナのヨーロッパ化を目指すリベラル知識人層、さらに彼らを支持する専門家・研究者は、ポロシェンコ政権はウクライナ民族の長年の希望を実現するための政治的努力を尽くしたと評価する。他方、ポロシェンコ政権のやり方を批判的に捉える人々は、必ずしもロシアとの関係を重視する立場からそうしているとは限らない。例えば筆者は、ウクライナの宗教法に鑑み、政治による宗教問題への介入にはより慎重であるべきという立場から、ポロシェンコ政権のやり方には懐疑的である。特に、教会独立に反対したウクライナ正教会に対して、ポロシェンコ政権が抑圧的な法整備や行政手段（後述）を促進した点は憂慮すべき問題だと考えている。

ポロシェンコ政権による教会独立への介入が、二〇一九年に行われる大統領選に向けての政治運動の一環であったことはしばしば指摘されている。欧州との統合に行き詰まり、腐敗一掃にも成果を上げられず、支持率の低迷に悩んだポロシェンコは、「軍、言語、信仰」を掲げて、事実上の敵国ロシアとの関係を断絶すべく、政治や経済や軍組織のみならず、文化面でもウクライナ化を促進する政策に打って出た。

言語に関する施策についてごく簡単に触れておこう。ポロシェンコ政権下で、マスメディアで用いられる言語は放送時間の七五％以上をウクライナ語にすることが定められた。また、少数民族言語（ロシア語を含む）を母語とする人口が一〇％以上を占める地域において、その言語を「地域語」としてウクライナ語と同等に用いることができると定めた言語法を廃止し、立法・司法機関、学校教育、マスメディアにおけるウクライナ語の独占的使用を定めた新しい言語法案の審議が始まった（採択は二〇一九年四月）。[52]
正教会に関しては、まずウクライナ正教会に対する徹底的なメディア攻勢が敷かれた。ウクライナ正教会は、「ロシア世界」の出先機関であり、聖職者たちはロシア連邦保安庁（ＦＳＢ）のエージェントであり、ドンバスにおけるテロ活動を積極的に支持しているというプロパガンダが繰り返された。すでに確認したとおり、彼らの間に親露派を支持する言動をとった者がいたことは間違いない。しかし同教会に所属する聖職者約一万人のうち、実際に親露派への支援・協力が確認されたのは三〇名程度である。[53]
ネガティヴ・キャンペーンの具体的な例としては、次のようなものがある。二〇一八年一月、ある高層建築物から飛び降り自殺を図った男性の下敷きになって、二歳児が死亡するという痛ましい事件が起こった。子供の両親は埋葬式を行うべく、近くの正教会の司祭を頼った。それは、ウクライナ正教会であった。ところが、男児が洗礼を受けたのはキーウ総主教座であることが判明したため、この司祭は埋葬式を拒否した。教会法に従えば、正教徒ではない人物に機密（神の恩寵を授ける儀礼。領聖や罪の許しなど）を施すことはできない。男児の洗礼は有効と見なされず、依頼を受けた司祭は教会で埋葬式を行うことはできなかったのである。ザポリッジャの府主教ルカはこの拒絶を正しい振る舞いと判断した。しかし、一般の信徒の多くは、そのような正教会のしきたりに通じていない。よもや通じていたとしても、この場合、ルールやしきたりを無視してでも、犠牲となった男児とその遺族に寄り添って、埋葬式を執り行うのが教会の使命ではないのか。SNSではウクライナ正教会に対する非難のハッシュタグが噴出した。
ウクライナ政府による報道姿勢は、西側社会、ひいては日本の報道にも影響を与えた。『ラジオ・リバティー』やBBCのウクライナやロシア編集局では、政府寄りの現地スタッフによって記事が作成されるため、西側やそれをリソースとする日本の報道においても、キーウ総主教座を中心とする非承認教会を善、ウクライナ正教会を悪とする単純な二項対立図式が伝えられがちであった。つまり、教会独立はウクライナ国民の熱望するところであり、ロシア正教会とその手先としてのウクライナ正教会によってそれが妨げられているという構図が強調された。二〇一八年一一月二一日の『日本経済新聞』は次のようなエピソードを伝えている。[54]
アーニャさんらは一四年九月に村で起きた事件を忘れられない。当時の神父［モスクワ系神父（筆者註：司祭の口語表現。呼びかけが「神父」となる）］が「プーチン大統領が我々を助けに来る」と説き、ウクライナの国旗を下ろし、東部で戦死したウクライナ兵への祈りを拒否した。反発した住民が投票でキエフ総主教庁に移ることを決めると、モスクワ系の神父らが大勢村に乗り込み、教会を一時占拠した。「暴力団も来て、教会を替えぬよう脅された」と住民は証言する。

続いて同紙は、ラズムコフ・センターの世論調査の結果、ウクライナ正教会への支持が激減したのに対し、キーウ総主教座に対する支持が倍増したことを伝えている。実際、世論調査の結果はキーウ総主教座に対する支持の高まりを示している。問題は、世論調査の結果が、実際に教会に通う信者たちの実像を伝えているわけではないということだ。

ポロシェンコが張った教会統一キャンペーンは、信仰や教会法の問題ではなく、ウクライナ・ナショナリズムに訴えるものであった。その結果、「キーウ総主教座の無神論者」、「キーウ総主教座のムスリム」など、個人の宗教的信条とは無関係にキーウ総主教座を支持する人々が現れた。つまり、ロシア正教会からの断絶と独立教会の創設を切望しているように見えるウクライナの世論やメディア上の声は、必ずしも「正教徒」の意向を反映するものではないのである。ここで私が言う「正教徒」とは、教会に定期的に通い、教会の存在が生活のなかで多くの比重を占めている信者や聖職者を指す。

教会の存在が生活のなかで比重を占めるとは、普段から日曜の教会での領聖に参加しているかどうかが一つの判断基準となる。定期的に教会に通うことで、信仰について考えたり、祝日や断食などの教会暦に従った生活を心がけたりする機会が増え、教区民の一員としての人間関係も形成される。

彼らにとって、自分が定期的に受けている領聖などの機密が有効なものかどうかは重要な問題である。モスクワ総主教座に連なる教会であればこの点に問題はない。しかし、キーウ総主教座や独立正教会（ＵＡＯＣ）はそうではない。これらの非承認の教会は、正教徒にとっての信仰の基本である「信経」に謳われる「一つの聖なるおおやけなる使徒の教会」ではない、すなわち使徒継承性を持たないのである。この違いは、日曜ごとの奉神礼で、罪の赦しを受けハリストスの尊体尊血にあずかるのか、あるいは単に葡萄酒に浸したパンを儀礼的に口に入れているに過ぎないのか、という問題、いわば信仰の根幹にかかわる問題なのである。この違いを理解している信者が、司祭の振る舞いが気に食わないという程度の理由で、非承認教会へ管轄を変更するということは考えにくい。司祭の人柄が気に入らないのであれば、承認教会に属する近隣の別の教区へ通うという選択肢は十分に考えられる。

聖職者の場合であれば、神品機密（聖職者になるための儀礼）を受ける際に、分派活動を行わないことを含めた教会への忠誠の誓いを行う。キーウ総主教座へと管轄を変更することは、聖職者としての誓いを破ることに他ならない。さらに、聖職者は神学校での教育や、洗礼、婚姻などを通じて、聖職者間で家族関係にも似た濃密な関係を形成している。管轄の変更は、この疑似家族的ネットワークからの切り離しも意味する。

要するに、教区共同体の信者や聖職者にとって、その教区共同体の管轄をモスクワ総主教庁からキーウ総主教庁へ移すことは、ウクライナとロシアのどちらを支持するのかという政治的問題である以上に、信仰の根幹と近隣や親族の人間関係にかかわるより根源的で喫緊の問題なのである。

191頁の資料⑰に示したように、ウクライナにおける宗教組織（教区教会）の数を見ると、圧倒的多数はウクライナ正教会であり、それにキーウ総主教座、独立正教会（UAOC）が続く。しかし、これらの数字でさえ、実態を表したものとは考えにくい。二〇一八‐二〇年にかけて、ウクライナの六つの州でそれぞれの教区教会における信者数を実地調査したミトローヒンによれば、非承認教会では紙上のみの組織がかなり多い。政治的にキーウ総主教座に対する支持層の厚いキーウ市（市内五地区）およびキーウ州でさえ、実際に活動している教区の割合は、ウクライナ正教会の方が五倍多く、奉神礼に参加している信者の割合は一〇倍の開きがあったという[55]。筆者自身は同様の体系的な調査は行わなかったが、体感としてこの結果に同意できる。ヴィーニッツァ州（中部）やヘルソン、ザポリッジャ、オデーサ諸州（東南部）においては、キーウ総主教系の教会は消防署や官公庁などの公的施設に敷設されているものがほとんどであった。一般的に、こういった教会は、常駐の司祭や信者共同体を持たないことが多い。

コンスタンティノープル総主教座による独立承認は、キーウ総主教座を中心とした教会統一を行って、その正統性を認めることによって、教会法上の正統性の問題を解決し、それによって信者共同体による支持の問題をも解決するはずであった。

二〇一八年一〇月、コンスタンティノープル総主教座は、ウクライナに独立を認めるための具体的なプロセスに着手した。まず、一六八六年にモスクワに与えたウクライナ管轄権を認める文書を無効とし、ウクライナが自らの管轄下にあると宣言した。さらに、モスクワ総主教庁から宣告されていたフィラレートらの破門を解除した。そして、一二月一五日にキーウで「統一公会」を開催することを決定したのである。

統一公会において、キーウ総主教座と独立正教会（UAOC）が合同することは既定路線であった。問題は、ロシア正教会の傘下にあるウクライナ正教会に属する五四名の高位聖職者のうち、どのくらいがこの統一公会に参加するかという点にあった。蓋を開けてみると、統一公会に参加したウクライナ正教会の高位聖職者は、たったの二名であった。ヴィーニッツァのシメオン府主教（ショスタツキー）と、管轄を持たないオレクサンドル府主教（ドラビンコ）である。前者は、二〇一四年七月にキーウ府主教ヴォロディーミルが亡くなった後、ポロシェンコ大統領がキーウ府主教への叙任を画策した経緯があった。後者はヴォロディーミル府主教の腹心であったが、オヌフリー府主教の着座に伴い権力基盤を失っていた。

このほかにも、キーウ市内では一二名の聖職者が統一公会側に移ることを決め、ウクライナ正教会から聖職停止の処分を受けた。そのなかには、キーウ府主教座の情報教育部の部長を務め、ヴォロディーミル府主教の報道官を務めていたヘオルヒー・コヴァレンコ司祭や、神学博

資料⑲ 2018-19年　新正教会の創設

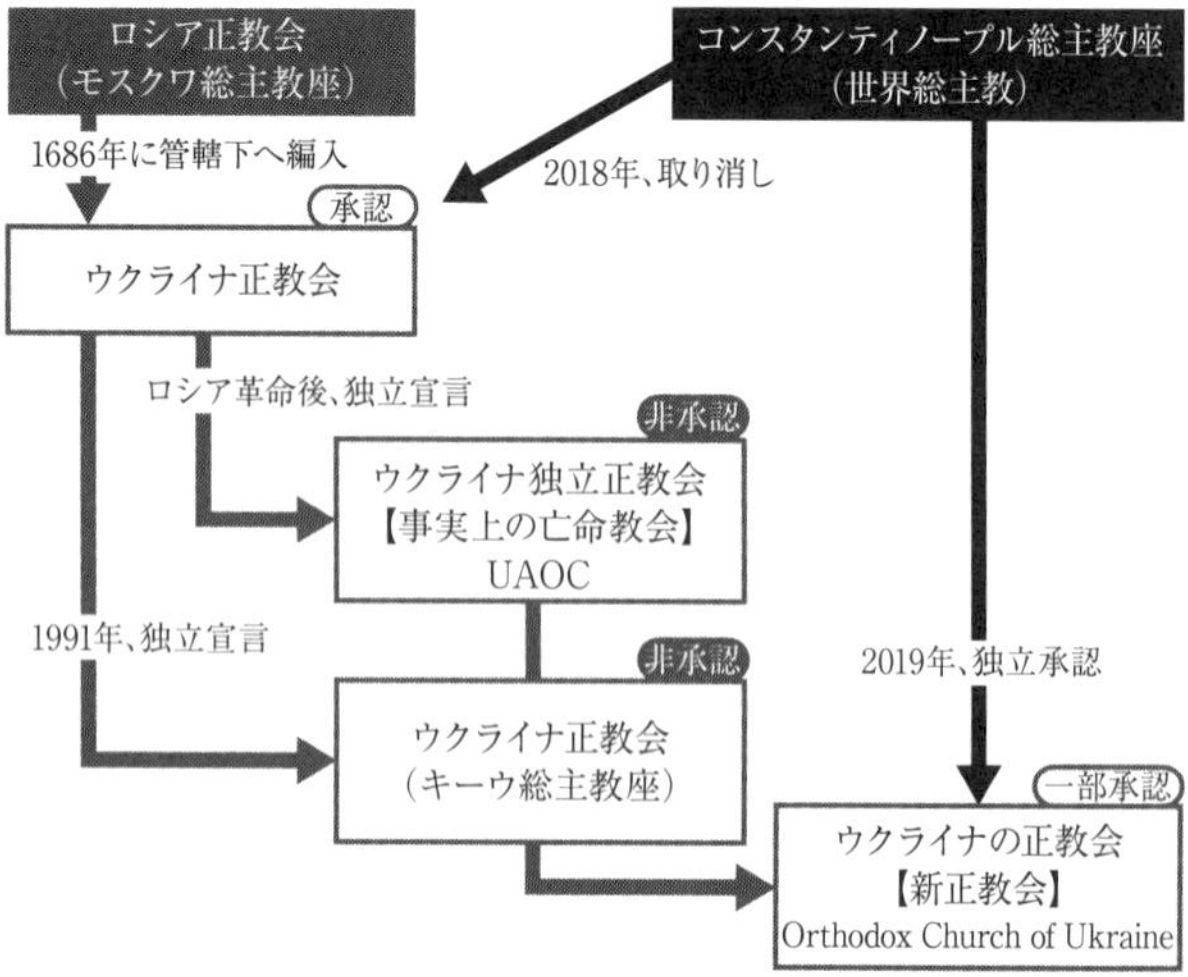

士の学位を持ち、キーウ軍病院の司祭で最も有名な従軍司祭の一人であったオレフ・スクナーリ司祭、正教会のテレビや雑誌などマスメディアの編集長であったアンドリー・ドゥーチェンコ司祭、非承認正教会との対話のためのワーキンググループを率いていたペトロ・ズーエフらが含まれた。彼らはいずれもヴォロディーミル府主教の時代に教会独立派として活躍していた高官たちであり、西側諸国との対話にも積極的で、SNSなどのメディアを駆使した発信力を持つエリート聖職者であった。オヌフリー体制のもとで活躍の場を失った彼らは、〈新しい教会〉で〈古い教会〉に対抗する理論的・実践的指導者となることを選んだといえよう。

統一公会によって、独立正教会とキーウ総主教座が事実上合同する形で、ウクライナの新しい正教会（Orthodox Church of Ukraine、「新正教会」と略）が誕生した（資料⑲参照）。首座主教たる「キーウおよび全ウクライナ府主教」には、フィラレートの側近であったエピファニー（ドゥメンコ）が選出された[56]。エピファニーは一九七九年生まれで、首座主教に任命されるには若手である。ただし、後述するように新正教会の高位聖職者たちは一様に若い。

統一公会が開催されたソフィア大聖堂前の広場はウクライナ国旗を掲げた群衆で埋め尽くされ、彼らを前にしてポロシェンコ大統領[57]がスピーチを行った。ポロシェンコは、教会独立を祝い、ロシアからの独立を強調した。それによれば、この教会は「プーチンのいない教会」であり、「親欧州、親ウクライナの国家戦略の一部」である。さらに教会独立は宗教的な問題である以上に、国家安全保障の問題であり、国家の根幹にかかわる問題である。

以上のことから、ソ連解体前夜の教会分裂運動の特徴（183‐184頁参照）がここでも繰り返されていることが分かる。新しい教会の指導層はモスクワ総主教庁と対立関係にあり(2)、教会の主要なアジェンダは、宗教的問題よりも政治的問題にある(3)(4)。また、その支持基盤はウクライナ・ナショナリストが中心になっており、リベラルな知識人による教会改革に柔軟である(5)。エピファニー府主教に代表されるように、新正教会の主教たちは一九六〇年代から一九八〇年代生まれと、高位聖職者としては若手が多い。選出当初はフィラレートの傀儡に過ぎないと考えられていたエピファニー府主教も独自の改革路線を打ち出している。例えば、新正教会では女性の服装規定（ロングスカートとスカーフを着用するのが伝統的）に対して寛容である。また、二〇二三年初頭には、ロシア正教会が伝統的に使用してきたユリウス暦に代えてグレゴリオ暦を併用することを決めた。大切なのは形式ではなく、内面の信仰であり、教会に足を運ぶことだ、という考えが根底にある。ただし、新正教会がこれまでの教会と大きく異なっていたのは、東方正教の世界における承認（1）にかかわる点であった。

二〇一九年一月、キーウ府主教エピファニーを中心とする新正教会の代表とポロシェンコ大統領は、コンスタンティノープル総主教庁を訪問し、ヴァルソロメオス総主教より「トモス」と呼ばれる独立承認の詔勅を受領した。これにより、新正教会は東方正教世界における使徒継承性を有する教会になったわけだが、残りの独立教会において新正教会を承認するものはすぐには現れなかった。二〇二三年現在においても、新正教会を独立教会として認めているのは、もともとコンスタンティノープル総主教庁寄りであったアレクサンドリア総主教座、ギリシア正教会、キプロス正教会に留まる。

さらに、新正教会に許された権限は、ウクライナ正教会が「自主管理教会」としてロシア正教会に認められた自治権と比しても、限られたものであった。その首座主教の称号は「総主教」ではなく「府主教」であり、その変更にはコンスタンティノープル総主教の承認を必要とする。また、新正教会が教会組織、教義、典礼にかかわる重要な問題を決定する際には、コンスタンティノープル総主教座へ申請する義務を負う。コンスタンティノープル総主教庁はキーウにエグザルフおよび総主教庁直属の聖堂を配置する権利を有する。さらに、新正教会はウクライナの世俗の国境外に教区組織を作ることを認められない（この条項のために、戦火を逃れて欧州で難民となったウクライナ人正教徒は新正教会の教区共同体を組織することができないのである）[58]。

コンスタンティノープルはトモスを通して、ウクライナに対する「母教会」としての立場を強化すると同時に、正教世界の頂点に立つ世界総主教としての権威を誇示したともいえる。つまり、見方を変えれば、ウクライナはロシアから独立したのと同時に、コンスタンティノープルの傘下に入ったのであり、このことは大国に挟まれたウクライナの歴史的宿命でもある。また、他の地方教会からすれば、新正教会の独立を承認することは、単にウクライナの独立の地位を認めるに留まらず、自らの管轄領域に世界総主教が介入する権能を認めることにもつながるため、慎重な立場を取らざるをえない。

こうした留保のうえであったが、ともかく教会独立を達成したポロシェンコは、エピファニー府主教とともに、新正教会の宣伝のためにウクライナの地方都市を回る「トモス・ツアー」を始めた。さらに、トモス発布と前後して、ポロシェンコ政権は「良心の自由と宗教団体にかかわる法」について修正法案を次々と採択して、新正教会をバックアップした[59]。

まず、ウクライナに対して軍事的侵略を行っている国家に本拠地を置く宗教団体は、その本拠地を名称において示さなくてはならないという法案を可決した（法案番号五三〇九）。これによって最高議会はウクライナ正教会に対し、「ロシア正教会」を名乗るよう迫った。しかし、二〇一九年五月にヴォロディーミル・ゼレンスキー政権が誕生すると、ウクライナ正教会の拠点がロシアにあるのかどうかという問題が最高裁判所で議論され、さらにこの法案の合憲性が審議されたことによって、ウクライナ正教会を「ロシア正教会」と強制的に改称させようという動きはいったん下火になった。

続いてウクライナの全ての宗教組織に、一年以内の再登録を求める法案を可決した（法案番号四一二八ｄ）。これはウクライナ内務省に登録されている個別の教区や修道院、神学校などの「宗教組織」が、自らを管轄する宗教団体について、自分たちの話し合いにより決定できるという民主的な原則に基づいている。ただしこの法改正の狙いは、新正教会の創設に伴って、ウクライナ正教会に属する教区共同体に管轄変更を促すことにあった。ウクライナ・ナショナリズムに燃える州政府や市町村レベルの自治体では、教区共同体に圧力をかける事態が生じた。こうした事態は特に西部諸州で顕著であった。私自身が調査で知りえただけでも、ヴォルィニ主教区で、ウクライナ正教会に所属する聖堂の扉の蝶番をバーナーで焼き切って新しいものに付け替え、それまでの聖職者が聖堂を使えないようにされた事例があった。自分たちの聖堂を追い出され、聖堂脇に建てられた司祭館の一部屋で、奉神礼を行わざるをえなくなった教区もあった。このほかにも、警察や治安部隊が教区教会を取り巻き、信者共同体との武力衝突につながった例や、自治体が聖堂前の道路を掘り起こして通行不能にしたり、聖堂のガス・水道な

資料⑳ ウクライナ政府による宗教団体別登録数の推移

（2019年1月）

	ウクライナ正教会	キーウ総主教座	独立正教会
教区共同体数	12437	5363	1171
修道院	215	63	14
聖職者	10419	3737	706

（2021年1月）

	ウクライナ正教会	新正教会
教区共同体数	12406	7188
修道院	215	79
聖職者	10510	4572

出典:DESS統計より筆者作成

どのライフラインを止めるなどの例があり、暴力的な事件が多発した。

米国務省に提出された二〇二〇年版の国際宗教フリーダム・レポートによれば、ゼレンスキー政権はポロシェンコ政権に比べて、宗教問題に対してより中立的なスタンスを取ると指摘された。[60] 二〇二〇年二月、国家機関である「民族政策と良心の自由局（Derzhavna sluzhba z etnopolityky ta svobogy sovisti, DESS）」の長官には、社会学者のオレーナ・ボフダンが任命された。彼女は、ウクライナ正教会への弾圧は、社会状況を不安定にし、国家に対する不信感を生み出すとして、慎重な政策展開を訴えた。[61] また、大統領府の副長官に選出されたセルヒー・トロフィーモフは、ポロシェンコ政権下で促進された新正教会への違法な移行をやめるよう、地方当局に繰り返し訴えた。しかし、二〇二二年二月のロシア軍によるウクライナへの全面侵攻が開始されると、トロフィーモフもボフダンも、そのスタンスがモスクワ総主教寄りであると批判されて解任されるが、それについては終章で述べる。

一方でウクライナ正教会の内部では、東部戦争と新正教会の誕生という苦難をへて、親ロシア的な見解が後景に退き、自分たちこそ「唯一正統なウクライナの正教会」であるというアイデンティティが確立されていった。またウクライナ正教会の教区信者や聖職者らの多くは、新正教会を「合法的な正教会」とはみなさず、暴力を伴う管轄替えの頻発も影響して、ポロシェンコ政権が期待したようには、新正教会への管轄変更をしなかった。二〇二一年一月の統計資料でも、ウクライナ正教会の教区共同体数は一万二四〇六件、新正教会は七一八八件である[62]（資料⑳参照）。一方で、社会調査は新正教会に対する市民の支持が高いことを示している。すなわち、教会に通う伝統的信者がウクライナ正教会を支持するのに対し、正教徒を自認するが教会に積極的に通うわけではない市民は新正教会を支持する傾向があることを示している。

七．正教会と地域社会への貢献活動——ウクライナ正教会はロシアの手先か

では新正教会およびウクライナ正教会は、ウクライナ社会でどのような役割を果たしているのだろうか。このことを明らかにするために、私は二〇一九年九月から一〇月にかけて、ドンバス戦争の影響をより濃厚に受けていたウクライナ東南部における教会の社会貢献活動に関するフィールドワークを行った。調査を行ったのは、ドネツィク、ザポリッジャ、ヘルソン、ミ

コライフ、オデーサの各州で、聖職者、ジャーナリストや歴史家などの専門家、行政官という三つのカテゴリーへの半構造化インタビューを行った。

教会の社会貢献活動は、いうまでもなく都市の経済規模に比例する。つまり、経済的に余裕のある地域ほど、社会貢献活動は府主教区単位で組織的に行われる。調査対象地域では、ヘルソン、ザポリッジャ、オデーサの主教区において、組織的な社会貢献活動が観察された。ヘルソンにおいて、組織的な社会貢献活動の枠組みを作ったのは、前述（199頁）のセルヒー・ドミトリエフ司祭であった。ドミトリエフ司祭がキーウ総主教座に移ったのちも、ヘルソンでは児童養護施設や養老院での個別の活動が活発に行われている様子が確認されたが、府主教区を横断的に統括する活動は観察されなかったので、ここでは割愛する。以下では、ドネツィク、ザポリッジャ、オデーサでの調査を中心に具体的に紹介する。

ドネツィク州

ドネツィク州は、二〇一四年に始まったドンバス戦争の舞台であり、調査当時も州の一部地域で親露派による占領と戦闘が続いていた。調査は、戦闘地域を避けてクラマトルスク、ポクロフスク、マリウポリ、ヤルタの四都市で行った。いずれの都市においてもロシア語話者が圧倒的多数を占めるが、ドンバス戦争の後、彼らの間ではウクライナ・アイデンティティと国家主権に対する意識が明らかに高まっていた。クラマトルスク市内の国立ドンバス工科大学教授で、メディアグループ「アカデミア」の主幹編集長を勤めるV・メドヴェージェフ氏とその編集局員たちは、市民の間ではウクライナ正教会に対する信頼度が急速に低下していると指摘した。特に、同州北部に位置するスヴャトヒルシク大修道院やいくつかの聖堂が親露派武装集団の巣窟になっていると指摘されており、人々は聖堂を訪れることを控えるようになってしまったという。

二〇一六年まで「クラスノアルメイスク（赤軍の街）」と呼ばれていたポクロフスクでは、新正教会の司祭ロマン・ウドヴィチェンコに話を聞くことができた。ウドヴィチェンコ司祭は医師としての教育を受け、ポクロフスクやアウディーイフカで外科医として働いていたが、二〇一〇年にキーウ総主教座の聖職者としても活動を始めた。親露派の支配地域に入った町テリミノヴォから疎開した後、二〇一五年以降はポクロフスクで教区共同体を組織する活動をしている。司祭は「ここでウクライナ人であり続けることは難しい」と語る。新しい教会を建てるための土地利用許可証を得るための努力を続けているが、行政から五回も騙され、二〇一九年九月にようやく使用許可を手に入れた。調査当時、ウドヴィチェンコ司祭の教会は、かつては店舗であったと思われる古い建物の一階に入っており、壁には戦死したウクライナ兵の写真と国旗が飾られていた。ポクロフスク市には、ウクライナ正教会の聖堂が二〇以上あるのに対し、新正教会の聖堂はこの一つのみで、信者数は三〇名ほどだという。ウクライナ正教会の聖職者は「兄弟殺し」（２４３頁参照）を理由にウクライナ兵の埋葬式を拒否するため、軍は戦死者の葬儀を行う教会を探すのに苦労している。

ドネツィク大主教セルヒー（ゴロブツォフ）は二〇一九年二月に新正教会の社会事業部の責任者に任命された。これはセルヒー・ドミトリエフ司祭が実質的な指揮を取り、ウクライナ軍と連携しながら、軍人やその家族に対する支援を行ってきた組織である。セルヒー大主教のもと、新正教会は簡素な養老院を運営するほか、社会的弱者に対する支援活動を行っているが、その金銭的・人的資源は他地域からのボランティアに負う部分も多いようだ。私の調査時にはその内容を確認することはかなわなかった。

ウクライナ政府支配地域の最大都市マリウポリでは、ウクライナ正教会の大天使ミハイロ大聖堂を訪問した。これはマリウポリ市長であったミハイロ・ポジヴァノフのイニシアティヴと寄付によって一九九〇年代半ばに建設された聖堂で、地域住民からは「ポジヴァノフ教会」の名で親しまれている。アゾフ海を見渡せる高台に位置し、手入れが行き届いた庭園を持つこの聖堂は、マリウポリで最も美しいといわれていた。聖堂の司祭で管区（主教区の下の教会管轄区域）長を務めるオレクセイ・ウスチノフ司祭に話を聞いたが、組織的な社会貢献活動は行われていないようであった。

マリウポリに隣接する海岸沿いのリゾート地ヤルタ（クリミア半島の都市とは別）では、ウクライナ正教会のヴィタリー・ティホメンコ司祭が応対してくれた。ティホメンコ司祭が司牧するのは、この地で生まれた母を持つ元モスクワ市長ガヴリール・ポポフの寄付によって建てられた壮麗な金ロイオアン聖堂である。ティホメンコ司祭はギリシア系が多いこの町の住民の協力を得て聖堂建設を進め、二〇〇七年に主聖堂を完成させた。現在は食堂、図書館、巡礼者の宿泊施設などの建設を進めたいと考えているという。地域住民に愛される教会であり、国内避難民が生じた際には、シェルターを提供したというが、定期的な社会貢献活動を行っている様子はない。ウクライナ正教会ドネツィク府主教区は、地域行政や企業と良好な関係を保ち、大規模な聖堂を有してはいるが、ウクライナ軍に対する支援は言うまでもなく、ドンバス戦争に関連して生じた国内避難民への支援に関しても、モチベーションが低い。そのことは、管区長以下の司祭が解決できる問題ではなく、親ロシア的傾向が強いといわれるドネツィク府主教イラリオン（シュカーロ）も関係しているはずであり、他にも個人の意向に帰することのできない要因があると考えられる。

ザポリッジャ州

地方行政府では、宗教団体の登録と管理を、文化観光民族宗教局が担当している。ザポリッジャ州の同局長はヴラディスラフ・モロコである。日程が合わずインタビューを取ることはできなかったが、彼のＳＮＳのプロフィール写真が第二次大戦期に活躍したウクライナ民族主義者組織のシンボルカラーである赤と黒を基調としていることから、彼の政治的傾向は容易に理解できた。代わってインタビューに応じてくれた副局長のパヴロ・ミャーロによれば、ザポリッジャ州で登録されている教区共同体の七〇％以上が東方正教で、ウクライナ正教会の管轄下にある教区共同体は約三七〇、新正教会は約一〇〇とのことであった。

教区共同体数だけを見れば、ザポリッジャ主教区においてもウクライナ正教会の優位は一目瞭然であるが、新正教会の創設以来、この教会は執拗な攻撃にさらされている。府主教区の秘書官を務めるゲンナジー・イェリン司祭によれば、二〇一九年の一〇月までに同教会に対し、三件の放火事件と一件の窃盗事件があった。

ザポリッジャ主教区は医療面において、積極的な社会貢献活動を展開している。ザポリッジャ府主教ルカ（コヴァレンコ）は、医学の修士号を持つ高位聖職者である。主教区は二〇一一年から「愛は慈悲」というプロジェクトを展開しており、病気や障害のある子供らを支援しているほか、府主教自らザポリッジャの州立病院で献血を行い、人々に協力を呼びかけている。

ドンバス戦争が始まると、前線に近いザポリッジャでは傷病兵の受け入れが喫緊の課題となった。二〇一四年八月、ザポリッジャ主教区は独ソ戦期に軍病院として使用されていた廃墟の再建に取り組み、迅速にこれを実現した。病院長のゲンナジー・オフマテンコは、信者や修道士らが集まり、人々が自らの手で病院の再建を行った様子を語った。州当局からの財政的支援も受けたが、ある者は寄付をし、ある者はレンガを積み、漆喰を塗り、壁紙を張って、文字どおり自分たちの手で病院を建てた。病院は一一月には傷病兵を受け入れるようになり、司祭は領聖のために彼らを訪れ、音楽会が催され、物資の援助も続けられたという。

二〇一九年の新正教会創設後、ポロシェンコ政権下では、教育機関、医療機関、軍、消防・警察などの治安機関などの公共施設に付随する教会のほとんどが新正教会の管轄に再登録された。特に軍は新正教会との関係を重視しており、二〇一九年秋の時点で軍病院がルカ府主教と協力していることは極めて例外的な事例であった。

ザポリッジャ州の調査では、新正教会のザポリッジャ主教フォーチー（ダビデンコ）も訪問した。ザポリッジャ主教区は財政的にも人員的にも不足しており、社会貢献活動にまで手が回らないという。社会貢献活動どころか、教会に付属して基本の教理（カテキズム）を教える日曜学校さえ開設できないということであった。

この後、二〇二二年にマリウポリが激戦地となった時には、前線から最も近い大都市であったザポリッジャから、ルカ府主教が先頭に立って、バスの隊列を組んで市民の救出に向かった。バスは支援物資を積み込んでマリウポリに近づき、帰りは避難する市民を乗せてザポリッジャへ戻ってきた。このように愛国主義的な活躍を見せる一方で、ルカ府主教はロシア正教会傘下のウクライナ正教会に忠実である姿勢を示した[63]。また同年四月、ウクライナ軍に従軍していたルカ府主教の弟が戦死したことが、ルカ府主教自身によって発表された。このように、ウクライナの愛国者であることとウクライナ正教会の成員であることが矛盾しないことを、「ロシア・ナショナリスト」という異名を付けられたルカ府主教は自ら示そうと努めたのである。

オデーサ州

調査時のオデーサ市長は地域党のゲンナジー・トゥルハノフであった。野党陣営が市の権力を握っていることは、ウクライナ正教会にとって、少なくとも市からの圧力がかかりにくいことを意味する。オデーサ市内では、二〇一四年五月二日に市民の衝突に伴い労働会館で火災が発生し、四八人が犠牲になった。この事件の後、オデーサ府主教アガファンゲル（サッビン）は慈善事業及び社会貢献部を府主教座に組織した。アガファンゲル府主教はウクライナ正教会の最高齢の高位聖職者としての権威を持っており、それまでは親ロシア的言動で知られていたが、ドンバス戦争後はそうした動きを控えるようになった[64]。

オデーサ府主教区による社会貢献活動について、私を案内してくれたのは、オデーサ神学校副学長のアンドリー・ニコライディ司祭と、アガファンゲル府主教の右腕と呼ばれる広報担当官のドミトロ・ピーヴェン氏であった。ちなみに、ピーヴェン氏は二〇一五年の自分の誕生日を、ドネツク人民共和国の旗を模したケーキでコールガールらと一緒に祝っているところをスクープされている。

府主教区では児童擁護施設や高齢者施設を運営するほか、炊き出し、社会的弱者のための食堂なども開設していた。社会貢献部の部長であるパーウェル・ポレシチューク司祭のもとには、寄付された物品のみならず、支援を求める側からの手紙も集まる。全ての人がアガファンゲル府主教に対して手紙を書くことができ、府主教はそれぞれの要請に目を通してから、個別のケースにどのような支援を行うかを決定する。府主教のこのやり方は、教区民にもよく知られており、請願書を持参した女性は「府主教さまが私たちを救ってくださる」と語った。

こうした市内での活動のほかに、府主教区はオデーサ郊外の村マリノフカを「正教のオアシス」につくり替えようとしている。二〇一五年から生神女庇護（ポクロフ）男子修道院の建設が始まり、二つの聖堂に食堂、修道士たちの庵、人工池をめぐらせた美しい庭園がつくられていた。私の訪問時には、ウクライナ国内で最大規模のホスピスを建設中であった。毎年六月にはここで「ポクロフ祭」が開催され、二〇一九年には孤児や国内避難民などの社会的弱者を含む五〇〇〇人の市民が招待され、遊園地のアトラクションや音楽コンサート、食事やアイスクリームなどを無料で楽しんだという。

この後、二〇二〇年には「ポクロフと慈善」財団が設立され、アガファンゲル府主教の親族がその代表を務めている。主教区内での社会貢献活動に加えて、ドンバスへの大量の人道支援物資の寄付も行っている。

以上のようなオデーサ府主教区の活動からは、教会が複数の企業体から多大な財政的支援を受けていることが一目瞭然である。アガファンゲル府主教は、それを市民に還元し、開かれた教会の姿を見せることで、市民からの支持を獲得しているのである。

以上、これらの地域での正教会と社会とのかかわりからは、ドンバス戦争勃発後のウクライナ正教会が市民的連帯を示そうと努力した事例が数多く観察された。統計資料が存在しないので、正確なところは分からないが、ウクライナ正教会による社会貢献活動が、マイダン革命以降に増加していることも間違いない。そのこともこの教会がウクライナ市民のための教会として、地域に根付き生き残るための重要な方策であったと考えられる。それぞれの主教区のトップが、過去には親ロシア的言動を多く見せていたにせよ、マイダン革命とドンバス戦争を経て、「ウクライナ愛国者」として振る舞おうと努力していることも重要である。実際彼らは「ウクライナ愛国者」としての主教区運営を行い、教区民の多くに、そのスタンスを高く評価されている。

その一方で、新正教会とウクライナ正教会の対立は、地方においても激化した。教会の管轄変更が暴力的に行われる事例は西部を中心に頻発し、オデーサやザポリッジャにおいても修道院や聖堂が放火される事件が起こった。新正教会の創設とそれにまつわる法改正は、「ウクライナにおける最大かつ唯一合法的教会」としてのウクライナ正教会の立場をより頑なにし、新正教会との対立をより先鋭化させる一連の事件を引き起こした。結局のところ、教会法上合法的で独立した正教会を政治的に創設したことは、ウクライナ社会の安定化よりもむしろ不安定化に寄与するところが多かったように見える。この問題については、終章で紹介しよう。

1 典礼語について、以下を参照。有宗昌子「祈りの原語への思い――教会スラヴ語からロシア語化への試み」津久井定雄、有宗昌子編『ロシア　祈りの大地』大阪大学出版会、二〇〇八年、三七‐六五頁。
2 Mikhail Suslov, “The Russian Orthodox Church and the Crisis in Ukraine,” in Andrii Krawchuk and Thomas Bremer eds., *Churches in the Ukrainian Crisis.* (Palgrave Macmillan, 2016), p. 135.
3 *Митрохин Н.* «Атеисты Киевского Патриархата» украинский церковный вопрос при президентах Петре Порошенко и Владимире Зеленском (2018-2021)// Неприкосновенный запас. No.4. 2021. C. 115.
4 Wanner, Catherin, *Everyday Religiosity and the Politics of Belonging in Ukraine* (Cornell University Press, 2022).
5 宗教学者グレース・デヴィは、ポスト世俗のイギリス国教会信者について、教会出席率は低いが、マスメディアが放送する宗教番組などを通じて、人びとはキリスト教の伝統や価値観を保持しているとして「所属せずとも信仰する（Believing without belonging）」と定義した。ワーナーはこれをひっくり返した「信仰せずとも所属する（Belonging without believing）」をウクライナの宗教性だとしている。このことは、後述の新正教会の状況をとりわけよく説明している。ただし、デヴィもワンナーも実践を伴った信仰としてのキリスト教ではなく、伝統や価値観としてのキリスト教信仰を問題としているという点では、両者の主張は重なることに注意する必要がある。Davie, Grace, *Religion in Britain since 1945* (Blackwell Publishing, 1999).
6 日本語で読めるものとして、中井和夫『ウクライナ・ナショナリズム』東京大学出版会一〇二‐一一七頁。Yury Avvakumov, ‘Ukrainian Greek Catholics, Past and Present’ in Krauchuk and Bremer, *Churches in Ukrainian Crisis*, pp. 21-44.
7 Catherine Wanner and Viktor Yelensky, “Religion and the Cultural Geography of Ukraine” in Schmid U,

Myshlovska O. eds., *Regionalism without Regions*, (Central European Press, 2019), p. 284.
8 Caritas International　公式サイトより。https://www.caritas.org/who-we-are/governance/（二〇二三年一月二二日最終閲覧）。
9 *Анисимов В.*, *Сенчило* А. Патриарх УАПЦ Димитрий (Ярема). «Лучше быть нелегалом»// Независимость. 3 ноября 1993 г.
10 Nicholas Denysenko, *The Orthodox Church in Ukraine: A Century of Separation*, (Northern Illinois University Press, 2018), pp. 161-170.
11 Denysenko, *The Orthodox Church in Ukraine*, p. 165
12 Определение Архиерейского Собора Русской Православной Церкви 25 - 27 октября 1990 года об Украинской Православной Церкви// Офіційний веб-сайт Українська Православна Церква. http://orthodox.org.ua/article/opredelenie-arkhiereiskogo-sobora-russkoi-pravoslavnoi-tserkvi-25-27-oktyabrya-1990-goda-ob-（二〇二二年一二月二二日最終閲覧）。
13 Denysenko, *The Orthodox Church in Ukraine, p. 166*
14 *Петрушко В. И.* Денисенко // Православная энциклопедия. Москва, 2007. С. 391-403.
15 *Цыпин В. А., Петрушко В. И.* Архиерейский собор Русской православной церкви 31 марта - 5 апреля 1992 г. // Православная энциклопедия. Москва, 2001. С. 552–555.
16 Denysenko, *The Orthodox Church in Ukraine, p. 166*
17 Denysenko, *The Orthodox Church in Ukraine*, p. 177.
18 *Грапенюк* А. Димитрій Ярема: Батько і Патріарх// Українська Православна Церква (ПЦУ) https://patriarchia.

org.ua/3649/（二〇二二年一二月二二日最終閲覧）。
19 「東方典礼カトリック教会」を正教会の歴史の流れの中で捉えるかどうかについては論争的である。ナショナリズムを重視する論者は、この教会をキーウ受洗以来の歴史を汲むものと考え、将来的な正教会との合同の可能性を視野に入れる。一方、神学的な点を重視する立場では、この教会はカトリック教会であると分類され、ウクライナ正教会独立問題に直接のかかわりを持たないこととなる。そもそも、彼らを正教徒／カトリック教徒のいずれかに分類しようとすること自体が、彼らのアイデンティティを否定する行為であろう。彼らは「東方典礼カトリック」という両者を併せ持つ存在なのである。このような理由で、マイダン革命後のウクライナ教会独立問題をめぐる記述では、東方典礼カトリックのファクターは除く。
20 Tomas Bremer, "Religion in Ukraine: Historical Background and the Present Situation," in *Churches in the Ukrainian Crisis*, pp.15-16.
21 Wanner and Yelensky, "Religion and the Cultural Geography of Ukraine, " p.283.
22 Глава РПЦ «пошутил» о возможности смены гражданства// Lenta.ru. 6 августа 2009 г. https://lenta.ru/news/2009/08/06/joker/ （二〇二二年一二月二二日最終閲覧）。ロシアでは可能だが、ウクライナでは二重国籍が認められない。
23 *Савицкий А.* Визит главы РПЦ на Украину вызвал новые дискуссии// DW. 20 июля 2010 г. https://www.dw.com/ru/визит-главы-рпц-на-украину-вызвал-новые -дискуссии/a-5821171（二〇二二年一〇月三日閲覧）。
24 二〇〇二年にキーウ市議会は国立公園の占有地（約二三ヘクタール）を決定し、二〇一三年には下層の建物の所有権を無期限でウクライナ正教会に貸与することを決定したはずだが、このことを裏付ける文章は二〇二三年三月現在、インターネットでは検索不能になっている。この点にわずかながら言及があるのは、以下。Федорова, Л.Д. Києво-

Печерський національний історико-культурний заповідник// Енциклопедія історії України. Т. 4. Київ, 2007. С. 197, *ВоронинВ.В.* Киево-Печерская Лавра// Православная Энциклопедия. https://www.pravenc.ru/text/1684519.html（最終閲覧日二〇二三年三月二三日）
25 Andrii Krawchuk, "Constructing Interreligious Consensus in the Post-Soviet Space," in Krawchuk and Bremer eds.. Eastern Orthodox Encounters of Identity and Otherness (Palgrave Macmillan, 2014), pp. 273-300.
26 Релігійні організації в Україні (станом на 1 січня 2013 р.)// RISU. 27 березня 2013. https://risu.ua/religiyni-organizaciji-v-ukrajini-stanom-na-1-sichnya-2013-r_n62238（二〇二二年一〇月三日閲覧）。
27 Natalia Kochan, "Shaping Ukrainian Identity: The Churches in the Socio-Political Crisis," in *Churches in the Ukrainian Crisis*, pp. 106-107.
28 Victor Stepanenko, "Ukrainian churches and civil society in the Euromaidan and the Russian-Ukrainian conflict: a sociological analysis," in Elizabeth Clark and Dmytro Vovk eds., *Religion during the Russian-Ukrainian Conflict* ((London and New York: Routledge, 2020), pp. 107-127.
29 松里公孝「ウクライナ危機の起源」『ロシアのウクライナ侵攻』NIRA総合研究開発機構、二〇二二年五月一三日（https://www.nira.or.jp/paper/research-report/2022/032205.html?fbclid=IwAR0TpeQQbwW1wLU6SasEqIpm1IvU-4vfmeueyNWbTLyONJPfQxHK9tjOd00&utm_source=pocket_mylist）（二〇二二年一〇月一日閲覧）。
30 日本語で読めるものとして、松里公孝「ウクライナとクリミア」服部倫卓、原田義也編著『ウクライナを知るための六五章』明石書店、二〇一八年、二九七-三〇〇頁。
31 *Митрохин Н.* «Атеисты Киевского Патриархата». С. 107.
32 Mitrokhin, "Was There an Alternative? Metropolitan Bishop Onuphrius and His First Steps," in Wanner C. ed.,

Euxeinos: Governance and Culture in the Black Sea Region 17 (2015), p. 14.
33 Lucian Leustean and Vsevolod Samokhalov, "The Ukrainian National Church, Religious Diplomacy, and the Conflict in Donbas," *Journal of Orthodox Christian Studies* 2:2 (2019), p. 205.
34 Denysenko, *The Orthodox Church in Ukraine*, pp. 194-197.
35 Предстоятель УПЦ МП не піднявся під час вшанування пам'яті військових// КореспонденТ.net. 8 травня 2015, https://ua.korrespondent.net/ukraine/3512823-predstoiatel-upts-mp-ne-pidniavsia-pid-chas-vshanuvannia-pamiati-viiskovykh（二〇二二年九月二三日閲覧）。
36 Kormina, J., Naumescu, V. "A New 'Great Schism'?: Theopolitics of Communion and Canonical Territory in the Orthodox Church," *Anthropology* 36: 1(2020).
37 正教会の行う婚姻の秘跡では、わずかの例外を除いて離婚が認められていない。さらに司祭であれば、配偶者と死別した場合にも再婚が許されない。こうした制限が実情に見合っていないことから、見直しが検討された。
38 Nikolay Mitrokhin; Expansion nach dem Zerwürfnis: Die Weltpolitik der Russischen Orthodoxen Kirche, in: OSTEUROPA, 3-4/2020. S. 18.
39 Bulgarian Orthodox Church withdraws from Pan-Orthodox Council in Crete in *The Sofia Globe*, 1 June 2016. https://sofiaglobe.com/2016/06/01/bulgarian-orthodox-church-withdraws-from-pan-orthodox-council-in-crete/（二〇二二年一二月二二日最終閲覧）。
40 On the situation caused by the refusal of several Local Orthodox Churches to participate in the Holy and Great Council of the Orthodox Church in *the Russian Orthodox Church, Department for the External Church Relations*, https://mospat.ru/en/news/49405/（二〇二二年一二月二二日最終閲覧）。

41 Lucian Leustean, "Eastern Orthodoxy *Geopolitics* and the 2016 Holy and Great Synod of the Orthodox Church," Geopolitics 23:1 (2018), pp. 209-210.
42 公会議が決定したのは、次の六項目について。（1）今日の世界における正教会の使命、（2）正教のディアスポラ、（3）教会自治とその宣言のための手続き、（4）婚配の機密とその障害について、（5）斎の重要性と今日におけるその遵守について、（6）正教会と世界のその他のキリスト教会との関係について。
43 Leustean and Samokhalov, The Ukrainian National Church, p. 212.
44 "President of Ukraine met with Ecumenical Patriarch Bartholomew I.," President of Ukraine. Petro Poroshenko, 9 April 2018. https://web.archive.org/web/20180414050334/https://www.president.gov.ua/en/news/prezident-ukrayini-proviv-zustrich-zi-vselenskim-patriarhom-46822（二〇二二年一二月二二日最終閲覧）。
45 Порошенко заговорил о «церковной реформе»// News MIR. 17 апреля 2018. https://newsmir.info/1219650（二〇二二年一二月二二日最終閲覧）。
46 Leustean and Samokhalov, The Ukrainian National Church, p. 208.
47 Leustean and Samokhalov, The Ukrainian National Church, p. 216.
48 Візит делегації УПЦ (МП) до Константинополя: читаємо між рядків// RISU. 25 червня 2018. https://risu.ua/vizit-delegaciji-upc-mp-do-konstantinopolya-chitayemo-mizh-ryadkiv_n91445（二〇二二年一二月二二日最終閲覧）。
49 "Archbishop Daniel Participates in Synaxis of Hierarchs of the Ecumenical Patriarchate of Constantinople," Ukrainian Orthodox Church of the USA. https://www.uocofusa.org/news_180901_1（二〇二二年一二月二二日最終閲覧）。
50 Заявление Священного Синода Русской Православной Церкви от 8 сентября 2018 года/ Официальный сайт

Московского Патриархата. http://www.patriarchia.ru/db/text/5264344.html（二〇二二年一二月二二日最終閲覧）。
51 "Minutes of the Holy Synod`s held on 14 September 2018," *The Russian Orthodox Church, Department for the External Church Relations*. https://mospat.ru/en/news/47194/（二〇二二年一二月二二日最終閲覧）。
52 ウクライナ言語法の本文は以下を参照。Закон України. Про забезпечення функціонування української мови як державної, https://zakon.rada.gov.ua/laws/show/2704-19#Text（二〇二二年一〇月三一日閲覧）。
53 Nikolay Mitrokhin: Endgültig zerbombt: Die Scheidung der Ukrainischen Orthodoxen Kirche von der Russischen Orthodoxen Kirche, in: OSTEUROPA, 4-5/2020, S. 83.
54 古川英治「ウクライナ、教会もロシア離れ」『日本経済新聞』二〇一八年一一月二一日。
55 Митрохин Н. "Атеисты Киевского Патриархата" С. 114.
56 "Church Primate Epifaniy; doors of our Church are open to everyone," *RISU*, 15 December 2018. https://risu.ua/en/church-primate-epifaniy-doors-of-our-church-are-open-to-everyone_n95149（二〇二二年一〇月三一日閲覧）。
57 "Speech by the President on the results of the All-Ukrainian Orthodox Unity Council," *The Ukrainian Weekly* 21 December 2018. https://www.ukrweekly.com/uwwp/speech-by-president-poroshenko-on-the-results-of-the-unification-synod/（二〇二二年一〇月三一日閲覧）。
58 *Бурега В.* Томос для України: типове і специфічне// LB.ua. 6 січня 2019. https://lb.ua/news/2019/01/06/416557_tomos_ukraini_tipichnoe.html（二〇二二年一〇月三一日閲覧）。
59 Закон України. Про Свободу совісті та релігійні організації. https://zakon.rada.gov.ua/laws/show/987-12（二〇二二年一〇月三一日閲覧）。
60 Ukraine 2020 International Religious Freedom Report. https://www.state.gov/wp-content/uploads/2020/05/

UKRAINE-2019-INTERNATIONAL-RELIGIOUS-FREEDOM-REPORT.pdf（二〇二二年一〇月三日閲覧）。
61　«Щоб не дестабілізувати симуацію» Богдан Заявила, що не можна забороняти УПЦ МП// Релігійна Правда. 16. 09. 2022. https://religionpravda.com.ua/?p=83734（二〇二二年一〇月三日閲覧）。
62　Звіт про мережу релігійні організації в україні станом на 1 січня 2021 року// Державна служба України з етнополітики та свободі совісті. https://dess.gov.ua/wp-content/uploads/2021/05/Form1-2021-public3.xls（二〇二二年一〇月三日閲覧）。
63　«Святая Русь—это Киев». Митрополит Лука о войне, РПЦ, УПЦ и ЛГБТ// BBC News-Русская служба. 08. 04. 2022. https://www.youtube.com/watch?v=QUiUnF7S64c&list=WL&index=2（最終閲覧日二〇二三年三月一三日）
64　Mitrokhin, "Was There an Alternative? Metropolitan Bishop Onuphrius and His First Steps," p. 15.

終章　割れた洗礼盤

ロシア軍によるウクライナへの全面侵攻は、ウクライナ正教会を前代未聞の苦境に陥れた。これまで見てきたように、ロシアとウクライナは東方正教の信仰を共有してきた歴史を持つ。しかし、二〇世紀以降、世俗国家の境界が引かれ、それぞれが国家としての独自の道を歩むなかで、ウクライナの正教会もまた、ロシアから独立した組織であるべきだとの声が高まっていった。その結果、ロシア正教会との関係をめぐって、ウクライナ国内に複数の正教会が並存することとなった。二〇一九年には、コンスタンティノープル総主教座から独立承認を受けた「ウクライナの正教会（Orthodox Church of Ukraine、「新正教会」と略）」が創設され、ロシア正教会から自治の承認を受けた国内最大規模の宗教団体である「ウクライナ正教会（Ukrainian Orthodox Church）」と対立し合う非常に複雑な状況が生じているのが現状である。

現在のウクライナ政府は、戦時という非常事態のなかで、国内の正教会の複雑な関係を一刀両断に、極めて明瞭な形で解決しようとしている。ウクライナの政府系メディアでは、ウクライナ正教会をロシアの出先機関とみなす報道が過熱した。また、ウクライナ正教会の内部からも停戦の努力をしないどころか、ロシア軍を賞賛するキリル総主教に対する非難の声が高まった。ウクライナ正教会はロシアからの断絶を宣言したが、この教会をロシアのスパイとして糾弾する世論は高まる一方である。ウクライナ正教会という名称が否定され、「ウクライナのロシア正教会」、あるいはその不安定な立ち位置を揶揄するように疑問符付きで「ウクライナ正教会（モスクワ総主教座？）」などと呼ばれることも多い。二〇二三年に入ると、ウクライナ正教会の精神的・行政的中心地であるキーウ・ペチェルシク大修道院の聖堂使用が政府によって制限された。現在はウクライナ正教会自体の法的解体が検討されている。

その詳細に入る前に、私自身の立場を明らかにしておきたい。この戦争は、ウクライナとロシアの二項対立のどちらに立つのか、という問いを突き付ける。

私はロシア地域研究を志す過程で、正教の宗教文化に関心を持った。その後、ウクライナの正教文化にも研究テーマを広げていった。ロシアでの調査・研究を通じて知り合った研究仲間のおかげで、私はウクライナの地方都市での調査をスムーズに始められたし、初めて訪れた場所ですぐに新しい友人や研究仲間を見つけることができたのは、ロシア語という共通言語があったからだ。

同時に、今回の戦争が始まって、私が「ロシアから」ウクライナを見ていたことも痛感した。正教会一つとっても、ウクライナにはロシアとは異なる歴史があり、精神文化があり、聖堂の建築様式やイコンの制作技法に至るまで独自の世界がある。

二〇一四年に始まったドンバスでの紛争以後、ウクライナ政府は政治や経済的側面だけでなく、文化や社会においてもロシア（そしてソ連）にかかわるものを排除しようとしている。そのなかでロシア語の公的な使用が制限されたり、記念碑が撤去されたりするのみならず、芸術や文化面でのボイコットも起きている。それらは、あたかも「ロシアのないウクライナ」を一刻も早く打ち立てようとしているかのようだ。

しかし、ウクライナの歴史や社会がポーランドやベラルーシ、トルコなどの隣国とつながっているように、ロシアともつながってきたことは否定しがたい事実である。しかも、一七世紀後半からソ連解体の一九九一年まで、現在のウクライナの大部分とロシアは同じ政治体制下に置かれていた。両国の関係が極めて深く、複雑であることは言を俟たない。現在行われている「ロシアのないウクライナ」をつくる試みは、ウクライナ自体を切り刻み、そぎ落とす行為のように私には思われる。ウクライナの豊かさは、その多声性にある。ウクライナ独自のものとロシアという外来のものを峻別し、後者を根絶しようとする努力より、ウクライナの地に根付いたものをそのまま育む懐の深さが、豊かで多様なウクライナをつくってきたのではなかったか。

ウクライナ正教会の存在はそのようなウクライナの象徴であるように思われる。キーウから始まり、リトアニア・ポーランドの影響を受け、ロシアに影響を与え、ロシアと歴史の経験をともにし、それでいてウクライナ独自の存在である。今、ウクライナ政府はウクライナ正教会を宗教団体として法的に解体することを視野に入れている。それはウクライナの多声性を否定することであり、ウクライナが目指す人権の尊重や自由、公正などの理想に反することであり、ウクライナ社会を分断することに他ならない、というのが私の立場である。

一・「ロシアのないウクライナ」は可能か？

ロシア軍によるウクライナへの全面攻撃に対するウクライナ正教会の反応は迅速であった。攻撃が開始された二〇二二年二月二四日、ウクライナ正教会の首座主教（最高権威）であるキーウ府主教オヌフリーは即座に反応した。ウクライナ正教会が祖国とともにあること、そしてキリル総主教に対して戦争反対の声を上げるよう、またプーチン大統領には攻撃中止を呼びかけるよう促すメッセージを発したのであった[1]。

この時、オヌフリー府主教はロシアによるウクライナ攻撃を、「カインの罪」であると諌めた。「カインの罪」とは、聖書によれば、人類が犯した最初の罪である。アダムとエヴァの間にはカインとアベルという兄弟が生まれた。神は弟のアベルのほうを目にかけた。これを妬んだカインがアベルを殺してしまうのである。オヌフリーはこの「兄弟殺し」の戦争をすぐにでも止めなければならないと訴えた。

なぜ「兄弟子殺し」なのか。歴史を振り返って検討してみよう。現在のウクライナ正教会は一九九〇年までロシア正教会の一部であった。ペレストロイカによって、ウクライナで教会独立の動きが活発になると、ロシア正教会はウクライナに対して高度な自治権を与え、自治教会(autonomous church)として「ウクライナ正教会」を名乗ることを認めたのであった。新しく選出された首座主教はモスクワ総主教の承認を必要とする、などの一部の留保を除いて、ウクライナ正教会は自らの教会を独自に運営する権利を手に入れたのである。

自治権を持つとはいえ、ウクライナ正教会はロシア正教会を通じて、世界の正教会とつながっている。また、ウクライナの高位聖職者たちは、ロシア正教会のシノド(教会の最高意思決定機関)や公会(教会会議)に参加してきた。ロシア正教会はウクライナ正教会の「母教会」であり、ロシア正教会の首座主教キリル総主教は、ウクライナの正教徒たちにとっても権威ある庇護者のはずだった。

しかしながら、全面侵攻が始まっても、キリル総主教からウクライナの信徒たちをおもんぱかる発言はなかった。それどころか、キリル総主教はこの戦争への直接的な言及を避けた。そして三月一三日になって、国内軍組織の国家親衛隊にイコンを送ったのを皮切りに、ロシア軍を支持する言動を繰り返したのである。[2] これはロシア正教会による「戦争支持」であるとしてメディアでも繰り返し取り上げられた。ただし、ロシア正教会の側では、この戦争を侵略戦争ではなく「防衛戦争」と位置付け、自らを犠牲にしても「祖国防衛」に従事する将兵を教会は祝福しているのだと主張していることには注意が必要である。ロシア正教会にとって、キーウはロシア、ウクライナ、ベラルーシの東スラヴ民族が東方正教を受け入れた始まりの地であり、ウクライナ正教会を手放すわけにはいかない。ウクライナを西側の影響から解放するこの「防衛戦」を戦い抜くことが、独自の価値観を持った東スラヴ民族の文明圏たる「ロシア世界」を守ることになる。これがキリル総主教のロジックなのである。

　こうしたキリル総主教の態度が明らかになると、ウクライナ正教会の司祭たちのなかには、聖職者としての良心がキリルの名前を祈禱のなかで出すことを許さない、キリル総主教のための祈禱を中止すると宣言する者が続出した。正教会では、聖堂での祈禱（典礼）のなかで、自分たちの教会の高位聖職者の名を挙げて彼らを記憶する「連禱」と呼ばれる祈りがある。キリル総主教に対しては「大いなる君、われらが父、至聖なる総主教キリル聖下（……）のために主に祈らん」と司祭が呼びかけ、信者が「主、憐れめよ」と応える。この部分の祈禱中止を決めた聖職者たちが、自分の名前と顔を公表して、自らの思いとともに「私たちはあなたのことを父だと思っていたが、継父よりもひどかった。神の裁きを」と訴える動画が三月、ＹｏｕＴｕｂｅに投稿された。この動画は聖職者たちの悲しみと静かな怒りをよく伝えている。[3] この祈禱中止の決定は個別の教区に留まらず、それらを管轄する主教区全体の動きにまで拡大した（21頁資料②参照）。ウクライナ正教会は五三の主教区に分かれているが、二〇以上の教区が祈禱の中止を決定した。

　さらに、ドニプロ市の一司祭であるアンドリー・ピンチュクは、キリル総主教を東方正教会全体の教会裁判にかけるべきであるという公開アピールを出した。[4] このアピールには四〇〇名以上の聖職者が賛同し、名を連ねた。ウクライナ正教会には一万名を超える聖職者がいることを考えると、署名者の数はあまりに少ないかもしれない。しかし、聖職者のなかから、キリル総主教の言動を批判し、ロシアの首座主教としての地位を問う声が出たことのインパクトは大きかった。

高位聖職者の間でも、批判の声を上げるものがあった。ウクライナ正教会における最高齢の主教の一人で、親ロシア的な言動で有名であったオデーサ府主教アガファンゲルもその一人である。彼は三月六日の説教を、「私は信者たちの前に、歴史の前に、そして神の前に責任を感じます。それゆえ、私は主教としての良心に従って、皆さんにお話ししようと思います」という語りかけで始めた。[5] そのなかで「今日、残念ながら私たちの共通の文化は砲弾の爆発と銃撃の轟音によって破壊されており、私たちの共通の洗礼盤はドニプロの灰色の水の中で踏みつけられています」と、「ロシア世界」の終焉について述べたのである。

このように、ウクライナ正教会内部からもロシア正教会に対する批判の声は様々な形で上げられた。それにもかかわらず、ウクライナ正教会をロシアの手先とみなす人々の影響力が戦争開始直後から、再び高まっていったのである。ドンバスでの紛争開始後から、ウクライナ正教会の司祭や修道士らが、親露派部隊に協力しているという報道が繰り返されていたが、ロシア軍による全面戦争開始後、そうした話題が再燃した。

実際に、ウクライナ正教会の内部から敵に内通する協力者（コラボレーター）が出たことは事実である。問題はそれが過度に強調され、ウクライナ正教会に対するバッシングへと発展したことである。新正教会の創設後と同様、ウクライナ正教会の教区教会を差し押さえたり、その活動を制限するような事例が再び目立ち始めた。

三月二八日、インナ・ソヴスン議員は、ウクライナ正教会を禁止する法案を最高議会に提出した。[6]その際、議員はSNS上にて、コラボレーターとして告発されたウクライナ正教会の聖職者たちの名を挙げ、「ロシア正教会のなかにはプーチンのために働く諜報員・破壊工作員」が多数いると指摘、「ロシア正教会、くたばれ」と投稿した。[7]分かりにくいのだが、ここでソヴスン議員が「ロシア正教会」としているのは、ウクライナ正教会のことである。ウクライナ正教会と新正教会が並立する状況は、ウクライナ人にとっても非常に紛らわしい。二〇一八年に制定された法（217頁参照）に基づいて、ウクライナ正教会の名称を「ロシア正教会」あるいは「ウクライナのロシア正教会（Russian Orthodox Church in Ukraine）」とするべきだという主張が右派の論客やメディアの間で広まっている。ドンバス戦争後から「ウクライナ正教会」が「ロシア系」であることは繰り返し強調されていたが、全面戦争開始後、「ウクライナ正教会」の名称は政府系メディアでは消滅しかけていると言っても過言ではない。

二．玉虫色の「独立」宣言

そもそもウクライナ正教会は広範な自主管理権を認められた「自治教会」である。このことは、一九九〇年一〇月、当時のモスクワ総主教アレクシー二世が発行した正式な文書によって認められていた。それに基づいたウクライナ正教会の規約によれば、ウクライナ正教会の運営は独立したものであるが、次の点でロシア正教会から介入される余地があった。
1．トップの承認：ウクライナ正教会によって新たに首座主教であるキーウ府主教が選出された際には、モスクワ総主教の承認を必要とする
2．共同決議：ウクライナ正教会の高位聖職者は、ロシア正教会の地方公会および高位聖職者会議に加わり、その決議に従う（ただし独立性を考慮したうえで適応される）
3．教会外交の制約：ウクライナ正教会はロシア正教会を通じて、他の地方教会とつながりを有する。
二〇二二年三月以降、ブチャの虐殺事件をはじめとして、ロシア軍による民間人への攻撃や住宅やインフラの破壊が次々と明らかになった。さらに、マリウポリでの激戦が報じられ、民間人に対する攻撃や、殺されたウクライナ人の集団墓地の存在も報じられた。内外からの批判に加え、こうした戦況がウクライナ正教会内部の「親ロシア的」な高位聖職者に与えた影響は少なくなかったはずである。

キーウ府主教オヌフリーは、モスクワのセルギエフ大修道院で長らく過ごした経歴があり、

ロシアからの教会独立に関しては、かつて否定的な見解を持っていたことが知られていた。ただし、オヌフリー府主教は開戦後ただちにロシア批判のメッセージを発するなど、教会を守るためにウクライナ愛国主義の立場を鮮明にすることの重要性をよく理解していた。ウクライナ正教会に対する外部からの批判に加え、内部からもロシア正教会との関係見直しを求める声が高まり、五月一二日、教会指導部は公会（教会会議）を招集して「いかなる分裂も新たに生じさせない、教会法に基づく議論」を行うと発表した。[8]
五月二七日、一般信徒から高位聖職者までの代表者を集めてウクライナ正教会の公会が開催された。オヌフリー府主教はキリル総主教とプーチン大統領を批判するメッセージを改めて述べた後、全体会議として各人に対し自由に意見を述べるように求めた。その後、高位聖職者会議がウクライナ正教会の地位を変更する文書を採択し、再度全体会議が招集されてこれを「全会一致」で承認した。こうして、戦争反対、即時停戦、キリル総主教の戦争支持の立場に反対、ウクライナ正教会の「完全な独立と自律性を証する規約に追加と修正を認める」ことを定めた一〇か条の宣言を公表した。[9]これをもって、ウクライナ正教会はロシア正教会から完全に独立したというのが、教会指導部の主張であった。
しかし、公会の決定を額面どおり受け止めない人々はかなり多かった。第一に、ウクライナ正教会と対立する新正教会やウクライナ政府は、これを単なる「くだらない演出」であると評した。[10]その理由として、「完全な独立と自立性を証する規約」の修正が具体的にどのようなものなのか、その内容が即時発表されなかったこと、また教会独立を意味する「autocephaly（自分自身が頭《かしら》であることを意味するギリシア語由来の言葉）」の語が用いられていなかったこと、そしてこの決定に対し、ロシア正教会側が一定の「理解」を示したことなどが挙げられる。[11] 実際、公会された宣言では、ロシア正教会の規約に定められた語を用いて「独立（самостійність і незалежність）」が強調されており、教会法上の正式な「独立（autocephaly）」の語の使用が避けられていることは明らかであった。そのため、公会の決定は、内部の独立派の機運の高まりに対する蒸気弁に過ぎず、ウクライナ正教会の本部がキーウにあると強調することによって、宗教団体名の改称を迫る法律の適用を逃れようとする方策だと批判されたのである。

一方、ウクライナ正教会の側としては、ロシアからの「独立」について、慎重な対応を取らざるをえなかった。というのも、ウクライナで唯一の正統な正教会であることが、この教会のアイデンティティの中核となっていたからである。これはつまり、ウクライナ正教会がロシア正教会を通じて使徒継承性（キリストの直弟子の教えを引き継ぐ教会であることの証し）を認められていることを意味する。

ソ連解体前後のウクライナでは、ウクライナ独立正教会（ＵＡＯＣ）およびキーウ府主教座が、ロシア正教会からの独立（autocephaly）を宣言したという歴史がある。ウクライナ正教会はこれらの教会を「分離派」と非難し、その使徒継承性を認めず、同じ正教会とは認めてこなかった。それゆえに、今になって自分たちが独立（autocephaly）を宣言することは、自らの正統性を放棄し、「分離派」に連なることに等しいのである。使徒継承性の維持を至上命題とする以上、「分離派」と同様の独立宣言を行うことは不可能なのである。
第二に、東部を拠点とする親ロシア的な主教たちは、この決定に大いに不服であった。ウクライナ正教会の高位聖職者の態度はロシア正教会との関係に関して、大きく三つに分かれていた。第一が、西部と中央部の一部の教区に多く見られるもので、モスクワからの完全な独立を望むグループである。第二は中央部、北部、そしてザカルパッチャの教区の多くに支持されるもので、大幅な自治権を許された現状の地位におおむね満足というものである。第三が東部、南部の教区を中心に、ロシア正教会との一体性を強調する態度で、極端な場合には（ウクライナはロシア正教会の一部であるという考えに基づき）ウクライナが独自の自治教会を持つこと自体を疑問視する立場さえあった。[12]
この公会が開催された時、ロシア軍占領下に置かれていた東部（ドネツィク、ルハンシク、ヘルソン、クリミア）の一二名の主教たちはオンラインで公会に参加した。そのうちの一人、ドネツィク州のホルリフカ府主教ミトロファン（ニキーチン）によれば、オンライン参加の主教たちは高位聖職者会議に加わることができなかった。[13]そして、まさに高位聖職者会議の場で、ロシア正教会とのつながりに言及する言葉が、ウクライナ正教会の規約から削除されることが決まったのだという。全体会議では東部の主教たちはこの規約の変更に反対票を投じたそうだ。つまり、公会の決定は全会一致ではなかった、というのが彼らの主張である。

異論を持つ高位聖職者たちの分裂を避けるために、公会は、本来であればキーウ府主教が決定すべき「教区生活にかかわる諸問題」について、各主教区の高位聖職者が決定する権限を認めた[14]。早速五月三一日に、ロシアに編入されているクリミアの三つの主教区では公会の決定に従わず、これからもロシア正教会の庇護下にあることを宣言した[15]。これは「教区生活にかかわる諸問題」の範疇と考えられ、クリミアの主教区がウクライナ正教会から分裂する事態にはならなかった。

ロシア正教会は公会の決定に対し、「分離派（新正教会を指す）、地方当局、メディア、極右、ナショナリスト」から「かつてない圧力を受けているウクライナ正教会」に対し、全面的な支持と理解を表明した[16]。つまり、ロシア正教会はこの公会の決定をもって、ウクライナ正教会が独立したとは認めなかったといえよう。加えて、クリミアの主教区の状況に鑑みて、これをロシア正教会の直接の管理下に置くことを宣言した[17]。

公会の決定に一定の満足の意を示したのは、西部を中心とした第一のカテゴリーに属する独立志向の強い聖職者・信者たちであった。彼らは早い段階から、ロシアからの断絶を宣言するための公会の開催を要求していた。西ウクライナの中心都市リヴィウの府主教フィラレート（クチェロフ）は、規約に加えられた変更を具体的に示しつつ、これが完全な教会独立に至る確実な一歩であると強調した[18]。教会独立のプロセスは平時でも複雑である。歴史的に見ても、ある地方教会が独立を自ら宣言し、その既成事実が確定した後、「母教会」が独立を認めるということはしばしば起こった。ロシア教会も一六世紀にそのように独立を獲得した経緯がある。そうした文脈を念頭に置いて、フィラレート府主教は、この公会での宣言をそのプロセスのなかに位置付けることができると主張したのであった。[19]
西部諸州は、ドンバス紛争以降、ウクライナ正教会に対する政治的抑圧が最も苛烈だった地域である。自らの意思で新正教会に移管を決定したウクライナ正教会の教区もあったが、強制的・暴力的な移管も少なくなかった。こうした抑圧は、二〇二二年の春以降一挙に加速し、過激化した。奉神礼を行っている最中の司祭に向かって緑の液体をかける、[20]聖堂の壁に「プーチンの家」などと落書きをするといった事件が頻発し、市町村レベルのいくつかの自治体では、ウクライナ正教会の活動が禁止される事態となった。しかし、これらの事件を一部の過激派が起こしたものと片付けることはできない。ウクライナ保安庁、警察、地方当局のすべてが、ウクライナ正教会に対する弾圧にかかわっている。[21]このような弾圧の激しい地域でウクライナ正教会に留まり続ける聖職者・信者たちにとっては、公会によってロシアとの断絶を公に宣言することが、生き残るための唯一の方法であった。
一方で、ロシア占領下の地域で生きるウクライナ正教会の信者・聖職者にとっては、ロシアとのつながり、あるいは一体感さえ強調することは、文字通り死活問題である。占領者たちはロシアと一体となったウクライナを求めているのであって、両者の断絶などもってのほかであるからだ。他方、西部のウクライナ正教会の信者・聖職者にとっては、ロシアとの断絶を鮮明にすることが死活問題であった。五月二七日のウクライナ正教会の宣言は、この両極端のグループのどちらをも分離させず、信者・聖職者を最大限守ることを考えたために、玉虫色のものとならざるをえなかったのである。

三．「黒衣のコラボレーター」？

しかし、五月二七日の公会は、ウクライナ正教会を救うことにならなかった。ウクライナ正教会に敵対的な勢力は、この玉虫色の宣言を「ロシア正教会からの独立（断絶）」とは受け止めなかった。ウクライナ正教会の聖職者たちをロシアの「コラボレーター」と見なす動きは止まらず、同教会に対する攻勢はこの後むしろ強まったのである。

西部諸州では、ウクライナ正教会から新正教会への教区教会の移管がさらに進められた。リヴィウの南に位置するイヴァノ・フランキウシクもそうした州の一つで、六月二六日、市内に残されていた最後のウクライナ正教会の教区が新正教会に移管されたことが市長によって発表された。[22] ウクライナ正教会側は、この移管が地方当局の介入によって強引に行われたと司法の場に訴え出た。[23] この後、イヴァノ・フランキウシク府主教セラフィム（ザリズニツキー）は、モスクワで行われる宗教的祭典に参加するという名目で、七月二二日にロシアへ出国したと報道されている。[24]

高位聖職者のロシアへの出国については、このほかにもいくつもの例がある。しかし彼らの出国を、仮面をはがされた「コラボレーター」がロシアに逃亡した、と単純に考えない方がいい。それぞれの事例ごとに各方面からの圧力があったことは間違いない。そうした圧力にはウクライナから「逃亡」のほかに、ロシアへの「追放」、あるいはロシアによる「強制連行」など様々な可能性がある。戦時下の出国の経緯は非常に複雑なはずである。

暴力をも辞さない強制的な教区教会の新正教会への移管に対して、政府筋から反対の声がなかったわけではない。九月、ウクライナ国家保安庁キーウ州副本部長のユーリー・パラニュークは、こうした移管がウクライナ社会の分断を引き起こすと指摘し、地方行政が教区教会の移管にかかわることを禁止する文書を出した。ところがこれは利敵行為として告発された[25]。そして、この報道がなされた翌日、パラニュークは更迭された[26]。公開された文書から判断する限り、パラニュークはウクライナ正教会を擁護しているとはいいがたい。彼は、ウクライナ正教会に対する地方当局の対応が違法行為であり、そのような行為は社会統一に寄与せず、むしろ地方社会を不安定化させる、と指摘しただけである。パラニュークに対する処分は、公的機関の職員である以上、ウクライナ正教会に対する攻撃に加担することは義務であり、それをしないことは、失脚を意味するという当局のメッセージであった。これ以降、国家保安庁によるウクライナ正教会に対する捜査が各地で強行されることになる。

おりしも九月三〇日にプーチン大統領が編入を宣言した東部諸州では、ルハンシク府主教パンテレイモン（ポヴォロズニューク）、ザポリッジャ州メリトポリ市の修道院長イオアン（プロコペンコ）[27]、ヘルソン市内の首座聖堂の主任司祭であるオレクシー（フョードロフ）[28]らが、ロシアとの併合を祝うクレムリンの式典に参加していることが報じられた。一方で、これらの占領地域において、前線で戦い、ウクライナ社会のために貢献したその他多くの信者・聖職者の活動が報じられることはなかった。

こうした状況下、国家保安庁の強制捜査が各地で行われ、ウクライナ正教会の聖職者たちの「スキャンダル」が続々と明るみに出された。一〇月一一日には、中部ヴィーニッツァ州のトゥルチン府主教イオナファン（エレツキフ）の家宅捜索が行われ、ロシアによるウクライナ侵攻を正当化し、宗教的憎悪を扇動する文書が発見されたと報じられた。イオナファン府主教がロシアのパスポートを所持している疑惑も報道されたが、ウクライナでは二重国籍は禁じられている。イオナファン府主教はこの疑惑を否定した[29]。

西部チェルニウツィ主教区では、保安庁の職員が、朝七時に府主教区の建物に強制捜査に入ったところ、大主教ニキータ（ストロジューク）と聖歌隊の一七歳の少年の同性愛現場らしきものに遭遇、というスキャンダルが上がった。府主教区の建物からはさらに、ロシアのパスポートや「ロシア世界」をプロパガンダする文書などが発見されたと報じられた。一〇月三一日には、キロヴォフラド府主教区の捜査で、ロシアで印刷された「反ウクライナ」プロパガンダの印刷物が発見された[30]。さらに一一月二二日にはキーウ府主教座が置かれているペチェルシク大修道院に対する強制捜査が行われた。捜査に先立つ一週間前には、修道院内でロシアを称賛する聖歌が歌われていると告発する動画[31]が公表されており[32]、今回の捜査は『ロシア世界』の細胞として大修道院が利用されるのを防ぎ、破壊的な諜報グループや外国人をかくまったり、武器を保管するためにウクライナ正教会が利用されているというデータを調べ、挑発行為やテロ行為から住民を守る」ことを目的として行われた[33]。ペチェルシク大修道院での捜査をウクライナ市民が歓迎していることが報道され、捜査を受ける修道院長パーヴェル（レベジ）の写真に風刺的な一言を添えたネットミームが登場した。例えば「小僧ども、探したって無駄なこと。神はここにはおられぬ」とか、「キーウ・ペチェルシク大修道院では早朝より、偉大で聖なる奉仕《スルージバ》が始まった」（教会の祈禱《スルージバ》と国家《スルージバ》保安庁《ベズオパスノスチ》の両方をかけたもの）などである[34]。

大修道院での強制捜査の翌日、ウクライナ正教会の指導部は声明を発表して、現在行われている非難には何の根拠もないことを主張し、個別の告発に対しては客観的な捜査が行われるべきであることを訴えた[35]。そして、キロヴォフラド府主教イオアサフ（フーベン）、ロムニ（スームィ州）府主教イオシフ（マスレニコフ）、イヴァノ・フランキウシク府主教セラフィム（ザリズニツキー）、イジューム（ハルキウ州）府主教エリセイ（イヴァノフ）の解任を決定した[36]。前者二名は、強制捜査の結果、刑法に違反する疑いがあるとして調査が継続されており（イオシフ府主教についてはこの後、一二月にウクライナ国籍のはく奪が決定された）、後者二名はすでにロシアへ出国していた。つまり、ウクライナ正教会の指導部が内部の親露派分子を粛清したと考えられる。
以上のように、ウクライナ正教会は祖国の「裏切者」であるというイメージがメディアによって世論に定着した。一方のウクライナ正教会からすれば、二〇一四年に始まったドンバスでの戦争以来、ウクライナ愛国主義を前面に押し出し、救援物資の寄付や配布、国内避難民・社会的弱者の保護といった社会貢献活動に力を尽くしてきた。それどころか教会法上、正式に認められたロシア正教会との結び付きを否定するに至るまで、教会にとって可能な限り手を尽くした。にもかかわらず、ウクライナ正教会は正義と忠誠を尽くしたはずの社会に「裏切られ」ようとしていた。
一九一七年の二月革命で突如として退位を余儀なくされた皇帝ニコライ二世は、「周囲はこれ裏切り、怯懦《きょうだ》、まやかしばかり」と書き残した。ウクライナ正教会が追い込まれた立場は、確かにニコライ二世のそれに通じるところがあるかもしれない。ソ連解体後、聖人として崇敬されているそのニコライ二世のイコンを所持することは、ウクライナ正教会がロシア世界を宣伝していることの証拠として、現在では十分に検挙の材料となる。[37]
なお、ウクライナ正教会がここまで窮地に追い込まれた背景として、マスメディアの力が非常に大きかったことが指摘できる。ウクライナ正教会に批判的な論調を展開するのは、「ウクライナ・プラウダ」、「1＋1」、「Ｕｋｒ.ｉｎｆｏｒｍ」、「ラジオ・リバティ」、「5チャンネル」、「ＬＢ・ｕａ」など、大規模で社会的影響力の大きなメディアである。加えて「ＢＢＣ」、

「APF通信」などの国際メディアも、現地ジャーナリストの報道はウクライナ正教会批判に偏りがちである。

一方、ウクライナ正教会を擁護し、その権利侵害についての報道を行うのは、ウクライナ正教会が直接運営するメディア（府主教庁や修道院などが運営する公式サイトやSNS）がメインである。その他にも「第一コサック」や「正教ジャーナリスト連盟」などがあるが、これらは正教会を中心とした問題に特化した番組であり、その影響力は極めて限定的である。それぞれのYouTubeチャンネル登録者数を比較してみると、「1＋1」が二九四万人、「5チャンネル」が一五一万人、「ラジオ・リバティ」が一二四万人であるのに対し、「第一コサック」は二五万六〇〇〇人、「正教ジャーナリスト連盟」は六万一七〇〇人と、その差は歴然としている。

しかし、一二月に入り、ある番組の放送内容に神への冒瀆があったとして、オヌフリー府主教はついに声を上げた。問題となったのは、ゼレンスキー大統領が創設者の一人に名を連ね、自身もかつてよく出演していた「九五区」という番組である。芸人たちはウクライナ正教会の聖職者たちに対する嫌疑をジョークにして、さらに「司祭の顔に唾を吐くのは二〇フリヴニャ、SUV車（聖職者が乗る高級車の意味と思われる――引用註）に聖句を釘で打ち付けるのは五〇フリヴニャ、ウクライナからモスクワ総主教座を追い出すのはプライスレス！」と、ウクライナ正教会へのヘイトを煽った。また、三位一体の神への信仰を揶揄して「ウクライナではロシアの父、モスクワの聖神、バンカーの子（バンカーとはドイツ語由来の言葉で要塞化した地下壕のこと。プーチンを暗喩するインターネット・ミーム——引用註）の活動が禁じられています」などと茶化した。[38] これに対し、オヌフリー府主教は以下のようなメッセージを公表した。[39]

長年にわたり、テレビ・チャンネル「1＋1」はウクライナの正教会と信者を組織的に中傷してきました。私たち信者は自分の不完全さを自覚するものであり、私たちに向けられた真っ赤な嘘である非難や攻撃に応じてこなかったのです。
しかし、二〇二二年一二月七日にYouTubeで「九五区」スタジオ（中略）が放映したような神と信仰に対する公然たる嘲りと侮辱（冒瀆）を目にした時、私たちのキリスト者としての良心はこれ以上沈黙することを許しませんでした。（中略）これはもはや教会だけの問題ではなく、神への信仰にかかわる問題であり、それゆえにわが国のキリスト教徒の宗教的感情を傷つけるものです。（中略）
神の存在を信じる人もいれば、そうでない人もいるでしょう。しかし、わが国の市民であるキリスト教徒を貶めることは、ウクライナの法と憲法に違反するものであり、宗教的憎悪を煽るものです。私たちは皆、独立した民主的なウクライナのために現在戦っています。市民の一部が、迫害や嫌がらせ、敵のイメージを作り出すことは許されないことです。私たちは皆、法の前に平等です。いかなる主張や非難も証拠に基づくべきであり、法的な

場で解決されなくてはなりません。（中略）
この恥ずべき放送について公式に謝罪し、これをメディア空間から削除することを求めます。それがなされない場合、私たちはこれをウクライナ正教会の何百万もの信徒の魂に対する宣戦布告と見なし、しかるべき措置を取る準備があることを伝えておきます。

オヌフリー府主教による批判は、法治国家の一市民の言葉として極めて妥当と思われる。この翌日には、未成年とのセックス・スキャンダルが報じられたニキータ（256頁参照）を含む、ウクライナ正教会の代表者が記者会見を開いて、ネガティヴ・キャンペーンに対する反論を行った[40]。しかし、その言い分がいかに正しかろうと、ウクライナ正教会の声を取り上げるメディアはほとんどいなかった[41]。冒瀆的発言に対する謝罪もなかった。メディアばかりではない。政界にも財界にも、そして宗教研究に携わる研究者の間でも、ウクライナ正教会を支持しようという人間はほとんどいなくなっていた。皆、国外に追放されたからだ。

四．軍服とバンドゥーラに占拠された聖地

キーウのランドマーク、ペチェルシク大修道院は中心街から少し離れたドニプロ川の河岸の丘陵地帯に広がっている。およそ二八ヘクタールもの広大な敷地を持つこの大修道院は、キー

ウ・ルーシがまだ栄えていた一一世紀に半ばに郊外に創設された。「ペチェール」とは洞窟を意味する。この修道院のもっとも聖なる場所は、修道士たちが長い年月をかけて掘った洞窟なのだ。洞窟の中には、ルーシが輩出した聖人たちの不朽体＝ミイラが安置されている。ルーシにおいては聖人の遺体は腐敗せず、芳香を放つと信じられていたため、不朽体と呼ばれている。中世ロシア史を伝える書物の中でしか出会うことのない聖人たちの棺を、この洞窟の中で見つけることは感動的ですらある。いわば、はるか遠い過去と自分が生きる現在の時空間が地続きであることを実感させられるのだ。

ルーシ受洗の時代からの歴史の証人であり、数多の聖人の不朽体を納めるこの大修道院は、ウクライナのみならず「ロシア世界」随一の聖地である。ソ連時代には他の聖地と同様、この大修道院も閉鎖され、博物館・自然公園となった。しかし、一九八八年にその一部が正教会に返還されると、「上層」が博物館として、洞窟のある「下層」が修道院として利用されることに決まった[42]（資料㉑参照）。大修道院を国から「貸与」されたのは、現在のウクライナ正教会である。貸与された当時、大修道院の建物の多くは廃墟と化しており、修道士たちの最初の仕事はそれらの修復・再建であった。現在のペチェルシク大修道院はウクライナ正教会の行政的中心であり、同時に修道士・聖職者を育成する神学校・神学大学も擁している。ペチェルシク大修道院は、いわばウクライナ正教会のかけがえのない過去であり、現在を動かす中心であり、未来への希望である。

資料㉑ ペチェルシク大修道院　上層／下層区分図

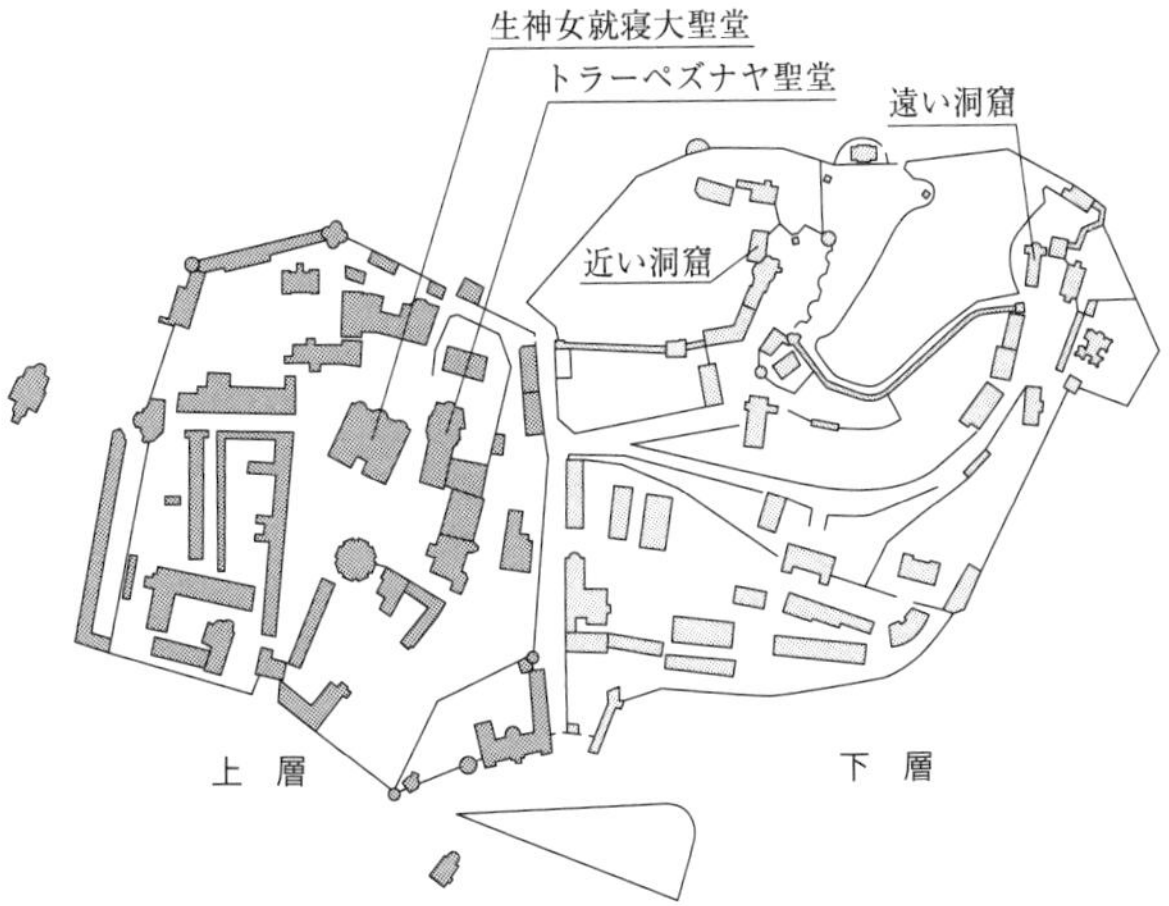

ウクライナ正教会に対する政治的追及は、この大修道院をウクライナ正教会から取り上げようというところにまでおよんだ。まず一一月に大修道院内の聖堂でロシアを称える聖歌が歌われたということで刑事訴訟が起こされ、大修道院内部の強制捜査が行われた。そして、一二月一日、修道院の首座聖堂である生神女就寝大聖堂およびトラーペズナヤ聖堂の貸与契約が更新されず、二〇二二年末をもって国家に返還されることが決定されたのである。
ここで問題となった二つの聖堂は「上層」、すなわち博物館の敷地内に位置する。普段は博物館として展示されており観光客も訪れるが、日曜や祭日ごとにはウクライナ正教会の聖職者による祈禱が行われていた。[43] 宗教学者ニコライ・ミトローヒンによ

れば、大修道院のトラーペズナヤ聖堂には日曜ごとに一五〇〇人、生神女就寝大聖堂では六〇〇人もの信者が集まっていたという。大修道院全体では、日曜の祈禱に訪れる信者の数は二五〇〇人に達するといわれており、大修道院で参禱していた信者のほとんどが、日常的な祈りの場を奪われることになった。ウクライナ正教会を攻撃する側の狙いは、最終的にはウクライナ正教会を完全に追放することにあるが、社会的な反応を見るための試金石として、まずは二つの聖堂を取り上げることにしたといわれている。ウクライナ正教会の心臓部ともいえる諸機関が置かれているのは「下層」であり、二〇二三年二月現在はこれまでと同様にウクライナ正教会が使用している。

ウクライナ正教会を大修道院から完全に追放し、新しい主になることを望んでいるのは、ウクライナ正教会とライバル関係にある新正教会である。貸与契約が更新されないことが発表された翌日一二月二日に、新正教会は「キーウ・ペチェルシク大修道院」を宗教組織として登録したと発表した[44]。先述したとおり、ウクライナでは「新正教会」あるいは「ウクライナ正教会」という宗教団体が法人として登録されているわけではなく、それぞれ固有の聖堂に集う教区教会や、修道院、兄弟会などが「宗教組織」として登録されている。そして、それぞれの宗教組織が、登録の際にどの宗教団体の管轄下にあるかを明記することになる（本論でも以下に取り上げる「移管」はこの所属を書き換えることを指す）。新正教会は同名の修道院を宗教組織として登録することによって、ウクライナ正教会が追放された際には、速やかに大修道院を自分たちの管轄下に置こうという目算であった。

しかし、修道院の法的な所有者である文化庁はそれを認めなかった。新正教会の「大修道院」登録と同日のうちに、文化大臣オレクサンドル・トカチェンコは大修道院が「上層」も「下層」も共に国有財産であることを強調し、この後二ヶ月間は、正教会が修道院の敷地をどのように利用してきたかの調査に当て、その後、聖堂の処遇についての決定を行うと発表したのである[45]。つまり、貸与契約終了後の二〇二三年一月一日以降、新正教会が「上層」の二つの聖堂を、ウクライナ正教会がそうしていたように、日常的に利用するということは認められなかった。

しかし、二つの聖堂が国に返還された後、ここで祈禱を行うことが許可されているのは新正教会のみである。一月七日の降誕祭（ウクライナの正教会が用いるグレゴリオ暦でのクリスマス）の日、首座主教エピファニー（ドゥメンコ）が新正教会として初めての祈禱を大修道院内で行った。しかし、これまでこの聖堂で祈っていたウクライナ正教会の信者たちは、新正教会が執り行う降誕祭にほとんど参加しなかった。彼らに代わって教会を埋め尽くした群衆には、ジャーナリストと軍服を着た兵士たちの姿が目立った。

さらに一月二三日には、トラーペズナヤ聖堂でウクライナ音楽のコンサートが行われた。信者たちが消えた聖堂に賑わいを取り戻すために行われたという話もあるが、真相は分からない。招かれたアーティスト・グループはコサックの伝統的衣装に身を包み、バンドゥーラ（コブザとも呼ばれるウクライナの民俗楽器）に合わせて、様々な時代のウクライナ民謡を歌った。これまで大修道院で祈りを捧げてきた信者たちにとっては、ウクライナの古い民謡であれ、聖なる場所で世俗の音楽が演奏されたこと自体が極めて大きな衝撃であった[46]。そもそも、正教会の聖歌では楽器を用いること自体がないのだ。さらに彼らが演奏した曲の中に「モスクワ野郎を殺し、モスクワをせん滅せよ、イイススが祝福したもう」という内容のものがあったことがSNSで公表された。聖堂の中で、そのような内容の歌が歌われたことは、聖堂を明け渡さざるをえなかった信者・聖職者にとって二重の苦痛となった。

上層の二つの聖堂がウクライナ正教会から国家に返還された後、聖堂はすっかりがらんどうになってしまった。それは結局、これらの聖堂が新正教会に譲渡されなかったからだ、という反論があるかもしれない。しかし、新正教会に譲渡された聖堂の多くが似たような状況にあることは、少なくない研究者、観察者が指摘しているところである。私自身の限られた現地調査の経験からも、これは否定しがたい。

よく知られたロシア語のことわざに「聖地はいつも満員御礼」というのがある。大修道院はもはや聖地ではなくなってしまったのだろうか。聖地が聖地でなくなる時代、聖地ががらんどうになる時代、それは一九一七年革命後二〇年間続いた最も過激な宗教弾圧の時代ではなかったか。

五．戦争は神をもを殺すか

二〇二二年秋のウクライナ国家保安庁による捜査では、三五〇以上の教会と八五〇人の教会関係者がウクライナ国家保安庁の捜査対象となった[47]。その結果、ウクライナ正教会を全面禁止にすべきだという論調が高まり、一一月二九日にはリヴィウ州議会が最高議会に対し、ウクライナ正教会の活動の禁止についての法整備を進めるよう求めることを決議した[48]。

ウクライナ正教会に対する政治的圧力について、国家権力の側に危惧する向きがまったくなかったわけではない。国家機関である「民族政策と良心の自由庁」（以下、「民族・宗教問題庁」と略）の責任者オレーナ・ボフダンは、特定の宗教団体に対する違法な抑圧に反対していた。ボフダンは社会学者として大学で教鞭を執る研究者でもある。様々なデータから、日曜の礼拝の時間、ウクライナ正教会の聖堂が信者であふれんばかりであるのに、新正教会の聖堂ががらんどうであることを彼女は知っていた。また、移管に関する多くの事例で、法律に違反する行為があったことを知っていた。だから、ウクライナ正教会に対する現行の措置は、ウクライナ社会に統合ではなく、分断と混乱をもたらすと彼女は繰り返し主張した。

さらにボフダンは、現行の法律では、ウクライナ正教会、新正教会などが宗教団体として国家登録を受け、法人格を有しているわけではない以上、ウクライナ正教会全体を法的に禁止することはできないと明言し続けた。ウクライナ正教会が「ロシア世界の温床」であるというのなら、この教会が敵国に通じる政治団体、あるいはテロリスト集団として機能していることが証明されなくてはならない。法律違反の疑いがある聖職者に対しては個別に司法の場に持ち込むことが必要なのであって、それ以上のことは民主主義を名乗り、EU加盟を目指す国家にはできないことなのだと主張した。[49] 五月二七日の公会で、ウクライナ正教会がロシア正教会から「独立」を宣言し、ウクライナ主権に対する支持を明確に表明している以上、この宗教団体を「テロリスト集団」と認定することは難しいともボフダンは考えていた。

ボフダンはこのような態度のために、「ロシア正教会の擁護者」というレッテルが貼られ、野次や罵詈雑言のほかに、社会学者を名乗る素質がないとの非難までなされた。しかしボフダンは自説を曲げなかった。

一二月一日、国家安全保障・防衛会議は、「ウクライナ社会の統合を促進し、国益を守るため」、ウクライナ正教会への制裁措置を決定し、即日ゼレンスキー大統領による大統領令八二〇号が発せられた。[50] これにより、先に紹介したペチェルシク大修道院の聖堂貸与の問題に加えて、二ヶ月以内に「ロシア連邦に置かれた中央から影響を受けている宗教団体」の活動を禁止する法案の準備を進めること、またウクライナ正教会関係者一〇名に資産凍結などの法的・経済的制裁を加えることが決定した。リストの筆頭には、有力なオリガルヒでウクライナ正教会最大のメセナの一人であるヴァジム・ノヴィンスキの名が挙がり、続いてペチェルシク大修道院院長パーヴェル（レベジ）と続いた。この大統領令によって、ウクライナ正教会の活動を法的に禁止するための準備が開始されたといってよい。これと前後して、ウクライナ最高会議には、ウクライナ正教会の活動を禁止するための法案が立て続けに三つも出されている。[51]
実は、それ以前にも自治体単位でウクライナ正教会の活動を禁止する事例があった。[52]しかしウクライナ憲法は政教分離と良心の自由を定めており、戦争のために発動中の戒厳令下においては憲法改正ができない以上、宗教団体の活動を禁止することは違憲となる。つまり、ウクライナが法治国家である限り、ウクライナ正教会を全面禁止することはできない。登録された一つ一つの教区教会などの宗教組織について「ロシア連邦に置かれた中央から影響を受けている宗教団体」であるかを審査したうえで、禁止の措置を取るしか方法がないのである。
これらの問題を判断するよう求められたのが、ボフダン率いる民族・宗教問題庁であった。ところが、一二月六日、彼女は職を解かれてしまったのである。更迭されたボフダンに代わって、民族・宗教問題庁のトップに就任したのは、ヴィクトル・イェレンスキーである。イェレンスキーもまた、宗教研究者として著名なアカデミックの人間であるが、同時にウクライナ正教会に対する容赦ない攻撃と、新正教会擁護の立場で知られていた。[53]ウクライナ正教会に対する活動全面禁止令を出せば、それが違憲であることをよく理解していた[54]イェレンスキーは、専門家としてこの難題に対する解決策を提示した。
その解決策とは次のようなものである。第一に憲法による政教分離の原則であるが、これはウクライナ正教会の主教区という中枢機関を「ロシア連邦に置かれた中央から影響を受けている宗教組織」と認定すれば、国家安全保障の観点からその活動を禁止することが可能になるという。中枢を破壊してしまえば、個別の教区教会が「正教会」を名乗ることは自由だというのである。第二に、ウクライナ正教会とロシアとの結び付きに関しては、専門家たちが、教会法にかかわるもののみならず、経済的、政治的な結び付きを含めて調査すると言明した。しかし、特定の目的を持った調査が、それに沿って都合よく解釈されうることはいうまでもない。

民族・宗教問題庁の専門家会議は二〇二三年一月三一日、ウクライナ正教会はロシア正教会と関係を断絶した独立教会であるとはいえず、いまだにロシア正教会の一部である、という結論を発表した[55]。この結論を証拠付ける長大な文書に関しては、様々に議論することが可能であるはずだろう。だが、本論が着目したいのはそこではない。むしろこの専門家会議に、宗教研究者、歴史学者が加わり、初めから決められていた結論に、あたかも学術的・価値中立的立場から下された判断であるかのような権威付けをした点が問題であるのだ。

すでに見たように、ウクライナ正教会が使徒継承性にこだわる以上、教会独立は拙速な宣言を許されない繊細な問題であった。正教会が独立を達成するためには、時に百年単位の時間がかかることを歴史は示している。さらに、ウクライナ正教会の中には、占領地に置かれた主教区があり、それらの地域の信者・聖職者がいわば「人質」となっていることを考える必要もあることはすでに述べたとおりだ。国家が戦略的に貼り付けた「裏切者」のレッテルに対し、研究者たちは価値中立的な立場からの客観的な学術的判断であるかのような権威を与えたのであった。

また、新正教会はこの機に乗ずるかのように、ウクライナ正教会の活動制限を法的に定めるよう要請する声明を出した[56]。そもそも、新正教会には信者ばかりか聖職者も修道士も数が少なく、教区生活が低調な教区教会も散見される。新正教会を支持する人々は、祖国を熱愛する愛国者であっても、教会に通い慣れた信者ではないことがよくあるのだ。彼らの多くは聖堂に新正教会の看板がかかっていればそれで満足なのであり、看板をかけ替えた後のことには関心を持たない。

現在、新正教会はペチェルシク大修道院を手に入れたいと望んでいるが[57]、新正教会全体でも修道士の数は五〇名ほどであるといわれている。それに対し、ペチェルシク大修道院だけでもウクライナ正教会の修道士は二〇〇名を数える。ウクライナ正教会が新正教会と合同すれば問題は解決する、という意見もある。しかし、それは新正教会が望む方法ではない。というのも、ウクライナ正教会が圧倒的多数派である以上、二つの教会の合同は、ウクライナ正教会が新正教会を吸収するものになりかねない。合同に当たって、新しい教会指導部を民主的に選ぶとしたら、数の上で勝るウクライナ正教会が有利だからである。

だからこそ、新正教会はウクライナ正教会を少しずつ切り崩し、離反した信者・聖職者らを自らの陣営に取り込むことによって、名実ともにウクライナ唯一の正教会となることを夢見ている。そしてその夢は大統領府にも、研究者にも、多くの市民にも共有されているのである[58]。

戦時にこそ、夢や希望がなくてはならない。しかし、それが憎悪や「敵」の排除を伴ってしか実現できないものであるのなら、その先にはどんな未来があるのだろうか。

ウクライナ正教会に対する政治的圧力は、良心の自由という人権にかかわる問題にとどまらない。そこにはメディア統制という言論の自由の問題がある。また、国家が政教分離の原則を蔑ろにしているという問題もある。国家に対して翼賛的な宗教団体や御用学者しか、社会的影響力を持つことができないという構造が、こうした状況をつくり上げている。そしてそれによって世論が操作され、世論の支持があるという理由でこの一種全体主義的な構造が強化されていくのである。

これもまた、戦争が生み出したものであることは間違いない。戦争は前線で戦う兵士や残された家族、攻撃の被害を受けた人々のみならず、銃後の人々の感覚を狂わせるのである。この、当然といえば当然すぎる戦争の帰結が、攻撃を仕掛けたロシアのみならず、侵略を受けたウクライナ社会の内部にも大きな影を落としていることから、私たちは目を逸らしてはならないのだ。

●初出
高橋沙奈美「祖国か、神か――戦争がウクライナの正教徒に強いる選択（1）」、「webゲンロン」、二〇二三年二月二三日。
URL=https://www.genron-alpha.com/article20230223_01/

高橋沙奈美『ロシアのないウクライナ』は可能か　祖国か、神か——戦争がウクライナの正教徒に強いる選択（2）」、「webゲンロン」、二〇二三年三月二四日。URL=https://www.genron-alpha.com/article20230324_01/
高橋沙奈美「ウクライナの中の戦争　祖国か、神か——戦争がウクライナの正教徒に強いる選択（3）」、「webゲンロン」、二〇二三年四月三日。URL=https://www.genron-alpha.com/article20230403_01/

1　Звернення Блаженнішого Митрополита Київського і всієї України Онуфрія до вірних та до громадян України// Українська Православна Церква. 24. Лютого 2022. https://news.church.ua/2022/02/24/zvernennya-blazhennishogo-mitropolita-kijivskogo-vsijeji-ukrajini-onufriya-virnix-ta-gromadyan-ukrajini/（二〇二三年一月三日閲覧）。
2　キリル総主教による開戦後の説教については、次を参照。高橋沙奈美「割れた洗礼盤」『現代思想　総特集ウクライナから問う歴史・政治・文化』（二〇二二年六月）六七－八〇頁。
3　Обращение священников УПЦ к Патриарху Кириллу и Блаженнейшему Онуфрию// Київський Єрусалим. 01 березня 2022. https://www.youtube.com/watch?v=lFcqAvuI9Vs（二〇二三年一月三日閲覧）。
4　アンドリー・ピンチュク司祭の二〇二二年四月一一日付けFacobook投稿。https://www.facebook.com/permalink.php?story_fbid=501294889211452&id=100001981718431（二〇二三年一月三日閲覧）。
5　Архипастырское обращение// Одесская епархия. オデーサ主教区のFacebook公式ページ上に発表されたアガファンゲル府主教の二〇二二年三月六日付メッセージ（https://www.facebook.com/Odesskaja.eparhija/posts/5155790081130378）。

（二〇二三年一月三日閲覧）。
6 Проект Закону про внесення змін до Податкового кодексу України щодо обмеження надання статусу неприбуткових організацій, No.7403 від 24. 05. 2022. https://itd.rada.gov.ua/billInfo/Bills/Card/39653（二〇二三年三月三日閲覧）。
7 二〇二二年三月一八日のインナ・ソヴスンによるFacebook投稿。 https://www.facebook.com/sovsun.inna/posts/392733936012692（二〇二三年二月二二日最終閲覧）。
8 Заява Священного Синоду Української Православної Церкви від 13 травня 2022 рогу// Українська Православна Церква. https://news.church.ua/2022/05/12/zayava-svyashhennogo-sinodu-ukrajinskoji-pravoslavnoji-cerkvi-vid-12-travnya-2022-roku/（二〇二三年一月二二日最終閲覧）。
9 Постанова Собору Української Православної Церкви від 27 травня 2022 року// Українська Православна Церква. https://news.church.ua/2022/05/27/postanova-soboru-ukrajinskoji-pravoslavnoji-cerkvi-vid-27-travnya-2022-roku/（二〇二三年一月二二日最終閲覧）。
10 *Соня Кошкіна.* Церковна революція: версія 2022. Далі буде// LB.ua. https://lb.ua/society/2022/12/30/540855_tserkovna_revolyutsiya_versiya_2022.html（二〇二三年三月二日最終閲覧）。
11 Мельник Володимир, УПЦ (МП?) як Церква Шредингера: не/ існуючий статут// RISU : Релігійно-інформаційна служба України, 19 грудня 2022. https://risu.ua/upc-mp-yak-cerkva-shredingera-ne-isnuyuchij-statut_n134954（二〇二三年一月二二日最終閲覧）。
12 Mitrokhin, "Was There an Alternative? Metropolitan Bishop Onuphrius and His First Steps," in Wanner C. ed., *Euxeinos: Governance and Culture in the Black Sea Region* 17 (2015), p. 14..

13　ミトロファン府主教はロシアよりの高位聖職者で、その発言は以下のロシア正教会司祭ゲオルギー・マクシーモフのYouTubeチャンネルから視聴が可能。https://www.youtube.com/watch?v=KEIqOcQkbzw（二〇二三年一月二二日最終閲覧）。
14　こうした前例となる勅令を、十月革命後のモスクワ総主教チーホン（ベラビン）が下している。この勅令に基づいて、国外に亡命した高位聖職者が「在外ロシア正教会」を結成し、ロシア正教会とは別個の教会運営を亡命ロシア人社会で展開した。在外ロシア正教会は、二〇〇七年になってロシア正教会と再合同を果たした。
15　Заявление Пресс-службы Симферопольской и Крымской Епархии// Крымская Митрополия. 31 мая 2022. https://crimea-eparhia.ru/59-events/23179-8965094657687890（二〇二三年一月三日閲覧）。
16　Журнал Священного синода от 29 мая 2022 года. (Журнал No.56) // Официальный сайт Московского патриархата. http://www.patriarchia.ru/db/text/5931468.html（二〇二三年一月三日閲覧）。
17　ただし、クリミアの主教区がウクライナ正教会に属することを否定するものではない。Журнал Священного синода от 7 июня 2022 года. (Журнал No.59)// Официальный сайт Московского патриархата. http://www.patriarchia.ru/db/text/5934527.html（二〇二三年一月三日閲覧）。
18　Митрополит Філарет (Кучеров): «В Україні більше немає УПЦ Московського патріархату»// Духовна велич Львова. 3 червня 2022. https://velychlviv.com/mytropolyt-filaret-kucherov-v-ukrayini-bilshe-nemaye-upts-moskovskogo-patriarhatu/（二〇二三年一月三日閲覧）。
19　Що відбулося із УПЦ МП? Інтерв'ю з митрополитом Філаретом// Твоє Місто　https://tvoemisto.tv/exclusive/tse_ne_gra_sliv_my_rozirvaly_z_moskvoyu_rozmova_z_mytropolytom_filaretom_upts_lvivskym_i_galytskym_133159.html（二〇二三年二月二二日最終閲覧）。

20 В г. Стрый священника Львовской епархии УПЦ облили зеленкой во время Литургии// Українська Православна Церква. 22. травня 2022. https://news.church.ua/2022/05/22/u-m-strij-svyashhenika-lvivskoji-jeparxiji-upc-oblili-zelenkoyu-pid-chas-liturgiji/（二〇二三年二月二二日最終閲覧）。
21 リヴィウ府主教フィラレートは、ウクライナ正教会に対する違法行為の数々について、二〇二二年五月六日にこれらの機関に対する公開書簡を発表している。https://www.facebook.com/metropolitanfilaret/posts/4323047422335592（二〇二三年一月二二日最終閲覧）。
22 У Франківську останній храм Московського Патріархату перейшов до ПЦУ// RISU. 26 червня 2022. https://risu.ua/u-frankivsku-ostannij-hram-moskovskogo-patriarhatu-perejshov-do-pcu_n130428（二〇二三年二月二二日最終閲覧）。
23 Громада УПЦ МП вимагає притягти до відповідальності голову Івано-Франківської ОВА і міського очільника Марцінківа// RISU. 2 липня 2022 https://risu.ua/gromada-upc-mp-vimagaye-prityagti-do-vidpovidalnosti-golovu-ivano-frankivskoyi-ova-i-miskogo-ochilnika-marcinkiva_n130584（二〇二三年一月二二日最終閲覧）。
24 Митрополит УПЦ МП із Франківська поїхав у Москву молитися з Патріархом Кирилом　// RISU. 23 липня 2022. https://risu.ua/mitropolit-upc-mp-iz-frankivska-poyihiv-u-moskvi-molivsya-z-patriarhom-kirilom_n131082（二〇二三年一月二二日最終閲覧）。
25 Хто проти ПЦУ? СБУ та РПЦ! Разом // LB.ua. 15 вересня 2022. https://lb.ua/blog/sonya_koshkina/529549_hto_proti_ptsu_sbu_rpts_razom.html（二〇二三年一月二二日最終閲覧）。
26 Заместителя главы СБУ Киевщины отстранили за вмешательство в процевв перехода общин в ПЦУ// Укринформ. 16 сентября 2022 г.　https://www.ukrinform.ru/rubric-society/3573215-zamestitela-glavy-sbu-kievsiny-

otstranili-za-vmesatelstvo-v-process-perehoda-obsin-v-pcu-smi.html（二〇二三年一月二二日最終閲覧）。
27　Митрополит Луганський УПЦ та настоятель чоловічого монастиря з Мелітополя взяли участь у проголошенні незаконної анексії// LB.ua. 30 вересня 2022. https://lb.ua/society/2022/09/30/531123_mitropolit_luganskiy_upts.html（二〇二三年三月一〇日最終閲覧）。
28　Під час оголошення незаконної анексії українських територій в Кремлі був присутній ще один український священник // LB.ua. 1 жовтня 2022. https://lb.ua/society/2022/10/01/531207_pid_chas_ogoloshennya_nezakonnoi.html（二〇二三年三月一〇日最終閲覧）。
29　イオナファン府主教の反論。Опровержение Митрополита Тульчинского и Брацлавского Ионафана (Елецких)// Тульчинская епархия. Официальный сайт. 12 октября 2022. https://tulchin-eparchia.org.ua/oproverzhenie-mitropolita-tulchinskogo-i-braczlavskogo-ionafana-eleczkih-upravlyayushhego-tulchinskoj-eparhii-upcz-publikaczij-v-smi-kasayushhihsya-obyskov-po-fakticheskomu-mestu-moego-prozhivaniy/（二〇二三年一月二二日最終閲覧）。
30　У керівництва УПЦ МП Кіровоградської області під час обшуків знайшли антиукраїнські брошури, виготовлені в Росії // LB.ua. 31 жовтня 2022. https://lb.ua/society/2022/10/31/534310_kerivnitstva_upts_mp_kirovogradskoi.html（二〇二三年三月一〇日最終閲覧）。
31　動画は新正教会の聖職者がFacebookに投稿したもので、会衆は「鐘の音が響き渡る、響き渡るロシアの上に。母なるルーシが目覚めんとす」と歌っている。ただし、これは合成であるという主張もあり、その真偽については慎重な検討を要する。最初の投稿動画は削除されているが、ニュースサイトなど（例えば註三二）で閲覧可能である。
32　В одному з храмів Киево-Печерської Лаври вихваляли «русскій мір»// LB.ua. 13 листопада 2022. https://lb.ua/society/2022/11/13/535744_z_hramiv_kiievopecherskoi.html（二〇二三年三月一〇日最終閲覧）。

33 В поисках «ячейки русского мира». СБУ пришла с обысками в Киево-Печерскую лавру. // BBC news. 22. ноября 2022. https://www.bbc.com/russian/news-63715838（二〇二三年三月一〇日最終閲覧）。
34 «Бога не виявлено»: як українці реагують на обшук СБУ у Києво-Печерський Лаврі// Життя. Українська правда. 22 листопада 2022. https://life.pravda.com.ua/society/2022/11/22/251452/（二〇二三年三月一〇日最終閲覧）。
35 Заява священного Синоду УПЦ від 23 листопада 2022 року// Українська Православна Церква. https://news.church.ua/2022/11/23/zayava-svyashhennogo-sinodu-ukrajinskoji-pravoslavnoji-cerkvi-vid-23-listopada-2022-roku/（二〇二三年三月一〇日最終閲覧）。
36 Підсумки Священного Синоду УПЦ від 23 листопада 2022 року// Українська Православна Церква. https://news.church.ua/2022/11/23/pidsumki-svyashhennogo-sinodu-ukrajinskoji-pravoslavnoji-cerkvi-vid-23-listopada-2022-roku-video/（二〇二三年三月一〇日最終閲覧）。
37 ウクライナ保安庁が押収した資料として、ニコライ二世一家の聖者伝のパンフレットの写真が掲載されているが、これはどこでも販売されており、容易に入手可能である。СБУ проти УПЦ МП. Ще у двох митрополитів знайшли антиукраїнські матеріали // BBC News Україна, 31 жовтня 2022. https://www.bbc.com/ukrainian/news-63460868（二〇二三年三月一〇日最終閲覧）。
38 二〇二三年一月現在、この動画はYouTubeの規約に抵触するとして削除されている。
39 Звернення до ТК «1 + 1» духовенства та мирян Київської єпархії Української Православної Церкви// Українська Православна Церква. 14 грудня 2022. https://news.church.ua/2022/12/14/zvernennya-tk-11-duxovenstva-ta-miryan-kijivskoji-jeparxiji-ukrajinskoji-pravoslavnoji-cerkvi/（二〇二三年三月一〇日最終閲覧）。
40 Брифінг щодо ситуації Української Православної Церкви відбувся у Києво-Печерській Лаврі// Українська

Православна Церква. 15 грудня 2022. https://www.youtube.com/watch?v=fpXaCNmJSiM&t=3439s（二〇二三年三月一〇日最終閲覧）。
41　この問題を取り上げた例外的なウクライナ・メディアに「Strana.ua」がある。ロシア語を放送言語とするキャスターのオレーシャ・メドヴェージェヴァは、こうした言動について「暴力からは暴力しか生じず、（たとえ今の戦争が終わっても、人々の心の中での）戦争は続く」、「人間は人間に対して狼ではない。友人でありきょうだいなのだ」とコメントしている。二〇二三年一月現在、敵性メディアとして、ウクライナ国内での地上波放送は禁じられている。«Плюнуть в священника стоит 20 гривен». «Квартал» против УПЦ// Ясно. Понятно. 17 декабря 2022. https://www.youtube.com/watch?v=HNNVmKf6_f0（二〇二三年三月一〇日最終閲覧）。
42　下層に関しては、二〇一三年にウクライナ正教会に貸し出す契約が締結されている。しかしその契約に期限が明記されていないことが問題とされ、見直しが要求されている。Мін'юст перевірить договір УПЦ МП на оренду майна Нижньої Лаврі// Укрінформ, 11 січня 2023. https://www.ukrinform.ua/rubric-society/3650713-minust-perevirit-dogovir-upc-mp-na-orendu-majna-niznoi-lavri.html（二〇二三年三月一〇日最終閲覧）。
43　博物館と教会という二つの機構が一つの敷地や建物の中に共存していることは、ウクライナではしばしば見受けられる事態である。ペチェルシク修道院の場合、観光客用と信者用の入り口が別に設けられており、観光客は見学料を支払うことが求められるが、信者は無料で修道院の敷地内に入ることが可能となっている。
44　Зареєстровано Свято-Успенську Києво-Печерську Лавру як монастир у складі ПЦУ// Православна Церква України. 2 грудня 2022. https://www.pomisna.info/uk/vsi-novyny/zareyestrovano-svyato-uspensku-kyyevo-pechersku-lavru-yak-monastyr-u-skladi-ptsu/（二〇二三年三月一〇日最終閲覧）。
45　Ткаченко про реєстрацію монастиря ПЦУ в Лаврі: Про передачу мова не йде// Українська правда. 2 грудня

2022. https://www.pravda.com.ua/news/2022/12/2/7379054/
46 У трапезному храмі Лаври заспівали про вбивство «москаля»// Союз православних журналістів. 22 січня 2023. https://spzh.news/ua/news/71490-u-trapeznomu-khrami-lavri-zaspivali-pro-vbivstvo-moskalja（二〇二三年三月一〇日最終閲覧）。
47 СБУ заявила, что нашла в Киево-Печерской лавре материалы о «русском мире», синод УПЦ уволил «пророссийских епископов»// BBC News Русская служба. 23 ноября 2022. https://www.bbc.com/russian/news-63737093（二〇二三年三月一〇日最終閲覧）。
48 ここでも、メディアによる印象操作が行われている可能性がある。リヴィウ州議会ではウクライナ正教会の活動の禁止をウクライナ最高議会に対して要求する決議が採択されたとある（Львівська обласна рада вимагає заборонити діяльність релігійних організацій УПЦ (московського патріархату)// Львівська обласна рада. 29 листопад 2022. https://lvivoblrada.gov.ua/articles/lvivska-oblasna-rada-vimagaje-zaboroniti-diyalnist-religiinih-organizacii-upc-moskovskogo-patriarhatu?fbclid=IwAR3C0Yqd7BOCixMNrd43hcRo1z4xUq9mWyCOBWx-tmt3sjAp1cA1uhSwZWY）。しかし、ラジオ・リバティの報道では、「リヴィウ州議会がウクライナ正教会の活動禁止を決議」と報じられている（Львівська облрада проголосувала за заборону діяльності УПЦ (МП)// Радіо Свобода. 29 листопад 2022. https://www.radiosvoboda.org/a/news-lvivska-oblrada-upc-mp/32154415.html）（ともに二〇二三年三月一〇日最終閲覧）。
49 Московський Патріархат розслідування СБУ: чим усе закінчиться? ІНТЕРВ'Ю, Олена Богдан// Факти ICTV. 28 листопад 2022. https://www.youtube.com/watch?v=XL9nHwQ0QZ0&t=1679s（二〇二三年三月一〇日最終閲覧）。
50 市民権停止に関する法令は、個人情報を含むため公開されていない（Указ Президента України No.820/2022//

Президент України. https://www.president.gov.ua/documents/8202022-45097)。LB.uaの独自の調査によって、トゥルシン府主教イオナファンなど、そのリストが明らかにされた（Президент призупинив громадянство 13 представників шести епархій УПЦ МП（повний список)// LB.ua. 7 січня 2023. https://lb.ua/society/2023/01/07/541775_prezident_prizupiniv_gromadyanstvo.html)（ともに二〇二三年三月一〇日最終閲覧）。
51　Проект Закону про забезпечення зміцнення національної безпеку у сфері свободи совісті та діяльності релігійних організацій, No.8221 від 23. 11. 2022. https://itd.rada.gov.ua/billInfo/Bills/Card/40832, Проект Закону про внесення змін до деяких законодавчих актів України щодо удосконалення правового регулювання діяльності релігійних організацій, No.8262 від 05. 12. 2022. https://itd.rada.gov.ua/billInfo/Bills/Card/40938, Проект Закону про внесення змін о деяких законів України щодо діяльності в Україні релігійних організацій, No.8371 від 19. 01. 2023 . https://itd.rada.gov.ua/billInfo/Bills/Card/41219（すべて二〇二三年二月二二日最終閲覧）。
52　У Кагарлику на Київщині заборонили УПЦ МП до кінця війни// LB.ua. 13 травня 2022. https://lb.ua/society/2022/05/13/516627_u_kagarliku_kiivshchini_zaboronili.html（二〇二三年二月二二日最終閲覧）。
53　イェレンスキーは西側の研究者とも近い関係にある。例えば、長年ウクライナの宗教を研究してきた人類学者キャサリン・ワンナー（ペンシルバニア大学教授）の研究協力者であり、共著論文も発表している（https://www.wglivedreligion.org/research-network-1)。ニコライ・ミトロヒンの紹介で、筆者もイェレンスキーに二〇一五年にインタビューを取っており、その政治姿勢については確認済みである。
54　Віктор Єленський: «Структури Московського патріархату не повинні бути в Україні. Таким є суспільний запит// LB.ua. 23 грудня 2022. https://lb.ua/news/2022/12/23/540088_viktor_ielenskiy_strukturi.html（二〇二三年二月二二日最終閲覧）。

55 Висновок релігієзнавчої експертизи Статуту про управління Української Православної Церкви на наявність церковно-канонічного зв'язку з Московським патріархатом// Державна служба України з етнополітики та свободі совісті. 22 січня 2023. https://dess.gov.ua/vysnovok-relihiieznavchoi-ekspertyzy-statutu-pro-upravlinnia-ukrainskoi-pravoslavnoi-tserkvy/（二〇二三年二月二二日最終閲覧）。
56 Заява Священного Синоду щодо необхідності законодавчого обмеження втручання країни-агресора в релігійне життя України// Православна Церква України. https://www.pomisna.info/uk/vsi-novyny/zayava-svyashhennogo-synodu/（二〇二三年二月二二日最終閲覧）。
57 Интервью с Епифанием. Предстоятель ПЦУ — о судьбе Лавры, отношении к его церкви в православном мире и «дьявольских вещах»// New Voice. 29 января 2023. https://nv.ua/ukraine/politics/epifaniy-kto-podderzhivaet-pcu-v-mire-kogda-lavru-pokinet-mp-i-chto-budet-s-rpc-novosti-ukrainy-50299627.html（二〇二三年二月二二日最終閲覧）。
58 二〇二二年一二月にキエフ国際社会学研究所が行った世論調査によれば、「ウクライナ人」（正しくは「回答者」と思われる）の七八％がウクライナ正教会に国家がある程度介入すべきであると考えており、五四％がウクライナ正教会の活動を完全に禁止すべきであると考えていることが明らかになったと報じられている。78% Українців вважають, що держава має втрутитися у діяльність УПЦ (МП), з них більшість за заборону—КМІС// Радіо Свобода. 29 грудня 2022. https://www.radiosvoboda.org/a/news-kmis-opytuvannya-upts-mp/32199062.html（二〇二三年二月二二日最終閲覧）。

あとがき――記憶すること、祈ること

扶桑社の岡田尚子さんから、ロシアとウクライナにおける正教会の歴史と現状について、新書を書いてみないかという打診をいただいたのが、二〇二二年七月のことであった。「はじめに」でも書いたように、研究者としての私の仕事はロシアから始まっている。ウクライナにおける正教会の歴史は非常に入り組んでいて、しかもまとまって書かれたものは決して多くはない。基礎知識を整理しておくためにも、一般向けの概説書を書くことは望ましいと思われた。

しかし、というか、むしろ「やはり」というのが正直な感覚であるが、執筆は難航を極めた。そもそも東方正教の世界自体が、多くの日本語読者にとっては馴染みのないものである。正教会の用語からして、漢字変換できないような言葉があふれ、聖職者の位階は何とも覚えにくい。これらの言葉に慣れて、読み進めること自体が容易ではない。それはまさに、私が学生時代に痛感したことでもある。本書もなかなかに読みにくい部分があると思われるが、それでも両国における正教会について多少なりとも伝えられることがあればと願っている。

中世から帝政期にかけての歴史については、私自身の圧倒的な知識不足を痛感させられたし、ソ連時代についても、ウクライナから見る歴史は私が学んできたものとは大きく異なり、悩ま

されることが多かった。このあたりについては特に、事実誤認も多いのではないかと思われる。読者諸賢のご指摘を待ちたい。

また、現状の正教会について執筆するに際しては、「私自身の立場」を常に意識せざるを得なかった。本書を執筆中、ウクライナの研究仲間のひとりが「共同研究をやらないか」と声をかけてきた。私がウクライナ正教会の現状に関心を持っていることを伝えると、それは大変に危険だからかかわらない方が絶対にいいと忠告してきた。ウクライナ正教会の擁護と取れる言動はするな、外国語であれ公表しない方がいい、公表するつもりならウクライナ領内にはこの先しばらく足を踏み入れるな、と。送信後、彼はそのメッセージを消去してしまった。それだけ、政府からの追及を恐れているということだ。私は決して、現在のウクライナ政府を悪として批判したいわけではない。善か悪かの二元論から抜け出し、正確な情報を手に入れて、丁寧な議論を積み重ねていくことは、公正で民主的で自由な社会にとって不可欠だ。ウクライナ社会がそういう未来を目指すなら、この本で指摘した問題も議論されなければならないと信じている。

この原稿を書き上げる最終段階で、ウクライナの映画監督セルゲイ・ロズニッツァの『バビ・ヤール』を鑑賞する機会があった。これは独ソ戦期のウクライナで撮影された映像資料をつなぎ合わせて作られた作品である。この作品を見ると、絶対的な善人も悪人もなく、あるのは善と悪の行為のみで、個人はその只中で振り回される小さな存在にすぎないということを痛感させられる。

おこがましいかもしれないが、本書を通じて、私はそういうものを描きたいと思った。戦争は私たちを感情的に揺さぶり、感情的な判断を下させる。しかし、そういう時代にこそ、善悪を判断するのは、私たちの感情ではなく法律なのだという冷徹な事実を見つめなくてはならないと考える。法律が何かを判断したとして結局、感情は記憶となって何世代にも引き継がれるのだ。この戦争でも、独ソ戦時の記憶、ソ連による弾圧の記憶は、忘れられない恨みや怒りとして現代によみがえり再び血を流している。誰のため、何のために記憶するのかということは、私たちに委ねられた問題だ。

正教会では、誰かのために祈禱する際、その人を「記憶する」という。祈ることは、無力な行為のように考えられている。しかし、怒りと悲しみに満たされた時こそ、祈ることは必要だと私は考えている。ここに、ジャック・リーマーという神学者の詩を引用しておきたい。

「神よ、戦争を終結させたまえとは祈りません／自分と隣人のなかに／平和への道筋をみずから見いだすべしと／神がこの世を創られたことを知っているのですから／…／ですから神よ／ただ祈るのではなく／力と決断と意志をのみ／われらは祈り求めるのです」[i]

最後に、本書執筆にあたって、多くの方に支えられた。辛抱強く最後までお付き合いいただいた扶桑社の岡田さんには感謝の言葉しかない。彼女の粘り強い督促がなければ、私は途中であきらめたかもしれない。また、いつもながら素晴らしいデザインを迅速に仕上げてくださったささやめぐみさんにも、心から感謝する。

本書の第一章および第二章の初版は、同志社大学一神教学際研究センター発行の『一神教学際研究（JISMOR）』第一八号に、また終章はウェブゲンロン（https://www.genron-alpha.com/）に掲載されたものである。掲載にあたって、ゲンロン代表でロシア文化研究者の上田洋子氏からは的確な助言をいただいた。記して感謝したい。

また、執筆の過程では、「原発もミサイルもいらない九条を活かす九州ネットワーク」、朝日カルチャーセンター、九州大学人社系コモンズ、不識塾、同志社大学一神教センターなどで講演の機会を頂いた。そこでの質問や議論は執筆にあたっての大きなヒントとなった。主催者と参加者の皆さんに改めて感謝したい。

最後に、疲弊しきった母をいつもユーモラスに支えてくれるかわいい柊馬と寧奈、私のわがままを聞き入れて福岡に送り出し、的確な助言を与えてくれる夫の優、ピンチの時に現れる、私のスーパーヒーローな母たちに心から感謝する。

なお、本書の執筆にあたっては九州大学人社系学際プログラムおよび日本学術振興会科学研究費助成事業（17KK0072）の助成を受けた。

二〇二三年三月　福岡にて

i　H・S・クシュナー（斎藤武訳）『なぜ私だけが苦しむのか　現代のヨブ記』岩波書店、二〇〇八年、一八七 - 一八九頁。

高橋沙奈美（たかはし・さなみ）
1979年（昭和54）、静岡県生まれ。現在、九州大学大学院人間環境学研究院講師。京都大学文学部、ロシアのサンクトペテルブルク大学、ウラジーミル大学を経て、2011年、北海道大学大学院博士課程単位取得。博士（学術）。現在の主な研究テーマは、現代ウクライナの公共宗教、ロシアとウクライナにおける政教分離、宗教とナショナリズム。
著書に『ソヴィエト・ロシアの聖なる景観――社会主義体制下の宗教文化財、ツーリズム、ナショナリズム』（2018年、北海道大学出版会）、『アジアの公共宗教――ポスト社会主義国家の政教関係』（共著、2020年、北海道大学出版会）ほか。

扶桑社新書　466

編集　岡田尚子　デザイン　小栗山雄司
表・グラフ制作　ささやめぐみ　地図製作　松崎芳則（ミューズグラフィック）

迷えるウクライナ

宗教をめぐるロシアとのもう一つの戦い

発行日 2023年5月1日　初版第1刷発行

著　　者………高橋沙奈美
発 行 者………小池英彦
発 行 所………株式会社 扶桑社
〒105-8070
東京都港区芝浦 1-1-1 浜松町ビルディング
電話　03-6368-8879（編集）
03-6368-8891（郵便室）
www.fusosha.co.jp

DTP制作………生田 敦
印刷・製本………中央精版印刷株式会社

Printed in Japan　ISBN 978-4-594-09316-7